7일간의
기쁨 회복

7일간의
기쁨 회복
기쁨을 잃어버린 그리스도인들에게

김 창 현 지음

초판 1쇄 인쇄	2015년 9월 25일
초판 1쇄 발행	2015년 10월 1일
발행처	도서출판 이레서원
발행인	문영이
출판신고	2005년 9월 13일 제2015-000099호
편집장	최창숙
편집	이혜성, 송혜숙
영업팀장	박생화
총무	서상희

경기도 고양시 일산동구 중앙로 1160 오원플라자 703호
전화 02)402-3238, 406-3273 팩스 02)401-3387
E-mail: Jireh@changjisa.com
Website: Jireh.kr Facebook: facebook.com/jirehpub

값은 표지에 있습니다.

ISBN 978-89-7435-468-8 03230

신저작권법에 의하여 한국 내에서 보호받는 저작물이므로 저작권자의 서면 허락 없이 이 책의 어떠한 부분이라도 전자적인 혹은 기계적인 형태나 방법을 포함하여 그 어떤 형태로든 무단전재와 무단복제하는 것을 금합니다.

이 도서의 국립중앙도서관 출판예정도서목록(CIP)은 서지정보유통지원시스템 홈페이지(http://seoji.nl.go.kr)와 국가자료공동목록시스템(http://www.nl.go.kr/kolisnet)에서 이용하실 수 있습니다. (CIP제어번호 : CIP2015023455)

기쁨을 잃어버린 그리스도인들에게

7일간의 기쁨 회복

김창현 지음

이레서원

| 추천의 글 |

금요일 밤이면 더 재미있게 놀 수 있는 곳이 어디인지 찾는다. 주말 저녁 텔레비전 앞에 앉아 더 재미있는 프로그램을 찾는다. 오랜만에 쉬는 휴일 멀티플렉스 영화관에서 더 재미있는 영화를 찾는다. 재미를 찾아 헤매는 요즘 세대의 모습이다. 실로 이 시대는 더 자극적인 재미를 찾아 헤매는 사람들로 가득한 듯하다. 마치 난파선 생존자가 짜디짠 바닷물을 마시며 더욱더 타들어 가는 갈증을 느끼는 모습과 같다.

왜 인류는 이토록 재미를 추구하며 살까? 그 이유는 바로 '기쁨'을 잃어버렸기 때문이다. 하나님은 우리에게 '에덴'^{pleasure, 즐거움/기쁨}을 선물로 주셨다. 그러나 죄로 인해 하나님의 기쁨, 에덴에서 쫓겨나게 되었다. 인류는 그 이후로 잃어버린 기쁨을 찾기 위해 애를 쓰고 있다. 한시적인 재미를 기쁨으로, 자극적인 흥분을 즐거움으로, 아무 문제 없고 평안한 상태를 행복으로 착각하며 살아가고 있다.

오늘날 그리스도인들에게도 기쁨을 찾아 보기 어렵다. 미래에 대한 불안과 염려, 삶에 대한 걱정과 근심으로 가득한 세상에서 그리스도인 역시 자신의 두려움에 파묻혀 기쁨을 잃어버린 채 살아가고 있다. 세상 사람들은 각종 유흥을 즐기며 두려움을 잠시 잊을 때도 있지만, 경건한 그리스도인들은 더 큰 삶의 무거운 짐을 지고 쉴 새 없이 걸어가고만 있다.

이런 세대 속에서 성경은 우리에게 '기뻐하라'고 명령한다. 정말 기뻐하며 살 수 있을까? 도대체 이 현실에서 어떻게 기뻐할 수 있단 말인가? 성경은 답도 제시해 준다. "주 안에서 기뻐하라!"

기쁨은 어디에 있을까? 바로 '주 안에' 있다. 성경에 나오는 하나님의 첫 번째 감정적 표현은 '심히 좋았더라' very good 이다. 하나님이 세상을 보시고 기뻐하셨다면, 우리도 주님의 방법으로 기뻐할 수 있다. 하나님은 자기 백성들이 이 세상 속에서 기뻐하며 살 수 있는 방법을 알려 주셨다. 그리고 하나님은 기쁘게 살아가는 우리를 보고 기뻐하신다.

저자는 기쁨을 잃어버린 그리스도인들에게 주 안에서 기뻐하는 신앙생활이 어떤 것인지 구체적으로 제시해 준다. 또한 감당할 수 없는 현실 속에서도 기뻐할 수 있도록 하나님의 품 안에서 흘러나오는 '영원의 기쁨'에 대해 탁월한 설명을 해 주고 있다.

오랜 세월 동안 기쁨에 대해 고민한 내용과 임상 속에서 찾은 실제적인 지침들이 기쁨을 잃어버린 세대에게 좋은 기쁨의 길잡이가 되어 줄 것이라 믿는다.

이찬수 목사
〈분당우리교회 담임목사〉

| 추천의 글 |

지금 이 시대 성도들을 미혹하는 우상은 신사참배와 같은 종교적 우상이 아니라 '재미'^{fun}로 표상되는 도덕적 우상이다. 세상이 주는 재미는 하나님으로부터 오는 '기쁨'^{joy}을 대신하여 결국 하나님이 아닌 다른 신을 섬기는 우상 숭배를 하게 한다. 이것은 영적인 음란이며, 하나님께로 돌아가는 것을 가로막고 있다 호 5:4. 그러다 보니 믿는 자들까지도 하나님으로부터 오는 기쁨보다 세상의 재미에 빠져 있다. 하늘로부터 오는 기쁨이 희귀한 이 시대에 하나님께서 이 땅에 귀한 선물을 주셨다. 바로 김창현 목사의 체험적 영성이 녹아 있는 역작, 『7일간의 기쁨 회복』이다. 이 책은 세상이 주는 재미와 감히 비교할 수 없는, 하나님으로부터 오는 기쁨을 실재 되게 한다.

기독교는 참으로 기쁨의 종교다. 예수 그리스도는 하늘로부터 오는 큰 기쁨의 좋은 소식으로 세상에 오셨다 눅 2:10. 그리고 그의 부활은 큰 기쁨이었다 마 28:8. 그의 죽으심과 부활 사건은 하나님의 기쁘신 뜻인 영원한 생명을 우리에게 주시고, 우리를 아들로 삼아 주신 복음이다 엡 1:5. 이 복음은 그를 믿는 자를 영원으로 인도하며, 영원의 기쁨을 누리게 한다. 이 책은 제한된 기쁨과 한시적인 목마름을 초월하여 기쁨의 근원인 영원의 기쁨으로 우리를 인도해 준다. 영원에 잇대어 있는 기쁨은 창조세계에서 자연과 일, 개인과 공동체 안에서 영혼과 육체로 경험하는 기쁨이 된다. 저자는 20대 초반부터 삶에서 말씀 묵상을 꾸준히 실천하며 그에 기반을 둔 사역을 해 왔고, 이 책을 통해서는 하늘로부터 오는 기쁨을 일상에서 누리는 비밀을 하나하나 풀어 간다.

나는 복음을 통해 누리는 말씀의 기쁨을 증거하고 있다. 그러나 어느덧 일상에서 기쁨이 사라져 갈 무렵, 이 책의 원고를 전해 받았다. 사흘에 걸쳐 정독하면서 시들고 가물었던 나의 심령이 소생했고, 풍성한 우물에서 물을 긷는 기쁨이 내 안에 가득 차올랐다. 이 책은 기쁨의 신앙이라는 기독교의 거대한 원리 안에 감추어진 실제적인 각론을 충실히 그리고 빠짐없이 다룬다. 무엇보다 단순한 정보나 지식을 넘어서 저자의 삶이 그대로 농축되고 숙성되어 있다. 기쁨의 신앙을 염원하면서도 관념에 그치고 마는 많은 성도, 부득불 세상의 재미로 하늘의 기쁨을 대체하고 있는 이들, 그로 인해 고민하고 성찰하는 이들에게 이 책은 흘러넘치는 생수가 될 것을 결코 의심하지 않는다.

서형섭 목사
〈말씀묵상선교회 대표, 『하늘에 속한 말씀의 기쁨』 저자〉

| 감사의 글 |

이 책을 집필하는 동안 우여곡절이 많아 집필을 포기하려고 마음먹었을 때 한 독자에게 메일이 왔다. 그와는 이전에 한 번 메일로 인사를 나눈 사이였다.

올해 초 이사한 후에 교회에 나가지 않고 있습니다. 원래 교회를 다니지 않는 집안이다 보니 부끄러운 이야기지만 귀찮고 해서 계속 안 나가고 있습니다. … 그러다 지금은 신은 존재하지 않는다는 생각이 들 뿐이고 … 다시 교회를 다니기 위해 노력하기도 싫고 그렇습니다. 어느 순간부터 신이 존재하지 않는다고 생각하니 내가 믿었던 시간들이 아깝기까지 합니다.

이 독자의 고민은 나의 고민이고, 또한 많은 그리스도인의 고민이다.

'정말 하나님은 있는가? 나는 잘하고 있는가? 예수를 믿어도, 교회를 다녀도 변하는 것은 하나도 없고 세상 사람들에 비해 뭐 하나 잘되는 것도 없는 것 같다. 이런 신앙생활을 계속 유지해야 하는 것인가?'

이 메일을 받고 나서 오랜 세월 고민한 '기쁨'의 주제를 완성할 필요성을 느꼈다. 하나님은 우리에게 기뻐하라고 하신다. 그런데 우리 입장에서는 '기뻐할 만한 것이 있어야 기뻐하지'라고 반문할 수밖에 없다.

'어떻게 하면 기쁜 삶을 살 수 있을까? 왜 나는 기쁘게 살지 못할까?'

나는 6학년 때부터 집을 나와 생활했다. 신체에 작은 장애를 가지고 태어나서 외모 콤플렉스가 무척 심했다. 공부를 잘하지도 못했고 힘도 없고 키도 작았다. 외딴 집에 살고 있어서 가까운 친구가 없었고, 불우한 환경 때문에 친구들을 집에 초대해 본 적도 없었다. 늘 초라한 모습으로 열등감과 비교의식 속에 살아갔다. 대인기피증에 시달리며 기쁨이 없는 삶을 오랫동안 살았다.

좋은 대학만 가면, 좋은 직장만 얻으면, 성공하면, 돈을 많이 벌면, 기뻐질 것이라고 생각했다. 하지만 무엇을 하나 이루면 또 부족한 것이 보였다. 늘 나보다 더 많이 가진, 더 높이 있는, 더 강한 사람들만 보였다. 세월이 지날수록 내가 실패자라는 생각을 지울 수 없었다. 기쁨도 없고, 내세울 것도 없는 인생으로 사느니 차라리 죽는 것이 나을 것 같았다. 깊은 수렁 속에서 하나님께 이렇게 절규했다.

"하나님! 나는 왜 살아야 하나요? 하나님! 나 살기 싫어요. 사는 게 하나도 재미가 없어요. 희망도 없고 그냥 빨리 죽고 싶어요."

하나님은 어느 순간 큰 깨달음을 주셨다. 기쁨은 단순히 감정적인 문제가 아니었다. 기쁨은 생명의 문제였다. 나는 이 세상에서 기쁨을 찾고 있었다. 생명 없는 세상에서 기쁨을 찾다 보니 그 끝은 당연히 사망이었다.

> 주께서 생명의 길을 내게 보이시리니 주의 앞에는 충만한 기쁨이 있고 주의 오른쪽에는 영원한 즐거움이 있나이다(시 16:11)

나는 주께서 보이신 생명의 길 안에 있는 '기쁨'을 전하고 싶었다. '기쁨의 소식', '복음'을 전하고 싶었다. 그래서 목사가 되었고, 나아가 십자가의 생명 안에 감춰진 기쁨을 나누고자 이 글을 집필했다.

나의 부족한 성품만큼이나 잘 다듬어지지 못한 구절구절들을 보면 부끄럽기 한이 없다. 다행히 이레서원의 좋은 분들과 만나게 되어 이렇게 책으로 엮어졌다. 하나님께 무한 감사를 드린다. 한국 교회에 모범이 되어 주시며, 기꺼이 부족한 글에 추천의 글을 써 주신 분당우리교회 이찬수 목사님과 아버지 품 안에 있는 기쁨을 알려 주시고 추천의 글로 격려해 주신 말씀묵상선교회의 서형섭 목사님께 깊이 감사드린다. 그리고 하나님을 섬기는 기쁨을 누리게 해 준 소풍교회 모든 성도님과 동역의 기쁨을 맛보게 해 준 교역자들에게도 감사를 전한다. 마지막 수정 작업에 힘을 써 준 송미애 전도사님도 빼놓을 수 없다. 에덴의 모습을 닮은 가정의 기쁨을 함께 누리는 가족들, 아내 신은영과 세 아들 재원, 재민, 재준이 있어 너무 감사하다.

김창현 목사

CONTENTS

추천의 글 • 04
감사의 글 • 08
들어가며 • 15

1부

첫째 날 : 하나님이 지으신 것으로 기뻐하라! 25

보시기에 좋았더라 • 26
기쁨의 유효기간 • 34
자연 속에서 누리는 기쁨 • 36
✻ WorkBook 1 • 40

둘째 날 : 삶을 다스리는 기쁨 41

시간을 다스리는 기쁨 • 43
재정을 다스리는 기쁨 • 50
인간관계를 다스리는 기쁨 • 57
✻ WorkBook 2 • 68
✻ 주간시간표 • 70
✻ 재정 관리표 • 71

셋째 날 : 자신을 다스리는 기쁨 73

육체를 다스려라 • 74
마음을 다스려라 • 80
영적 생활을 다스려라 • 87
✻ WorkBook 3 • 96

넷째 날 : 성취의 기쁨 … 99

성취의 기쁨을 맛보라 • 100
성취의 기쁨을 위해 목표를 세우라 • 104
돈을 목표로 삼아도 좋을까? • 111
소원을 이루는 방법 • 114
❋ WorkBook 4 • 119

다섯째 날 : 공동체 안에서의 기쁨 … 121

공동체로 지음 받은 우리 • 122
공동체 안에서 누리는 기쁨 • 129
공동체 안에서의 기쁨을 위한 아홉 가지 지혜 • 140
❋ WorkBook 5 • 148

여섯째 날 : 건강한 자존감의 기쁨 … 149

자존감 이해하기 • 151
낮은 자존감과 빼앗긴 기쁨 • 158
자존감을 높이려는 노력들 • 165
높은 자존감 vs. 낮은 자존감 • 170
건강한 자존감 • 176
사명을 따라 살아라 • 184
❋ WorkBook 6 • 189
❋ 잡념 노트 샘플 • 190
❋ 묵상 노트 샘플 • 191

일곱째 날 : 아무것도 하지 않는 기쁨 … 193

쉼의 기쁨 • 194
안식일의 기쁨 • 201
아무것도 하지 않는 기쁨 • 207
❋ WorkBook 7 • 213

2부

여덟째 날 : 영원에 잇댄 기쁨 217

    기쁨에 대한 목마름 • 220
    에덴 안에 있는 그리스도인 • 226
    영원에서 공급되는 기쁨 • 228

아홉째 날 : 나를 죽이는 기쁨 237

    고난의 기쁨 • 238
    그리스도와 함께 장사된 우리 • 242
    성령의 기쁨 • 247

열째 날 : 소망 중에 즐거워하라 251

    하나님을 기쁘시게 하는 기쁨 • 252
    결국 사명이다 • 257
    종말의 기쁨 • 263

글을 맺으며 • 270
기쁨지수 측정표 • 281
미주 • 284
참고 문헌 • 299

| 들어가며 |

"지금은 너희가 근심하나 내가 다시 너희를 보리니 너희 마음이 기쁠 것이요 너희 기쁨을 빼앗을 자가 없으리라" 요 16:22

"목사님! 저는 사는 게 왜 이렇게 재미가 없죠?"
"저는 기쁨이 없어요."
"너무 힘들어요. 살 소망이 없네요."
"열심히 살아도 뭐 하나 나아진 게 없어요."
"올해는 좀 나아질 줄 알았는데, 더 힘들어져요."

오늘날 우리는 참으로 불안하고 불확실한 세대를 살아가고 있다. 오랜 경기 침체 때문인지 꿈과 희망도 다 잃어버렸다. 사람들의 얼굴에서 웃음이 사라졌다. 작은 일에도 예민하고, 다들 화가 난 듯 날카롭다. 예전에 비해 훨씬 잘 먹고 잘사는데도 사람들은 기뻐하지 않는다. 불안한 미래, 경제적 어려움, 끊임없는 경쟁, 취업 걱정, 질병과 죽음의 공포 등 모두 걱정거리뿐 기뻐할 만한 것이 하나도 없다.

> 예루살렘을 사랑하는 자들이여 다 그 성읍과 함께 기뻐하라 다 그 성읍과 함께 즐거워하라 그 성을 위하여 슬퍼하는 자들이여 다 그 성의 기쁨으로 말미암아 그 성과 함께 기뻐하라 (사 66:10)

이사야서의 분위기는 암울하다. 신흥 강대국 바벨론에 의해 이스라엘이 멸망할 것이라는 내용을 담고 있기 때문이다. 이사야서를 읽고 있는 이스라엘 백성들은 전쟁, 기근, 패망, 포로의 과정을 겪고 있다. 그런데 이사야 선지자는 백성들에게 "기뻐하라"고 명령한다.

> 주 안에서 항상 기뻐하라 내가 다시 말하노니 기뻐하라 (빌 4:4)

바울 역시 핍박과 이단의 위협, 여러 갈등 속에 있는 초대교회 성도들에게 기뻐하라고 명령한다. 기쁨의 서신이라고 불리는 '빌립보서'를 기록할 당시 바울은 로마의 차가운 감옥에 갇혀 있는 상태였다. 분명히 바울도 기뻐할 만한 상황이 아니었다. 그런데도 기쁘다고 선포하며 교회도 "주 안에서 기뻐하라"고 명령한다.

성경은 우리에게 기쁨이 없는 시대에 오히려 기쁨으로 살라고 명령한다. 이것은 어두운 세상에서 빛으로 살라는 명령과 같다 마 5:14. 칠흑 같은 어둠 속에서는 작은 불빛 하나가 더 환하게 보이는 것처럼, 기쁨이 없는 세대에 하나님의 자녀들의 기쁨은 더욱 빛날 것이기 때문이다. '기쁨'

은 우리가 선택할 수 있는 사항이 아니라 하나님의 명령이다.

기쁨은 명령이다

성경에는 '기뻐하라', '즐거워하라'는 직간접적인 명령이 170회 정도 나온다. 성경은 우리에게 기쁨을 명령하고 있다. 오히려 기독교의 절대 가치라고 할 수 있는 '사랑'에 대한 명령은 18회밖에 나오지 않는다. 왜 이렇게 기뻐하라는 명령이 많을까? 세상에서 기쁨으로 사는 것이 그만큼 어려운 일이기 때문이다.

성경에서 '기쁨' joy 과 '즐거움' gladness 은 똑같은 단어처럼 혼용하여 사용된다. 기쁨은 사전적으로 '어떤 만족감에 의해 느끼는 즐겁고 흥거운 감정의 상태'를 뜻한다. 즉, 자신의 욕구가 만족할 때 느끼게 되는 쾌감이 기쁨이다. 더불어 불만족으로 일어나는 분노, 욕구 좌절, 다툼, 절망, 염려, 두려움 등과 같은 불안 요소가 제거된 상태를 의미한다.

성경은 기쁨을 단순히 '욕구의 만족감을 느끼는 상태'로만 이야기하지 않는다. 오히려 '고난을 즐거워하고 기뻐하라'고 명령하고 있다 벧전 4:13. 성경은 평안하고 만족한 상태만을 기쁨이라 하지 않고, 고난도 우리에게 기쁨이 된다고 가르친다.

먹고 싶은 욕구에 대한 불만족인 금식에 대해 "내가 기뻐하는 금식" 사 58:6 이라고 표현한다. 평안히 쉬고 싶은 욕구에 대한 불만족인 노동에 대해서는 "수고함으로 낙을 누리는 그것이 하나님의 선물"전 3:13 이라고 한다. 심지어 "죽는 것도 유익"빌 1:21 하다고 이야기한다.

성경이 우리에게 명령하는 기쁨과 세상이 추구하는 기쁨에는 분명한 차이가 있다. 그래서 바울은 "주 안에서 기뻐하라"고 권면한다. 생각건대, 현대 그리스도인들에게 기쁨이 없는 결정적 이유는 성경이 요구하는 기쁨이 아니라 세상이 미혹하는 기쁨을 추구하기 때문이 아닌가 싶다.

기쁨과 함께 연상되는 개념이 '행복'이다. 그런데 성경에 '기뻐하라', '즐거워하라'는 명령은 나오지만 '행복하라'는 명령은 없다. 성경에서 말하는 행복은 우리가 찾아야 할 영역이 아니라 삶의 결과로 묘사된다.

> 이스라엘이여 너는 행복한 사람이로다 여호와의 구원을 너 같이 얻은 백성이 누구냐 그는 너를 돕는 방패시요 네 영광의 칼이시로다 네 대적이 네게 복종하리니 네가 그들의 높은 곳을 밟으리로다(신 33:29)

행복의 첫 번째 사전적 의미는 '생활에서 기쁨과 만족감을 느껴 흐뭇한 상태'다. 즉, 행복은 기쁨이 지속되는 상태다. 기쁨이 하나하나 모여서 행복이 되는 것이다. 행복은 기쁨의 결과물이라고 할 수 있다.

행복의 또 다른 사전적 의미는 '복된 좋은 운수'다. 이 말은 '행운'과 혼용하기도 한다. 그래서 기독교 영성에서는 '행복'과 '기쁨'을 구별한다. 마틴 로이드 존스Martyn Lloyd-Jones 목사의 뒤를 이어 웨스트민스터 채플

을 섬겼던 켄달 R. T. Kendall 목사는 이렇게 말한다.[1]

"행복은 행운을 뜻하며, 결국 운이 좋기 때문에 행복한 것이다. 따라서 이런 '행복'은 예수 그리스도의 복음 안에 있는 기쁨이나 축복과는 매우 다르다."

릭 워렌 Rick Warren 목사의 부인이며 미국 새들백 교회 공동 개척자인 케이 워렌 Kay Warren 은 기쁨에 대해 다음과 같이 서술한다.[2]

"기쁨을 부적절하게 정의하면 기쁨과 행복을 동의어로 잘못 간주하게 된다. 그래서 행복한 감정을 느끼면 기뻐하는 것이 확실하고, 행복한 감정이 부족하면 기뻐하지 않는다고 오해할 수 있다."

행복은 주 안에서 기쁘고 즐겁게 살아가다 보면 얻어지는 결과다. 그리스도인은 멀리 보이는 행복을 찾아가는 것이 아니라 하루하루 기쁘고 즐겁게 살아가야 한다.

기쁨은 훈련이다

그렇다면 하나님은 왜 우리에게 기뻐하라고 명령하셨을까? 그 이유는 하나님이 우리가 기뻐하는 모습을 보고 싶어 하시기 때문이다. 부모에게 가장 큰 기쁨은 자녀가 기뻐하는 모습이다. 그래서 선물도 주고, 예쁜 옷도 사 주고, 용돈도 주는 것이다.

공부 잘하고, 집안일도 잘 도와주고, 자기 일을 스스로 알아서 잘하는 자녀가 있다. 그런데 이상하게도 얼굴에 기쁨이 전혀 없다면 부모의 마음이 어떨까? 공부 잘하고 착하기 때문에 기쁠까? 절대 그렇지 않다. 이 아이에게는 무언가 문제가 있는 것이다. 부모는 다른 어떤 것보다 자녀가 기뻐하는 모습을 보고 싶어 한다. 마찬가지로 하나님은 봉사 잘하는 모습, 성경 공부 열심히 하는 모습, 사역 열심히 하는 모습보다 '주 안에서 기뻐하는 모습'을 보기 원하신다. 그래서 기쁨이 없는 신앙생활은 심각한 죄라고까지 말하는 사람도 있다.[3]

남부럽지 않은 형편에 교회 봉사도 열심히 하지만 기쁨 없이 살아가는 그리스도인들을 많이 볼 수 있다. 세상 모든 민족을 다 하나님께로 인도할 것 같은 열정이 있는데도, 쉴새 없는 비판과 불평 속에서 살아가는 그리스도인들도 많다.

반대로 너무나 어려운 상황인데도 항상 기쁨이 얼굴에서 떠나지 않는 그리스도인, 특별한 영적 체험 없이도 성령이 주시는 기쁨 안에서 겸손히 교회를 섬기며 즐거워하는 그리스도인들도 있다. 비슷한 상황에서 어떤 이들은 슬픔과 우울함으로 살아가는 반면, 어떤 이들은 기쁨 중에 주님을 섬긴다. 재정의 수입이 비슷한데 늘 부족하다고 불평하고 원망하며 살아가는 사람이 있는가 하면, 주어진 것에 자족하고 헌금 생활까지

착실히 하며 즐겁게 신앙생활하는 이들도 있다.

무슨 차이가 있을까? 바로 훈련이다. 그리스도인들의 모든 경건의 모습이 그러하듯이, 기쁨 역시 훈련이 필요하다.[4]

이 책은 기쁘게 살고자 하는 그리스도인들을 돕기 위해 만들어졌다. 1부에서는 기쁨을 회복할 수 있는 일주일 간의 훈련 내용을 제시하고, 2부에서는 복음 안에서 누려야 할 기쁨의 영성을 다루고 있다. 이 책에 나오는 훈련 방법 중 이미 익숙한 부분도 있을 것이고 자신과 충돌하는 부분도 있을 것이다. 그러나 적어도 이 책을 선택했다는 것은 당신이 기쁨에 대해 고민하고 있다는 증거다. 책을 읽을 때 다음 사항을 꼭 지켜 주기를 부탁한다.

- 하루에 한 장씩 읽으라.
- 1부의 각 장마다 제시된 숙제를 꼭 해 보라.

예수님은 우리에게 기쁨을 너무 너무 주고 싶어 하신다[요15:11]. 이 기쁨은 그 누구도 빼앗을 수 없다. 기쁨을 주시기 위해 예수님은 인간의 모습으로 오셨고, 고통을 당하셨고, 채찍에 맞으셨으며, 십자가에 달려 죽으셨다. 이렇게 가치 있는 기쁨을 이미 우리에게 주셨는데 그것을 누리지 못한다면 얼마나 안타까운 일인가? 이제 주님이 주신 기쁨을 회복해 보자.

또 내게 말씀하시되 이루었도다 나는 알파와 오메가요 처음과 마지막이라 내가 생명수 샘물을 목마른 자에게 값없이 주리니 이기는 자는 이것들을 상속으로 받으리라 나는 그의 하나님이 되고 그는 내 아들이 되리라(계 21:6-7)

하나님이 지으신 것으로 기뻐하라!

"하나님이 지으신 그 모든 것을 보시니 보시기에 심히 좋았더라
저녁이 되고 아침이 되니 이는 여섯째 날이니라"_창 1:31

모든 사람은 기뻐하기를 원한다. 그렇다면 기쁨은 어디에 있을까? 성경은 기쁨이 우리의 마음에 있다고 한다 시 4:7. 우리의 마음은 '지정의'를 포함하는데 '기쁨, 즐거움'은 바로 '정'의 영역에 속한다. 보통 하나님의 형상으로 지음 받은 인간을 '영혼육'으로 구분할 때 감정을 담고 있는 마음은 '혼'의 영역이다.

인간이 감정을 소유하고 있다는 것은 우리를 지으신 하나님에게도 감정이 있다는 뜻이다. 성경에는 하나님의 정적情的인 성품을 묘사하는 구절들이 많이 등장한다. 분노하시는 하나님 신 9:19; 시 7:11, 질투하시는 하나

님 출 34:14; 수 24:19, 사랑하시는 하나님 왕상 10:9; 대하 9:8, 슬퍼하시는 하나님 창 6:6; 사 1:4, 그리고 기뻐하시는 하나님 사 62:5; 습 3:17 등을 볼 수 있다. 기쁨을 회복하기 원한다면, 가장 먼저 하나님이 기뻐하시는 것이 무엇인지 살펴보아야 한다. 그 이유는 우리가 하나님의 형상으로 지음 받았기 때문이다.

보시기에 좋았더라

성경에 가장 먼저 나오는 감정 표현은 '기쁨'이다. 하나님이 창조의 과정 속에서 하루하루 사역을 마치신 후, 창조된 세계를 바라보시며 외치신 기쁨의 탄성, '보시기에 좋았더라'가 바로 그것이다.[5] '보시기에 좋았더라'는 말에는 세상이 하나님의 목적과 질서대로 운행하기 시작한 것에 대한 만족감이 포함되어 있고, 일차적으로는 창조 세계가 지극히 아름다웠음을 나타낸다.

빛 해, 달, 별들 이 보시기에 좋았더라

하나님은 첫째 날에 빛을 만드시고 기뻐하셨다. 이 빛은 넷째 날 큰 광명체로 기록된 태양과 결합하였다. 많은 사람이 첫째 날 빛과 넷째 날 태양을 잘 구분하지 못하는 경향이 있어 잠시 빛과 태양에 대해 설명하고자 한다.

성경에서는 태양과 달에 대해 '광명체'라는 단어를 사용한다. 광명체로 번역된 '마오르' מאור 는 '무엇'을 뜻하는 '마' מה 와 '빛'을 뜻하는 '오르' אור 의 합성어다. 즉, '빛을 담고 있는 물체'라는 뜻이다. 하나님이 첫째 날에 물리적인 빛을 만드시고, 그 빛을 넷째 날 태양이라는 별에 집어넣으신 것이다.[6] 이 태양빛이 달과 별들에 반사되어 아름답게 빛나게 된 것이다. 하나님은 빛과 해, 달, 별을 보고 기뻐하셨다.

혹시 오늘 하늘에 떠 있는 태양을 보았는가? 동네 어귀에 있는 언덕 위 풀밭에 누워 떠다니는 구름과 태양을 바라보는 상상을 해 보라. 복잡했던 마음이 평온해질 것이다. 한밤중에 달과 별들을 바라본 적이 있는가? 캄캄한 밤 반짝이는 별들을 보는 것만으로도 마음이 평온해지는 경험을 해 보았을 것이다. 왜냐하면 하나님이 우리에게 기뻐하라고 주신 선물들이기 때문이다. 기쁨을 회복하기 원한다면 하나님이 만드신 태양과 달과 별을 자주 바라보라.

태양은 우리의 신체 건강에 큰 영향을 준다. 유럽에 가면 공원이나 해변가에서 수많은 사람이 탈의한 채로 일광욕을 즐기는 모습을 쉽게 볼 수 있다. 그들은 일조량이 부족하기 때문에 최대한 많은 태양광을 흡수하기 위해 노출을 부끄러워하지 않는다.

태양이 우리 몸의 질병을 예방해 줄 뿐 아니라 치료의 효력도 있다는 사실이 최근의 연구들에서 많이 발견되고 있다. 이러한 연구 결과를 토대로 '햇볕 치료법'이라는 명칭까지 생겼다. 우리 선조들이 햇볕이 잘 드는 집을 선호하였던 것 역시 경험적으로 태양의 효력을 알았기 때문이다.

무엇보다 햇볕은 피부에 비타민 D를 형성시켜 준다. 비타민 D가 부족하면 다리 뼈의 변형을 일으키는 '구루병'에 걸리기 쉽다. 태양은 뼈를 튼튼하게 해 주기 때문에 류머티즘에 도움이 된다. 누구나 태양광에 소독 기능이 있는 것을 알고 있듯이, 태양광은 여러 피부 질환에도 도움을 준다. 또한 짜증, 우울, 피로, 불안을 해소시키는 기능이 있어 계절성 우울증 치료에 좋다. 최근에는 달빛을 이용한 '달빛 치료법'도 활용되고 있다.

하나님이 빛, 태양, 달, 별을 보고 기뻐하셨다면 우리도 기뻐하게 되어 있다. 우리가 건강이나 치료의 목적으로 그것들을 대하지 않더라도, 따사로운 봄날 파란 하늘의 구름 사이에 떠 있는 태양을 보는 것 자체로 우리는 큰 기쁨을 누린다. 한여름 밤 평상에 누워 높게 떠 있는 달과 반짝이는 별빛을 바라보며 청량한 풀벌레 소리를 듣고 있노라면 자연스럽게 기쁨의 탄성이 터져 나온다. 하나님이 우리를 그렇게 창조하셨다.

바다와 땅이 보시기에 좋았더라

하나님은 창조 사역 둘째 날 바다와 땅을 만드셨다. 이것이 하나님에게 큰 기쁨을 주었다. 하나님이 기뻐하신 바다와 땅은 우리에게도 큰 기쁨을 주는 요소다. 출렁이는 파도를 바라만 보아도 가슴이 시원해진다. 유유히 흘러가는 강이나 시내를 보고 있으면 잡념이 사라진다. 졸졸 흐르는 시냇물이나 시원하게 떨어지는 폭포를 바라보고 있으면 근심 걱정이 함께 쓸려 내려가는 것 같다. 새벽 이슬이 내린 논밭에 나가면 흙냄새가 기분을 상쾌하게 해 준다.

아이들은 물놀이와 흙놀이를 무척 좋아한다. 왜 그럴까? 이유는 간단하다. 하나님이 물과 흙을 보고 기뻐하셨기 때문이다. 어린 시절에는 신발을 여러 개 잃어버리면서도 개울에서 노는 것이 즐거웠다. 여름이면 친구들과 온몸이 젖는 줄도 모르고 물총 놀이에 열중했다. 한국의 거의 모든 아이는 '두껍아 두껍아 헌 집 줄게 새 집 다오' 노래를 부르면서 흙장난을 하며 자라난다. 나는 어렸을 때 고무신으로 자동차를 만들어 놀았고, 땅따먹기, 모래성 놀이 등 수많은 즐거움을 흙과 함께했다.

물과 흙은 즐거운 놀이의 재료가 될 뿐 아니라 건강에도 좋다. 나는 어린 시절에 심한 피부병으로 고생을 했는데 다양한 방법으로 치료해 보았지만 효과가 없었다. 우리 부모님은 누군가로부터 온천 물로 목욕을 시켜 보라는 조언을 들었다. 가장 가까웠던 온천에 가서 목욕한 후에 정말 깨끗하게 나았다. 나와 비슷한 체험을 한 사람들이 주변에 많다. 그만큼 온천욕의 효과는 널리 알려져 있다.

주일 사역을 다 마치고 나면 몸이 바닥으로 꺼질 듯이 힘들 때가 많다. 이때 집에 들어가 욕조에 따뜻한 물을 받아 몸을 담그면 빨리 회복되는 것을 느낀다. 온천욕이나 반신욕은 혈액 순환, 피부 미용, 근육 이완, 피로 해소, 노폐물 제거 등의 도움을 준다.

흙의 효능을 알게 된 현대인들은 머드팩이나 황토 사우나를 즐긴다. 도시 주거 환경 속에서 수많은 아이가 아토피로 고생하다 보니 황토를 이용한 인테리어 제품들이 인기를 얻고 있다.

채소와 열매 맺는 나무를 내니 보시기에 좋았더라

하나님은 천지창조 셋째 날에 각종 채소와 열매 맺는 나무를 만들고 기뻐하셨다. 하나님이 식물을 보고 기뻐하셨다면 우리도 식물을 통해 기쁨을 얻게 된다. 기쁨을 회복하기 원한다면 식물을 가까이하라.

내가 사역하는 교회에는 크지 않은 텃밭이 있다. 봄이 되면 성도들에게 조금씩 분양하여 1년 동안 경작하게 한다. 상추, 배추, 고추, 토마토, 호박, 오이, 가지 등 많은 채소를 가꾼다. 성도들은 땅을 만지고 채소를 가꾸며 큰 기쁨을 누린다. 더불어 수확의 기쁨, 성도들과 함께 나누는 기쁨, 그리고 채소를 함께 먹는 식탁의 즐거움까지 누린다.

과일, 채소, 화초 등을 재배하거나 정원을 가꾸는 일을 '원예'라고 한다. 우리나라 선비들은 식물을 가꾸는 일을 통해 기쁨을 누림과 동시에 사람의 심지를 굳게 하고 덕성을 길렀다. 이러한 모습은 조선시대 서적들과 서화를 통해 쉽게 볼 수 있다. 특별히 조선 초기 선비로 '용비어천가'에 주석을 붙이는 일에도 참여했던 강희안은 우리나라 최초의 화훼 전문서적인 『양화소록』을 저술하였는데, 지금도 그 가치를 인정받고 있다.[7] 고대로부터 동양과 서양을 막론하고 정원은 사색과 평온, 기쁨을 주는 장소로 이용되었다.

산업화 이후 삭막해져 가는 도심 속에서 현대인들은 이러한 정원과 녹지의 필요성을 간절히 느끼고 있다. 사무기기와 책상으로 가득한 사무실에 화분과 꽃병 몇 개만 가져다 놓아도 분위기가 달라진다. 실내 정원이나 식물은 시각적으로 아름답고 정서적으로 안정감을 준다. 실내 습도도 조절해 주고 포름알데히드나 휘발성 유기 화합물 등과 같은 실내 오염 물질을 정화하는 작용을 한다.

현대에는 식물을 이용한 대체의학이 계속 확대되고 있다. '아로마 테라피'와 '허브 테라피'가 바로 그것이다. 직접적으로 식물을 이용하는 방법을 비롯하여 전통적인 한약재, 화장품, 차 tea, 비누, 음식 등 다양한 방법으로 식물의 도움을 얻고 있다.

하나님이 각종 채소와 열매 맺는 나무를 보고 기뻐하셨다면 우리도 기뻐하게 되어 있다. 우리가 어떤 식물이나 과일을 치료 목적으로 사용하지 않는다 할지라도, 꽃의 향기와 아름다움 자체로 충분히 기뻐할 수 있다. 푸르른 솔밭 사이를 가볍게 걷기만 해도 기쁨이 솟아난다. 화창한 가을날 선선한 바람을 맞으며 낙엽을 밟아 보라. 어찌 기쁘지 아니하겠는가? 기쁨을 회복하기 원한다면 숲으로 가서 주님이 만드신 식물을 보라. 그것이 어렵다면 가까운 자리에 화분이나 꽃병을 가져다 놓고 감상하라.

물과 땅의 생물을 만드시니 보시기에 좋았더라

하나님은 다섯째 날에 바다의 모든 물고기와 하늘의 모든 새를 만드셨다. 여섯째 날에는 땅의 모든 짐승을 창조하셨다. 그리고 기뻐하셨다. 하나님이 물고기와 새, 그리고 동물들을 보고 기뻐하셨다면 우리도 기뻐하게 되어 있다.

아이들이 가장 기뻐하는 장소 중 하나가 '동물원'이다. 아이들은 동물을 바라보는 것만으로도 매우 기뻐한다. 부모들은 아이들을 데리고 동물원에 가는 것이 고역일 수 있지만 정작 동물원에 가서는 어른들도 동물들을 보며 기쁨을 느낀다. 왜 그럴까? 우리는 하나님이 기뻐하시는 것으로 기뻐하도록 창조되었기 때문이다.

하나님이 우리에게 동물을 주신 세 가지의 주요한 이유가 있다. 우선은 식용이다. 양, 염소, 닭, 오리와 같은 것을 통해 고기, 젖, 가죽 등을 얻을 수 있다. 둘째는 노동력을 얻고자 함이다. 소, 낙타, 당나귀, 말과 같은 동물은 고대로부터 무거운 것을 운반하거나 장거리 이동 수단, 경작 등으로 활용되어 왔다. 세 번째 이유는 바로 우리의 기쁨을 위해서다.

나는 하나님이 동물들을 기쁨을 위한 존재로 주셨음을 확신한다. 그 증거가 바로 '가축'이다. 모든 동물은 스스로 살아갈 수 있다. 그런데 하나님은 가축이라는 존재를 만드셔서 사람과 함께 살도록 하셨다. 소, 양, 돼지, 염소, 닭, 고양이, 당나귀, 개, 오리 등 수많은 가축이 인간과 함께 살면서 기쁨을 주었다.

산업화와 도시화가 진행되면서 가축을 가까이할 기회가 점점 줄어들었다. 그러나 여전히 사람의 마음에는 동물을 가까이하고 싶은 욕구가 존재한다. 그래서 '애완동물' 시장이 발달하게 되었다. 요즘은 동물을 사람의 친구로 대우하자는 의미로 '반려동물'이라는 말을 사용하기도 한다. 애완동물을 키우고자 하는 마음은 살아 있는 동물을 통해 기쁨을 누리기 원하는 사람들의 본능이다.

가장 흔한 애완동물은 단연 '개'다. 성경에서는 개에 대해 부정적으로 언급하기도 하는데[8] 그것은 '들개'를 가리키고, 지금의 애완동물과는 구별할 필요가 있다.[9] 개는 아주 오랜 시절부터 인간과 가장 가까운 동물이었다. 욥기 30장에서도 양치기 개가 등장하는데, 유목민이었던 이스라엘 백성들에게 개는 뗄 수 없는 존재였다.

내가 초등학교에 들어가기 전, 우리 집에 알프스 구조견으로 잘 알려진 세인트버나드 한 마리가 있었다. 개가 워낙 커서 어린 내가 타고 다녀도 될 정도였다. 그 개에 대한 기억은 참으로 즐거운 추억이고 지금까지도 자랑하는 이야깃거리다. 애완동물을 키워 본 사람은 나와 같은 즐거운 추억이 한두 가지는 있을 것이다. 아이들에게 동물을 가까이하게 하는 것은 정서적으로 매우 좋은 영향을 준다.

애완동물은 어른에게도 육체적·정신적으로 좋은 영향을 준다. 애완동물을 키우다 보면 자연스럽게 운동량이 늘어나고, 스트레스가 완화되며, 외로움을 덜 수 있어 우울증이 감소된다. 애완동물을 키우는 사람끼리 길을 가다 만나면 공통된 관심사 덕분에 쉽게 대화를 나눌 수 있고, 이것으로 사회적 불안감과 인간관계의 어색함 등이 감소되는 현상이 나타난다.

기쁨을 회복하고 싶다면 애완동물을 키워 보기를 권한다. 작은 어항에 물고기 몇 마리를 키워 보는 것도 참 좋다. 예쁜 잉꼬 한 쌍을 키워 보라. 모든 그리스도인이 애완동물을 키워야 하는 것은 아니다. 중요한 것은 바로 '생명'이다. 사람에 의해 만들어진 기쁨은 제한적이고 쉽게 질리고 만다. 하지만 하나님이 창조하신 것들은 늘 변화하는 생명력을 가지고 있기 때문에 우리에게 더 큰 기쁨과 즐거움을 준다.

기쁨의 유효기간

매년 '어린이날'이 되면 각종 여론조사 기관에서 어린이들에게 '가장 받고 싶은 선물'에 관해 설문조사를 한다. 수년 전부터 1위는 '스마트폰'

이고, 그다음으로 MP3 플레이어, 노트북, 태블릿 PC, 게임기, 인라인스케이트, 장난감 등이 뒤를 잇는다. 정작 아이들에게 이런 것들을 사 주면 과연 며칠이나 기뻐할까?

어른이라고 크게 다르지 않다. 우리나라 휴대폰 교체 주기는 1년 정도라고 한다. 다양한 이유로 교체하지만 가장 큰 이유는 '싫증'이다. 새로운 것으로 기쁨을 얻고 싶은 것이다.

현대 산업사회는 끊임없이 상품을 만들어 내고 유혹하는 광고를 통해 사람들의 구매 욕구를 자극한다. 이러한 광고들은 충분히 풍요로운 삶을 살고 있는 현대인들을 불편하고 불행하다고 착각하게 한다. 아울러 잃어버린 기쁨을 되찾는 방법은 바로 그 상품을 소유하는 길뿐이라는 믿음을 심어 준다.

현대인의 소비주의에 대한 비판 소리는 다양한 통로로 외쳐지지만 짧아지는 기쁨의 주기를 늦추기에는 역부족이다. 다른 사람보다 더 뛰어난 성능의 제품을 소유해야 안정감을 느끼고, 더 비싼 최신의 것을 소유하지 못하면 불안 증세를 보이는 것이 우리의 자화상이다. 미국의 저널리스트인 존 네이시 John Naish 는 만족을 모르는 현대인의 소비주의를 극복하는 방법으로 몇 가지를 제시한다.[10]

1. 충동구매를 억제하라
    - 이보다 더 크고 성능 좋은 물건이 꼭 필요한가?

- 새로운 물건이 지금 사용하는 물건보다 더 효율적인가?
- 실제로 내 삶을 더 편리하게 해 주는 물건인가?
- 내구성이 뛰어난 제품인가?
- 수리가 가능한 제품인가?
2. 돈보다는 시간을 생각하라.
3. 사치를 멀리하라.

사람은 기쁨을 추구하는 존재다. 기쁨을 얻기 위해서 살아간다 해도 과언이 아니다. 우리의 모든 선택은 자신이 생각하기에 더 좋은 것, 더 기쁨이 될 만한 것, 더 유익이 되는 것에 의해 결정된다.

결국 기쁨을 누리려는 수단이 기쁨을 결정한다. 인간이 만들어 놓은 것으로 기쁨을 누린다면 유효기간이 짧기 때문에 불만족을 느끼는 시기도 빨라진다. 반대로 유효기간이 길고 다양한 변화가 가능한 것으로 기쁨의 요소를 공급하면 그만큼 불만족을 느끼는 시기를 늦출 수 있다. 그것은 바로 하나님이 만드신 창조 세계다.

자연 속에서 누리는 기쁨

창조 세계는 하나님이 우리의 기쁨을 위해 주신 선물이다 사 44:24; 행 17:24-27. 인간이 하나님을 알아 가는 방편은 일반 계시와 특별 계시로 구분한다. 일반 계시는 자연 계시라고도 한다. 자연을 통해 하나님의 능력과 신성을 깨닫는 방법이다.

> 창세로부터 그의 보이지 아니하는 것들 곧 그의 영원하신 능력과 신성이 그가 만드신 만물에 분명히 보여 알려졌나니 그러므로 그들이 핑계하지 못할지니라 또는 이는 그들로 핑계하지 못하게 하심이니라 하나님을 알되 하나님을 영화롭게도 아니하며 감사하지도 아니하고 오히려 그 생각이 허망하여지며 미련한 마음이 어두워졌나니 스스로 지혜 있다 하나 어리석게 되어 썩어지지 아니하는 하나님의 영광을 썩어질 사람과 새와 짐승과 기어다니는 동물 모양의 우상으로 바꾸었느니라 (롬 1:20-23)

일반 계시는 죄로 인해 불완전해졌지만 과소평가할 필요는 없다. 바울은 일반 계시를 통해 사람들로 하나님의 존재에 대해 핑계할 수 없도록 하였다고 밝힌다.[11] 그리스도인들은 자연을 통해 기쁨을 누림과 동시에 하나님을 발견할 수 있어야 한다.

많은 믿음의 선배들이 자연 속에서 하나님을 발견하고 즐거워하였다. 가장 대표적인 인물이 다윗이다. 시편 8편에는 다윗이 자연 속에서 하나님을 만나고, 하나님을 경험하며, 고단함 가운데도 하나님을 기뻐함이 잘 나타난다.

> 여호와 우리 주여 주의 이름이 온 땅에 어찌 그리 아름다운지요 주의 영

> 광이 하늘을 덮었나이다 … 주의 손가락으로 만드신 주의 하늘과 주께서
> 베풀어 두신 달과 별들을 내가 보오니 … 여호와 우리 주여 주의 이름이
> 온 땅에 어찌 그리 아름다운지요(시 8:1, 3, 9)

A. W. 토저 A. W. Tozer 는 "자연과 하나님은 하나이다. 그래서 나뭇잎이나 돌을 만지는 사람은 누구든지 하나님을 만지는 것이다"라고 말한다.[12] 자연으로 들어가는 것은 하나님의 품으로 들어가는 것이다. 아이가 어머니의 품에 안기면 평안과 안식을 얻듯이, 우리가 자연 속으로 들어가면 온전하지는 않을지라도 하나님의 품에 안기는 평화를 누리게 된다.

작은 풀잎과 꽃잎 하나하나에 하나님의 창조의 손길이 묻어 있다. 하나님은 모든 생명체에 재생산하는 특별한 능력을 심어 주셨다. 그 재생산 능력 덕분에 수천 년 전의 동식물을 우리가 지금도 볼 수 있는 것이다.

자연은 정말 놀랍고 신비하다. 꽃들은 아름다운 자태와 향기로운 냄새를 뽐내며 나비와 벌들을 유혹한다. 반대로 동물이나 해충으로부터 자신을 보호하기 위한 신비한 장치들을 가진 식물들도 있다. 자연이야말로 하나님의 놀라운 솜씨와 위대함을 경험하는 현장이다.

자연을 통해 하나님의 위대한 손길과 영광을 발견할 수 있지만 일반 계시만으로 하나님을 알려고 하는 것은 올바른 방법이 아니다. C. S. 루이스 C. S. Lewis 는 『네 가지 사랑』 The four loves 이라는 책에서 범신론과 자연

주의 신학에 빠질 수 있는 위험성을 지적하면서 "우리는 반드시 우회로를 만들어 … 성경 공부, 교회, 성경, 기도로 돌아가야 한다"고 주장하며 "자연은 … 신학적인 질문들에 대답할 수 없고 우리를 정결하게 하지도 못한다"고 서술한다.[13] 존 스토트 John Stott 는 자연과 그리스도인과의 관계에 대해 다음과 같이 정리한다.[14]

첫째, 우리는 자연을 신격화하는 일을 피해야 한다.
둘째, 우리는 자연을 착취하는 반대 극단도 피해야 한다.
셋째, 인간과 자연의 올바른 관계는 하나님과 동역하는 것이다.

하나님은 우리를 하나님의 형상으로 만드셨다. 우리가 기쁨의 삶을 살고자 한다면, 먼저 하나님이 무엇으로 기뻐하시는지 알아야 한다. 하나님은 이 세상을 보고 기뻐하셨다. 해와 달과 별들, 나무와 풀과 과일들, 각종 새와 물고기와 동물들을 보고 기뻐하셨다. 기쁨을 회복하기 원한다면 자연과 가까이할 것을 권한다. 자연은 하나님이 인간에게 주신 선물이다. 하나님이 주신 선물을 마음껏 누려라. 그리고 그 안에서 하나님을 느껴라.

Work Book | 1

다음은 기쁨을 회복하기 위한 실제적인 방법입니다. 다음 중 하나를 택해 실천하세요.

:: 숲 속으로 들어가기
- 가까운 숲이나 산에 올라가 보자. 아무것도 하지 않아도 된다.
- 태양과 하늘을 쳐다보고 맑은 공기와 바람을 느껴 보자.
- 식물을 만져 보고 냄새를 맡아 보자. 먹을 수 있는 식물은 맛을 보아도 좋다.
- 동물이나 곤충을 만져 보고, 움직임을 관찰하고, 따라가 보자.

:: 물속으로 들어가기
- 가까운 계곡이나 바다로 가 보자. 물속에 발을 담그고만 있어도 좋다.
- 수중 식물을 만져 보고 냄새를 맡아 보자.
- 수중 동물을 만져 보고, 움직임을 관찰하고, 따라가 보자.
- 따뜻한 물속에 몸의 일부를 담가 보자(반신욕, 족욕 등).

:: 밤으로 들어가기
- 야외에 누워 밤하늘의 달과 별을 바라보자.
- 물소리, 바람 소리, 새소리를 들어 보자.

:: 직접 키워 보기
- 자신의 이름을 붙인 식물이나 화분을 키워 보자.
- 귀여운 이름을 붙인 애완동물을 키워 보자(물고기, 강아지, 고양이, 새 등).
- 작은 화분이나 텃밭에 채소를 키워 수확의 기쁨을 누려 보자.

자연 속에서 발견한 하나님을 기록해 보세요.

_____

_____

삶을 다스리는 기쁨

"하나님이 그들에게 복을 주시며 하나님이 그들에게 이르시되
생육하고 번성하여 땅에 충만하라, 땅을 정복하라, 바다의 물고기와 하늘의 새와
땅에 움직이는 모든 생물을 다스리라 하시니라"_창 1:28

하나님은 천지창조의 하루하루를 기뻐하셨다. 그중에서 가장 기뻐하신 때는 바로 여섯째 날 사람을 만드신 후다.

하나님이 지으신 그 모든 것을 보시니 보시기에 심히 좋았더라 저녁이 되고 아침이 되니 이는 여섯째 날이니라(창 1:31)

하나님은 왜 사람을 보고 기뻐하셨을까? 무엇보다 하나님의 형상으로 지음 받았기 때문이다 창 1:26. 이는 외형적인 부분만이 아니라 하나님의 전인격을 닮았다는 뜻이다. 그중에서 다른 피조물과 비교할 수 없는 부분이 바로 '다스림'이다.

> 하나님이 그들에게 복을 주시며 하나님이 그들에게 이르시되 생육하고 번성하여 땅에 충만하라, 땅을 정복하라, 바다의 물고기와 하늘의 새와 땅에 움직이는 모든 생물을 다스리라 하시니라(창 1:28)

인간은 하나님의 대리자로서 창조 세계를 통치하고 다스리는 권세를 얻었다.[15] 하나님의 형상으로 지음 받았다는 것은 "모든 피조물의 왕의 입장에 선다"는 뜻이다.[16] 하나님은 그의 자녀들이 왕의 권세를 잘 감당할 때 기뻐하신다. 동시에 우리도 왕의 권세로 세상을 잘 다스리고 통치할 때에 기쁨을 누리게 되어 있다.

우리가 다스려야 할 하나님의 나라는 광범위하지만 그 시작은 우리 안에 있다 눅 17:21. 그리스도인은 삶의 작은 영역에서부터 하나님의 다스림을 실천해야 한다. 하나님은 이를 충성으로 여기신다 눅 16:10. 그리스도인들에게 주어진 가장 기본적인 삶의 환경은 시간, 재정 ^{돈}, 그리고 인간관계다. 바로 여기에서부터 하나님의 다스림이 시작되어야 한다.

시간, 재정, 인간관계에 의해 지배당하는 인생은 늘 분주하며 부족하고 기쁨이 없다. 반면 다스림의 삶은 여유롭고 풍족하며 기쁨을 누린다. 기쁨을 회복하기 원한다면 시간, 재정, 인간관계를 다스릴 수 있는 능력을 훈련해야 한다.

시간을 다스리는 기쁨

현대인의 기쁨과 즐거움을 빼앗는 주된 원인 중 하나는 '너무 바쁘다'는 것이다. 모든 사람에게 24시간은 균등하게 제공되지만 늘 시간이 부족하고 쫓기는 사람들이 있다. 그 결과 삶이 기쁘지 않고 항상 피곤하다. 시간이 부족하다는 것은 시간에 대한 주도권을 놓쳤음을 의미한다.[17] 시간을 다스릴 수 있는 환경이 파괴된 것이다.

왜 시간 관리를 해야 하는가?

시간 관리는 현대인들에게 성공을 위한 필수요소로 받아들여지고 있다. 이것은 그리스도인들에게도 마찬가지다. 하지만 이 개념은 오히려 시간 관리를 실패하게 하는 중요한 이유가 된다.

하나님은 세상의 통치자이심과 동시에 시간의 통치자이시다. 하나님의 시간표는 정확하다. 24시간, 7일, 12개월, 24절기로 오차 없이 돌아가고 있다 창 1:14, 8:22. 하나님의 창조 세계는 하나님의 시간표대로 움직인다. 즉, 하나님은 시간에 끌려다니지 않으시고 시간을 다스리시는 분이시다.

> 하나님이 모든 것을 지으시되 때를 따라 아름답게 하셨고(전 3:11)

하나님의 형상대로 지음 받은 사람은 시간에 끌려다니면 절대 기쁨을 느끼지 못한다. 우리는 시간을 주도적으로 다스릴 때 기쁨을 누리도록 창조된 피조물이다.

> 범사에 기한이 있고 천하 만사가 다 때가 있나니 날 때가 있고 죽을 때가 있으며 심을 때가 있고 심은 것을 뽑을 때가 있으며(전 3:1-2)

성경은 우리가 반드시 무엇인가를 해야 하는 '때'가 있다고 한다. 이 '때'는 '시간, 해야 할 순간, 시기, 적당한 기간'을 의미한다. 그 시간이 아니면 기회를 놓쳐 후회하는 '바로 그때'다. 농부에게는 씨를 뿌려야 할 때가 있고 추수해야 할 때가 있다. 이때를 놓치면 기쁨을 누리지 못한다. 즉, 시간 관리는 삶의 기쁨의 원천이다.

자신이 세운 시간표대로 움직이지 못했을 때 실패감과 좌절감, 심지어 죄책감 등을 느껴 보았을 것이다. 반대로 아주 작은 일이지만 자신이 계획한 대로 이루어졌을 때 기쁨과 만족감을 경험해 보았을 것이다. 시간 관리는 기쁨과 즐거움을 위해 반드시 필요한 요소다.[18]

시간 관리에 실패하는 가장 큰 이유는 성공을 목표로 두기 때문이다. 많은 사람이 시간 관리를 성공을 위한 효율성 높이기나 효과적 업무 처리 정도로 생각한다. 이런 경우 성공이 필요 없는 상황이 되면 시간 관리도 필요 없어지는 상황이 되어 버린다.

시간 관리의 중요성은 모든 사람이 알고 있다. 특별히 성공을 이야기하는 사람들은 시간 관리를 필수적으로 언급한다. 그러나 시간 관리를 못했는데도 성공을 이룬 사람들이 세상에는 의외로 많다. 그리스도인들에게 시간 관리는 성공 이전에 '다스림의 기쁨'이라는 의미가 더 크다.

그리스도인들이 시간을 잘 다스려야 하는 또 한 가지의 이유는 낭비되는 시간의 위험성 때문이다. 고든 맥도날드 Gordon MacDonald 는 그리스도인들의 시간 관리를 강조하면서 다스리지 못한 방치된 시간은 "우리의 약점을 향해 흐른다"고 강조한다.[19] 이 약점이 바로 우리의 죄와 직결되고 기쁨을 파괴한다.

시간을 다스리기

시간 관리에 대한 실제적인 정보들을 얻는 것은 어렵지 않다. 시중에 시간 관리에 대한 많은 책이 나와 있고 기독교적인 시각에서 제시하는 책들도 많다. 보통 '관리'는 4단계로 구분하는데, '계획, 조직, 실행, 평가'다.[20] '시간 관리' 역시 이 범주에 속한다.

첫째, 시간 관리를 위해서는 우선순위에 따라 계획을 세워야 한다.

하루, 일주일, 한 달, 3개월, 6개월, 1년 단위, 나아가 장기적인 시간 활용에 대한 계획을 세워야 한다.

둘째, 자신이 계획한 시간 관리를 조직해야 한다.

시간을 조직할 때는 기록, 관리, 통합의 과정을 거친다.[21] 반드시 자신이 세운 시간 관리 계획을 기록해서 눈에 쉽게 띌 수 있게 해야 한다. 스마트폰이나 개인용 컴퓨터를 활용하는 것도 좋지만 한 장소에 오래 머물러 있는 주부나 사무직들은 눈에 잘 띄게 도표를 활용하는 것이 오히려 효과적이다. 특별히 학생이나 수험생은 전자기기가 학업을 방해할 수도 있기에 아날로그 방식을 적극 추천한다. 기록할 때는 우선순위를 도드라지게 색깔로 표시한다거나 별표를 해 두는 것도 좋다. 함께 처리할 수 있는 것들은 통합하여 시간 낭비를 최소화할 필요가 있다.

셋째, 계획하고 조직한 것을 실행해야 한다.

실행은 언제나 가장 힘든 부분이다. 특히 스스로 자신의 시간을 관리하고 이끌어 가는 일은 결코 쉽지 않다. 그래서 시간 관리를 '자기 관리'라고 표현하는 사람도 있다.[22] 시간 관리를 위해 그리스도인들은 성령의 능력을 간구해야 한다. 왜냐하면 실행 단계에서 우리의 기쁨과 즐거움이 결정되기 때문이다.

넷째, 자신의 시간 관리에 대해 평가해야 한다.

반드시 기억해야 할 점은 평가는 자아비판이 아니라는 것이다. 평가의 목적은 시간 관리의 어려움에 대한 원인을 파악하고 그것에 대한 해

결책을 찾기 위함이다. 일정 기간 시간 관리에 높은 점수를 얻었다면 자기 자신에게 상을 주어라. 만약 실패했다면 자신에게 벌을 주어도 좋다. 의외로 상보다 벌이 시간 관리에 효과적인 도구가 된다.

시간 관리는 반드시 연습과 지속적인 노력이 필요하다.[23] 시간 관리 능력을 향상시키고자 처음부터 빈틈없이 할 필요는 없다. 느려도 좋으니 하루에 한두 가지라도 자신의 계획대로 시간을 활용하는 훈련을 해 나가면 된다. 시간 관리의 목표는 기쁘고 즐거운 삶이기 때문이다.

시간에 끌려다니는 이유

시간 관리에 실패하는 사람들은 자신의 문제가 무엇인지 모르는 경우가 많다. 시간 관리가 안 되는 이유를 알아보자.

첫째, 시간이 많다고 생각하기 때문이다.

일반적으로 시간이 많으면 여유 있게 일 처리를 할 수 있을 것이라고 생각하는데 그렇지 않다. 시간의 여유가 있을 때에 나타나는 현상이 '미루기'다. 자신이 해야 할 일을 자꾸 미루다 보면 결국 시간에 쫓겨 능률과 효과 면에서 당연히 좋은 결과를 얻지 못한다. 시간의 여유가 많다면 시간 관리의 능력을 키울 수 있는 좋은 기회다.

둘째, 일이 너무 많기 때문이다.

해결해야 할 일에 비해 필요한 시간이 부족한 경우다. 이때는 잠시 일을 멈추고 자신의 상황을 정확히 살펴보는 시간을 먼저 가져야 한다. 일을 처리할 수 있는 능력이 부족한 것인지, 일에 대해 거절을 못하는 것인지, 업무 파악을 정확히 하지 못한 것인지, 아니면 많은 일을 동시에 진행함으로 집중도가 떨어진 것인지 살펴보아야 한다.

일이 많을수록 우선순위를 정하고, 다른 사람에게 도움을 요청하거나 일을 나누어 주고, 자신이 할 수 없는 일은 거절하는 용기가 필요하다.[24] 또한 일에 대한 정확한 연구로 시간 낭비를 최소화해야 한다. 너무 많은 일 때문에 바쁜 사람은 결코 기쁨과 즐거움을 누릴 수 없다.

셋째, 시간 낭비 요소를 제어하지 못하기 때문이다.

시간 관리에 실패하는 사람들을 보면 주변에 시간을 낭비하게 하는 요소들이 많다. TV는 숙제를 해야 하는 아이들의 시선을 사로잡는다. 휴대폰, SNS, PC 게임은 수험생들의 집중력을 흐트러지게 한다. 증권, 스포츠, 뉴스, 인터넷 등은 직장인들이 업무에 몰입하지 못하게 방해한다. 이러한 것들은 제거 요소가 아닌 제어 요소다. 우선순위를 정하고 TV, 인터넷, 게임, 휴대폰 등의 사용 시간을 정해 놓는 훈련이 필요하다.

넷째, 우선순위를 정하지 못하기 때문이다.

시간 관리는 우선순위의 문제라고 해도 과언이 아니다. 나에게 주어진 한정된 시간을 어떻게 활용하느냐의 문제이기 때문이다. 예수님은 "그런즉 너희는 먼저 그의 나라와 그의 의를 구하라" 마 6:33 고 하셨는데 이것이 바로 우선순위의 문제다. 세상 사람들은 무엇을 먹을까, 마실까, 입을까에 우선순위를 두고 있지만 그리스도인은 하나님의 나라와 의에 우선순위를 둔다.

〈시간 관리 매트릭스〉

우선순위를 정할 때 시간 관리 매트릭스를 활용하면 좋다.[25] 사람들은 보통 시간의 90%를 긴급하고 중요한 일과 긴급하지 않고 중요하지도 않은 일에 사용한다. 반면 긴급하지 않지만 중요한 일과 긴급하지만 중요하지 않은 일에는 거의 시간을 쓰지 않는다. 이러한 사람들은 '위기 중심의 삶을 사는 사람'이다.[26] 우선순위를 정하지 못한 사람은 늘 급한 일에 쫓기게 되고 자신의 삶에서 기쁨과 즐거움을 누리지 못한다.[27]

시간 관리의 우선순위는 '긴급하지 않지만 중요한 일'에 두어야 한다. 이 일들은 오랜 기간 많은 시간이 필요하지만 소홀히 하였을 경우 더 많은 시간과 재정이 소모된다. 가족과 시간 보내기, 예배드리기, 매일매일 말씀을 규칙적으로 묵상하는 일, 규칙적으로 운동하기 등이 여기에 해당된다.

재정을 다스리는 기쁨

돈은 오랜 세월 동안 사람들에게 신적 위치를 차지해 왔다. 많은 사람에게 돈은 삶의 목표였고 기쁨의 근원이었다. 사람들은 돈 때문에 웃기도 하고 울기도 한다. 돈은 중요한 선택의 기준이 되고 인생을 살아가는 힘이 되기도 한다. 실로 돈에 의해 사람들이 지배를 당한다는 말이 맞다.

> 돈을 사랑함이 일만 악의 뿌리가 되나니 이것을 탐내는 자들은 미혹을 받아 믿음에서 떠나 많은 근심으로써 자기를 찔렀도다 (딤전 6:10)

하나님은 세상의 주인임과 동시에 재물^돈의 주인이시다. 하나님에게 위임 명령을 받은 우리는 돈을 다스리고 통치해야 한다. 이럴 때 기쁨을 누리게 되어 있다. 이것이 바뀌면 기쁨과 신앙에 심각한 위기가 초래될 수 있다.[28] 기쁨을 회복하기 원하는 그리스도인이라면 반드시 재정을 다스리는 능력을 갖추어야 한다.

왜 재정 관리를 해야 하는가?

첫째, 우리는 하나님의 청지기로 부름 받았기 때문이다 (눅 16:1-2).

하나님은 물질^{재정}을 포함한 이 땅의 모든 세계를 잘 다스리라고 우리에게 명령하셨다. 청지기의 사명은 주인을 기쁘게 하는 것이다. 재정에 지배당하지 않고 다스릴 때에 하나님이 기뻐하신다. 이것으로 청지기도 기쁨을 누리게 된다.

둘째, 우리의 믿음을 지키기 위함이다 마 6:21.

그리스도인들은 하나님과 재물을 함께 섬길 수 없다. 예수님은 명확하게 우리의 재물 보물이 있는 곳에 우리의 마음이 있다고 규정하신다 마 6:21. 우리는 물질 앞에서 믿음의 순종을 배워야 한다.[29] 재물의 공급자가 하나님이심을 인정하고 하나님의 나라와 의를 구하는 삶을 살아야 한다. 결국 우리의 믿음은 재정 관리에서 입증된다고 해도 과언이 아니다.[30]

셋째, 다스림의 기쁨을 위함이다.

세상 사람들뿐 아니라 그리스도인들도 재정 관리의 필요성을 잘 알고 있다. 대부분의 세상 사람들은 재정 관리를 재테크, 부자 되는 방법, 아니면 노후 대책 등으로 이해한다. 하지만 그리스도인들이 재정을 관리하는 이유는 하나님이 주신 것을 잘 관리하여 다스림의 기쁨을 누리기 위함이다.

재정을 다스리기

재정은 다스림의 대상이다. 오늘날 많은 그리스도인이 성경적 재정 관리에 관심을 보이는 현상은 매우 바람직하다. 하지만 재정 관리의 방향을 '부자 되는 법'에 맞추면 큰 실수를 범할 수 있다. 성경적인 재정 원칙은 부자 되는 법이 아니라 '재정을 다스리는 능력'을 키워 하나님의 청지기로서 기쁘고 즐거운 삶을 살기 위함이다.

첫째, 재정의 청지기가 되라.

재정에 대한 가장 기본적인 자세는 돈의 주인이 하나님이고 잠8:17-19, 우리는 재정을 관리하도록 위임받은 청지기들임을 인정하는 것이다. 청지기는 주인의 뜻대로 일을 해야 하고 대가를 기대하지 않는다. 고든 맥도날드는 재정의 청지기에 대해 이렇게 권면한다.[31]

"청지기(혹은 관리인)는 무엇이 주인 것이고 무엇이 자기 것인지 안다. 청지기와 소유권에는 전혀 혼동이 있을 수 없다. 선한 청지기는 자기 것이 아닌 것을 얻기 위해 싸우지 않는다. 청지기는 주인에게 속한 명예를 구하지도 않는다. 나아가 청지기는 자신이 한 일을 조심스럽게 보고하며 주인의 것을 주인에게 돌린다."

둘째, 성실하게 일하라.

그리스도인의 재정 관리는 돈을 버는 것과 돈을 사용하는 것을 포함한다. 재정을 올바로 사용하기 위해서는 올바로 버는 것이 선행되어야 한다. 성경이 말하는 제일의 경제 원칙은 "일하기 싫어하거든 먹지도 말게 하라" 살후 3:10-12 는 것이다. 성경은 게으른 자를 질책하고 잠 19:24, 20:4,

21:25, '심은 대로 거둔다'는 자연 질서 속에서 성실한 경제 활동을 권면한다 마 25:26; 갈 6:7. 또한 매춘, 뇌물, 고리대금, 도둑질과 같은 부정한 경제 활동에 대해 하나님의 정의로운 심판을 경고하고 있다 출 20:15, 23:8; 신 23:18; 시 109:11. 땀 흘리지 않고 재물을 얻으려고 하는 모든 것이 도둑질이다. 그리스도인은 성실하고 정직한 경제생활을 재정 원칙으로 삼아야 한다.

셋째, 재정 지출 계획을 세워라.

성실하게 일을 했다면 하나님께서 허락하신 재정으로 다스림의 기쁨을 누려야 한다. 그러려면 지출을 위한 계획을 미리 세워야 하는데, 우선순위를 정해 계획적인 재정 관리를 실행해야 한다.

지출의 1순위는 하나님께 드리는 것이다. 총 재정의 30%를 적용할 것을 권면한다. 이 안에는 십일조 10%, 각종 후원과 개인 헌금 10%, 그리고 부모님께 드리는 물질 10% 이 포함된다.

지출의 2순위는 부채와 저축의 영역이다. "빚진 자는 채주의 종" 잠 22:7 이 된다. 빚을 진다는 것은 근심과 걱정의 종으로 전락한다는 뜻이다. 부채가 죄는 아니지만 최대한 빨리 해결하는 쪽으로 재정을 사용해야 한다.32

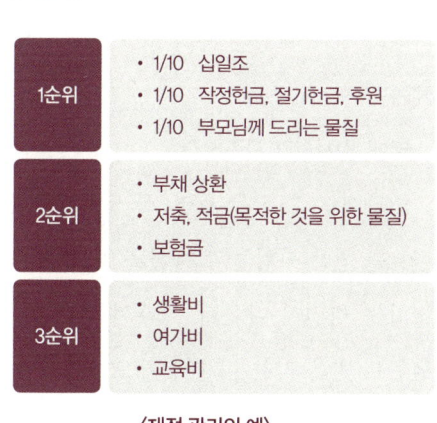

〈재정 관리의 예〉

또한 수확하지 못하는 시기를 위해 저축을 해야 한다. 농부는 소출이 없는 겨울을 대비하여 곡식을 비축한다. 현대인들에게 겨울은 은퇴나 퇴직과 같은 일할 수 없는 시기를 의미한다. 이를 위해 준비하는 지혜가 필요하다. 저축과 보험을 드는 것을 믿음 없는 행동이라고 비난하는 사람들이 있기는 하지만 개인적으로는 일할 수 없는 시기를 위한 청지기의 임무 중 하나라고 본다. 단 저축과 보험을 의지하는 것은 우상 숭배이고, 두려움으로 말미암은 지나친 저축은 오히려 균형을 깨뜨릴 수 있음에 주의해야 한다.

지출의 3순위는 개인의 삶을 위한 재정이다. 생활비, 여가비, 교육비 등이 여기에 해당된다. 생활의 정도에 따라 기준이 다양하지만 '닫힌 재정 원칙' closed financial circle 을 권하고 싶다.[33] 개인의 삶에 필요한 재정의 한계를 스스로 정하는 것이다. 이 원칙은 재정을 다스리는 기쁨을 높일 뿐 아니라 잉여 재정을 흘려 보냄으로써 섬김과 나눔의 기쁨을 누릴 수 있게 한다.[34]

넷째, 감사하고 자족하라.

마태복음 25장을 보면, 한 달란트 받은 사람이 다섯 달란트와 두 달란트를 받은 사람들과 자신을 비교하여 상대적으로 적은 금액이라고 분노하는 장면이 나온다. 그래서 받은 달란트를 땅에 파묻어 버린다. 한 달란트 받은 자는 나중에 게으르고 악한 종으로 평가받는다. 재정에 대한 올바르지 않은 청지기의 모습을 보여 주는 예다.

우리는 이 세상에 빈부의 격차, 사회적 부조리, 능력에 의한 부의 분배가 존재함을 인정해야 한다. 이 상황 속에서 하나님이 요구하시는 청지기의 자세는 바로 감사하고 자족하는 마음이다 빌4:11-13. 성경이 말하는 자족은 타 종교의 금욕과는 다른 개념이다. 그리스도인의 자족은 자신에게 주어진 것에 감사하며 그 안에서 최대한 기쁨을 누림과 동시에, 부족하고 불편한 부분은 개선해 나가기 위해 노력하는 것이다.

재정에 끌려다니는 이유

우리에게 주어진 재정이라는 환경을 다스리지 못하면 삶의 기쁨과 즐거움을 상실하게 된다. 이것은 돈이 많고 적음에 상관없다. 그렇다면 왜 우리는 재정에 끌려다니는 삶을 살고 있는가?[35]

첫째, 다른 사람과 비교하기 때문이다.
다른 사람과 비교하는 순간 내 기쁨이 파괴된다. 재정도 마찬가지다. 우리 안에 있는 죄 된 본성은 옆에 있는 사람보다 하나라도 더 소유해야 안정감을 느낀다. 이로 인해 끊임없이 더 많이 소유하려는 마음이 우리를 재정의 종노릇하게 만든다.

둘째, 돈을 버는 즐거움에 빠져 있기 때문이다.
돈에는 강한 힘이 있어서 소유 자체만으로도 큰 기쁨을 준다. 게다가 소유가 점점 더 증가하는 것을 보면서 누리는 쾌감은 중독성이 매우 강하다. 이미 충분히 소유하고 있는데도 더 많이 소유하려는 욕구가 우리를 종살이하게 한다.

셋째, 돈을 자존감의 수단으로 생각하기 때문이다.

사람은 누구나 성공에 대한 인정 욕구가 있다. 그중 많은 사람이 부와 성공을 동일 선상에서 생각한다. 돈이 있으면 성공한 인생이고, 돈이 없으면 실패한 인생으로 결론짓는 것이다. 부의 정도로 자신을 평가하기 때문에 더 많은 재물을 소유하고자 한다. 이 욕망은 한 인생을 끊임없이 재물만 따르게 만든다.

넷째, 돈을 보호 수단으로 생각하기 때문이다.

돈은 삶을 유지하는 유용한 도구임이 분명하다. 그리고 돈이 없으면 불편해지는 것도 부인할 수 없다. 하지만 돈이 우리의 삶을 보호해 주지는 못한다. 많은 사람이 돈이 있어야 편안하고 안정된 미래를 보장받는다고 생각한다. 그래서 돈이 없어지면 불안이 몰려온다. 그렇다고 많은 돈을 소유했다고 해서 반드시 평안을 누리는 것은 아니다. 오히려 소유하고 있는 돈을 잃지 않을까 하는 더 큰 염려 속에 살아가는 사람들도 많다.

인간관계를 다스리는 기쁨

인간관계는 매우 중요한 삶의 영역이다. 세상 거의 대부분의 일이 인간관계에 의해 이루어지기 때문이다.[36] 한 개인의 삶에 있어 성공 여부는 인간관계 안에서 결정된다고 해도 과언이 아니다.[37] 동시에 사람들이 가장 힘들어하고 고민하는 부분이 이 관계다. 때로는 지나친 친밀감과 의존성, 집착, 간섭 등으로 한 개인의 삶이 파괴되는 경우도 있다.

왜 인간관계에 다스림이 필요한가?

첫째, 우리는 관계를 통해 기쁨을 누리도록 창조되었다.

공동체로 존재하시는 삼위일체 하나님은 사람을 관계적 존재로 창조하셨다 창2:24 . 즉, 이 세상 그 누구도 관계를 떠나서는 존재할 수 없다는 뜻이다. 세상은 인간관계 능력 interpersonal relationship skills 을 성공을 위한 필수 조건으로 강조하지만 관계가 좀 서툴고 다른 사람과 다툼을 자주 일으키면서도 성공하는 사람도 분명히 있다. 혼자 연구하고 일해서 위대한 업적을 남긴 사람들도 있다. 인간관계를 다스리는 목적은 성공이 아니라 기쁨이다.

둘째, 관계는 우리를 성숙하게 한다.

사실 인간관계는 쉽지 않다. 지금까지 우리는 관계 속에서 수많은 상처와 아픔을 경험해 왔다. 이런 어려움 때문에 관계를 단절하고 스스로 외로움을 선택하는 사람이 있는가 하면, 편한 사람과 제한된 관계를 유지하는 사람들도 있다. 그러나 하나님은 관계 속에서 우리를 완성해 나가신다.[38] "철이 철을 날카롭게 하는 것 같이 사람이 그의 친구의 얼굴을 빛나게 하느니라" 잠27:17 .

셋째, 관계는 하나님의 영광을 나타내는 청지기적 사명이다.

삶의 중요한 관계들은 대부분 스스로 결정해서 이루어지는 것이 아니다. 부모님과의 만남, 선생님과의 만남, 직장 상사나 동료와의 만남, 학교 친구들과의 만남, 교회와 소그룹 멤버들과의 만남 등. 그 외에도 자신의 의지와 무관하게 형성된 관계들이 너무나 많다. 자신의 의사와 무관한 상황들 안에는 하나님의 섭리가 담겨 있음을 깨달아야 한다. 즉, 이러한 관계 속에서 하나님이 하고자 하시는 일이 있다는 것이다. 하나님은 이 환경 속에서 당신의 백성들이 하나님의 영광을 드러내는 청지기적 책임을 다하기를 기대하신다.

사실 정말 비참한 상황에서 태어난 아이들도 있다. 형편없는 부모를 만나기도 하고, 못된 친구들에게 씻을 수 없는 상처를 입기도 한다. 그렇다고 이런 사람들이 다 실패한 인생으로 전락하지는 않는다. 반대로 좋은 환경과 좋은 만남들이 있었는데도 손가락질받는 인생들도 많다. 그리스도인은 주어진 환경과 관계 속에서 청지기로 부름 받았다.

인간관계를 다스리기

'나'를 중심으로 주변의 관계들을 정리해 보자.

- 상위 관계: 부모님, 상사, 지도자(권위자)
- 수평 관계: 믿음의 형제/자매, 배우자, 직장 동료, 친구
- 하위 관계: 자녀, 후배, 제자
- 주변인: 나와 관계를 맺고 있는 모든 사람
- 하나님: 모든 관계의 주관자

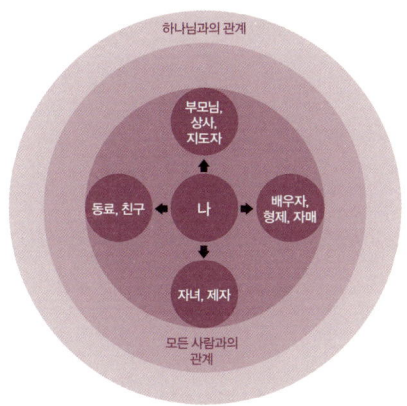

〈360도 인간관계도〉

1. 위에 있는 권세들에게 복종하라

> 각 사람은 위에 있는 권세들에게 복종하라 권세는 하나님으로부터 나지 않음이 없나니 모든 권세는 다 하나님께서 정하신 바라 그러므로 권세를 거스르는 자는 하나님의 명을 거스름이니 거스르는 자들은 심판을 자취하리라 (롬 13:1-2)

성경은 위에 있는 권세들에게 복종하라고 명확하게 제시한다. 모든 권세는 하나님께로부터 났기 때문이다. 성경은 복종의 대상을 다음과 같이 언급한다.

- 국가 지도자 (딛 3:1)
- 영적 지도자들 (벧전 5:5)
- 부모 (엡 6:1-3)
- 가르치는 자 (교사) (갈 6:6)
- 직장 상사 (엡 6:5-7)

악한 권세에 대해 불복종을 종용하는 사람들도 있기는 하다. 그러나 세상에는 완벽하게 선한 권세도 없고 완벽하게 악한 권세도 없기 때문에 권위에 대한 불복종은 신중해야 한다.

성경은 종말이 가까워질수록 권세 ^권위^를 파괴하려는 움직임이 더욱 강해질 것이라고 알려 준다 ^유 1:8^. 오늘날 가장 큰 사회 문제 중 하나가 권위 파괴다. 권위 파괴를 선동하는 사람들은 자유를 부르짖지만 권위가 상실된 세상에서 무질서는 불안감을 증가시킨다. 이 시대는 윗사람에게 복종하는 것을 '아부'라고 폄하한다. 아부는 자신의 목적을 위해 사람에게 굽실거리는 것을 말하지만 그리스도인의 복종은 권위를 세우신 하나님에 대한 것이다.

2. 믿음 안에 있는 형제들을 사랑하라

> 새 계명을 너희에게 주노니 서로 사랑하라 내가 너희를 사랑한 것 같이 너희도 서로 사랑하라 너희가 서로 사랑하면 이로써 모든 사람이 너희가 내 제자인 줄 알리라(요 13:34-35)

수평적 관계는 믿음 안에 있는 관계와 믿음 밖에 있는 관계로 구분할 수 있다. 먼저 성경은 모든 믿는 자가 그리스도 안에서 한 형제임을 강조한다 ^롬 8:29; 갈 4:6^. 형제 안에서 아름다운 사랑의 사귐이 하나님의 자녀 됨의 표시가 된다. 하나님은 우리를 공동체 안으로 부르셨다 ^요일 1:3-7^. 그리고 형제가 서로 연합하여 동거함을 기뻐하신다 ^시 133:1^. 우리도 믿음의 형제와의 사귐 안에서 기쁨을 누리게 된다.[39]

그리스도인은 선을 행할 때에도 믿음의 가정들에 우선순위를 두어야 한다 갈6:10. 세상 사람들은 이익이 되지 않으면 관계를 유지하지 않지만 공동체로 부름 받은 하나님의 백성들은 손해를 감수하고 사랑을 실천해야 한다. 이것이 바로 하나님과 우리의 기쁨이기 때문이다. 믿음 안에서 게으른 자는 권계하고, 마음이 약한 자는 격려하며, 힘이 없는 자는 붙들어 주면서 모든 연약한 자에게 주님이 그러했듯이 오래 참아 주어야 한다 살전5:14.

3. 모든 사람과 더불어 화평하고 거룩하라

> 모든 사람과 더불어 화평함과 거룩함을 따르라 이것이 없이는 아무도 주를 보지 못하리라 (히 12:14)

다음 수평적 관계는 믿음 밖에 있는 관계다. 여기에는 믿지 않는 가족, 친구, 직장 동료, 사업상의 파트너, 친척보다 가까운 이웃 등이 속한다. 성경은 믿음이 없는 관계 속에서 '모든 사람과 더불어 화평함과 거룩함'을 요구하고 있다. 예수님은 믿음이 없는 사람과의 관계성에 대해 '양을 이리 가운데로 보냄'과 같다고 묘사하시며, "뱀 같이 지혜롭고 비둘기 같이 순결" 마10:16 할 것을 요구하신다.

믿지 않는 사람들과 친밀하게 지내다 보면, 영적인 영역과 죄의 경계선에서 충돌이 일어나는 경우가 많다. 친밀함을 이유로 죄의 경계선에서 거절을 못하는 상황이 발생하기도 한다. 화평을 유지하려고 영혼을 해치는 일에 동참하는 경우도 발생한다. 따라서 화평을 추구하되 거룩함을 유지하기 위해 늘 깨어 있어야 한다.

4. 아랫사람에게 의와 공평으로 대하라

하위 관계는 자신의 영향력, 지도, 명령 등을 받는 친밀한 사람들을 말한다. 이것은 공동체별로 구분이 필요한데, 가정에서 자녀들, 교회에서 후배와 제자들, 사회에서 부하 직원이나 후배들이 여기에 속한다.

자녀와의 관계에 대해 성경은 원칙을 제시한다.

"노엽게 하지 말고 오직 주의 교훈과 훈계로 양육하라" 엡 6:4. 노엽게 하지 말라는 것은 비인격적인 대우로 공경의 마음이 사라지지 않게 하라는 뜻이다. 폭행, 방치, 학대, 무관심, 비교 등이 여기에 해당된다. 그리고 원칙 없는 과잉보호는 자녀를 망칠 수 있기 때문에 하나님의 말씀과 훈계로 양육해야 한다.

제자에 대한 원칙은 가르침에 본을 보이는 것이다 요 13:15; 딛 2:7.

예수님은 가르침과 함께 모범을 보이셨다 요 13:15. 학생은 귀로 배우는 것이 아니라 눈으로 배운다는 말을 기억해야 한다. 또한 거역하는 자들에 대해서는 "온유함으로 훈계" 딤후 2:25 해야 한다.

사회생활에서 아랫사람에 대해서는 "의와 공평"골 4:1 으로 대하여야 한다.

하나님의 원칙과 성품으로 대하라는 것이다. 일하고 땀 흘린 것에 대한 마땅한 대가를 얻게 해 주는 것이 정의이고, 법과 원칙에 따라 상벌을 내리는 것이 공평이다.

5. 나그네 대접하기를 잊지 말라

> 나그네 대접하기를 게을리하지 마십시오. 어떤 이들은 나그네를 대접하다가, 자기도 모르는 사이에 천사들을 대접하였습니다.(히 13:2, 표준새번역)

우리 주변에는 친밀하지 않은 수많은 관계가 존재한다. 그 관계 중에는 친밀해질 수 있는 잠재성이 있는 사람들도 많다. 성경에서는 이러한 사람들을 나그네로 표현한다.

나그네는 상점에서 만나는 손님일 수도 있고, 길을 물어보는 낯선 사람일 수도 있다. 여행지에서 만난 동행자일 수도 있으며, 엘리베이터에서 만난 이웃일 수도 있다. 성경은 나그네에게 친절히 대접할 것을 명령하고 있다. 이렇게 나그네를 대접하다 보면 부지중에 천사들을 대접할 수도 있다. 우리는 '세상 참 좁다', '그래서 착하게 살아야 해'라는 말을 자주 한다. 지금은 아무런 유익이 되지 않는 사람일지라도 언제 어디서 다른 상황으로 만날지 모르는 일이다.

> 나는 너희에게 이르노니 너희 원수를 사랑하며 너희를 박해하는 자를 위하여 기도하라(마 5:44)

살아가면서 선한 나그네만 만나는 것은 아니다. 우리에게 해를 가하는 범죄자나 경제적 손실을 주는 사람을 만날 수도 있다. 때로는 예수님과 그분의 신부 된 교회를 싫어하는 사람들도 만날 수 있다 요 15:18-19.

성경은 우리를 핍박하는 자들을 위해 축복하라고 한다 벧전 3:9. 세상은 악을 악으로 갚지만 하나님은 악을 선으로 대하도록 명령한다 살전 5:15. 왜냐하면 우리도 예수의 사랑을 알지 못하던 때에는 예수와 그를 믿는 자들을 박해하던 자들과 똑같았기 때문이다. 우리를 향해 참고 기다려 준 그리스도인이 있었기 때문에 우리가 예수를 알게 된 것이다. 이 사랑의 빚을 다른 누군가에게 갚는 것이 그리스도인의 사명이다 롬 3:24.

6. 하나님과의 관계 속에서 기뻐하라

> 항상 기뻐하라 쉬지 말고 기도하라 범사에 감사하라 이것이 그리스도 예수 안에서 너희를 향하신 하나님의 뜻이니라(살전 5:16-18)

세상 사람들과 달리 그리스도인에게는 관계의 범주에 하나님이 추가된다. 예수를 영접하는 순간 우리는 하나님의 자녀가 되고 요 1:12, 하나님은 우리의 아버지가 되신다 롬 8:15.

우리는 하나님을 아버지가 아닌 다른 대상으로 대하는 때가 있지만 하나님은 우리를 늘 언제나 자녀로 대하신다. 선한 아버지는 우리에게 무엇이 가장 필요한지 아시는 분이시다. 언약의 하나님은 실수가 없으시고 신실하신 분이시다. 우리의 실수까지도 '합력하여 선으로 바꾸시는 분'이시고 롬 8:28, 우리를 향한 목적과 계획을 절대 포기하지 않으시는 분이시다 롬 8:29-30.

우리는 하나님과의 관계 속에서 자신이 원하는 상황이 아닐지라도 항상 기뻐해야 한다. 그 상황이 두렵고 염려가 된다면 하나님께 기도하며 전진해야 한다. 그리고 현재 상황이 우리를 성숙시키는 하나님의 손길임을 신뢰하며 감사하는 태도를 가져야 한다. 이것이 바로 하나님이 우리와의 관계에서 원하시는 뜻이다.

'No!'라고 말할 수 있는 그리스도인이 되라

사람은 누구를 만나느냐에 따라 인생이 바뀐다. 옳지 않은 인간관계 때문에 기쁨이 파괴되는 경우도 많다. 신앙과 멀어지기도 하고 타락의 길로 가기도 한다. 그리스도인이 즐겁게 신앙생활을 하려면 올바른 인간관계를 위한 다스림의 능력이 반드시 필요하다.

하나님이 우리에게 강하게 요구하시는 것이 바로 "거룩" 레 11:44-45; 벧전

1:16 인데, 거룩은 '구별하다'라는 뜻이다. 죄와 구별되고, 세상과 구별되고, 더러운 것과 구별된다는 뜻이다. 성경은 우상 숭배자, 음행하는 자, 동성애자, 탐욕을 부리는 자, 술 취하는 자, 도둑질하는 자, 거짓말하는 자, 거짓 맹세를 하는 자, 바른 교훈을 거스르는 자 등을 멀리하라고 한다 고전 5:11; 딤전 1:10.

분명히 그리스도인은 가까이해야 할 것이 있고 멀리해야 할 것이 있다. 인간관계도 마찬가지다. 반드시 경계 boundaries 가 있어야 한다.⁴⁰ 정확한 기준으로 우리의 기쁨을 파괴하는 자들에게는 'NO!'라고 당당하게 말할 수 있어야 한다. 사랑하는 연인 관계에서도 'NO!'를 말할 수 있어야 한다. 직장 상사의 부당한 요구 앞에서 'NO!'라고 말할 수 있어야 한다. 친한 친구들의 악행에 대해 'NO!'라고 말할 수 있어야 한다. 거룩을 지키는 경계선이 무너지면 우리의 기쁨도 함께 파괴되기 때문이다.

Work Book | **2**

다스림의 삶은 관리의 영역입니다. 계획 – 조직 – 실행 – 평가의 과정을 실천해 보세요.

:: **시간 관리**

- 하루, 일주일, 6개월, 1년의 시간 계획을 세워 보자.
- 효율적인 시간 관리를 위해 시간 관리표를 조직(작성)해 보자(유사한 일, 효과적인 동선 등).
- 자신에게 낭비되는 시간이 얼마나 되는지 평가해 보자.
- 남는 시간을 활용하는 방법을 세워 보자.
- 시간표를 가장 잘 보이는 곳에 부착해 놓자.

:: **재정 관리**

- 가계부, 용돈장부 등 재정 관리 도구를 만들자.
- 수입에 맞춰 우선순위를 정해 지출을 계획해 보자.
- 닫힌 재정으로 절제된 삶을 살아 보자.
- 신용카드가 아닌 저축으로 원하는 것을 소유해 보자.

:: **인간관계 관리**

- 인간관계도를 완성하라.
- 하루, 일주일, 1개월, 6개월, 1년 단위로 만나거나 연락해야 할 사람들의 목록을 작성해 보자.
- 하나님과의 만남 시간을 최우선으로 잡아라.
- 계획하지 않고 만나서 시간과 재정에 안 좋은 영향을 줄 수 있는 사람들에 대해 'No'라고 거절하는 연습을 하자.

다스림의 기쁨을 위해 완벽주의를 경계하십시오. '다스림'은 이미 누리고 있는 기쁨을 배가하기 위한 활동이고, 보호하기 위함입니다.

참고 1

20   년   월   일 주간시간표

	주일	월	화	수	목	금	토
주중 우선순위							
오늘 해야 할 일							
06:00 ~ 06:30							
06:30 ~ 07:00							
07:00 ~ 07:30							
07:30 ~ 08:00							
08:00 ~ 08:30							
08:30 ~ 09:00							
09:00 ~ 09:30							
09:30 ~ 10:00							
10:00 ~ 10:30							
10:30 ~ 11:00							
11:00 ~ 11:30							
11:30 ~ 12:00							
12:00 ~ 12:30							
12:30 ~ 13:00							
13:00 ~ 13:30							
13:30 ~ 14:00							
14:00 ~ 14:30							
14:30 ~ 15:00							
15:00 ~ 15:30							
15:30 ~ 16:00							
16:00 ~ 16:30							
16:30 ~ 17:00							
17:00 ~ 17:30							
17:30 ~ 18:00							
18:00 ~ 18:30							
18:30 ~ 19:00							
19:00 ~ 19:30							
19:30 ~ 20:00							
20:00 ~ 20:30							
20:30 ~ 21:00							
21:00 ~ 21:30							
21:30 ~ 22:00							
22:00 ~ 22:30							
22:30 ~ 23:00							
23:00 ~ 23:30							
23:30 ~ 24:00							
오늘 못한 일							
내일 해야 할 일							

참고 2

20   년   월 재정 관리표

수입					지출					
내역	예산	결산	날짜	비고	내역		예산	결산	날짜	비고
근로소득1	2,400,000	2,400,000				십일조	240,000	250,000		
근로소득2		100,000		출장비		주정헌금	20,000			
상여금						감사헌금	20,000			
					작정헌금	선교 개인				
용돈						선교 교회				
기타 수입						건축헌금	10,000			
						봉사/구제	10,000			
						기타헌금	10,000			소그룹예배
					1순위	신년감사				
						(10만 원)				
						부활절				
						(10만 원)				
						절기헌금 맥추감사				
						(10만 원)				
						추수감사				
						(20만 원)				
						성탄절				
						(10만 원)				
						부모님 용돈	200,000	200,000		
					2순위	부채				
						저축				
						적금				
						보험금				
					3순위	생활비				
						여가비				
						교육비				
						기타				
					지출 합계					
수입 합계	2,400,000	2,500,000			잔액					

자신을 다스리는 기쁨

"그러므로 하나님의 전신 갑주를 취하라 이는 악한 날에 너희가 능히 대적하고 모든 일을 행한 후에 서기 위함이라"_엡 6:13

하나님은 우리를 세상을 다스리고 통치하는 왕 같은 제사장으로 부르셨다. 우리가 이 역할을 잘 감당할 때 기쁨을 누릴 수 있다. 하나님의 나라가 우리 안에 있음을 기억한다면, 다스림은 자기 자신에게서부터 시작되어야 한다. 기쁨이 외부의 상황과 환경에 의해 좌우된다고 생각하는 사람들이 많은데, 사실 기쁨은 자기 관리와 깊은 관련이 있다. 자기 관리의 영역은 '영혼육'으로 구분된다. 하나님을 느끼고 교제하는 '영', 생각과 지식, 감정, 의지 등을 담고 있는 '혼', 그리고 영과 혼을 담고 있는 '육체'다.[41]

우리는 육체, 마음, 영혼으로 구성된 복잡한 존재다. 이 세 가지는 긴밀하게 연관되어 있다. 육체가 아프면 의지력이 떨어지고, 우울해지고, 머리도 잘 돌아가지 않는다. 반대로 마음에 상처를 입으면 몸에 힘이 없어지고, 하나님을 찾고 싶은 마음도 없어진다. 또한 교회에 분란이 생겨 예배를 잘 드리지 못하면 일상생활이 힘들어지는 현상이 발생한다. 따라서 기쁨을 누리는 삶을 살기 위해서는 육체, 마음, 영혼을 잘 관리하고 다스리는 능력을 소유해야 한다.

육체를 다스려라

우리의 육체는 성령이 거하시는 "성령의 전"고전 6:19-20 이다. 그러므로 성령의 전인 우리의 육체를 잘 관리해야 한다. 오늘날 육체의 건강과 아름다움에 심취하는 흐름을 경계해야 하지만 더불어 육체를 악한 것으로 취급하는 이원론도 경계해야 한다. 그리스도인은 하나님의 영이 거하시는 육체를 단련하는 것의 가치를 간과해서는 안 된다.[42]

육체를 단련하라

과학과 의학의 발달로 인간의 수명은 점점 늘어나면서, 몇 살까지 사느냐의 문제보다는 얼만큼 건강하게 사느냐를 더 고민하고 있다. 현대인의 가장 큰 관심사는 단연 '건강'이다. 건강을 위해 육체의 단련은 반드시 필요하다. 육체의 건강은 기쁨과 긴밀히 연관되어 있다. 또한 농부가 연장을 관리하듯, 사역의 도구인 육체를 잘 관리해야 한다.

바울은 사랑하는 아들 디모데에게 "육체의 연단은 약간의 유익" 딤전 4:8 이 있다고 권면한다. '연단'은 '운동'을 의미한다. 육체의 건강은 삶의 만족도를 높여 주고, 풍성한 삶을 누리게 해 주며, 하나님의 나라와 영광을 위한 도구가 된다.

뇌 과학자들은 삶의 만족도를 위해 반드시 운동이 필요하다고 강조한다. 운동이 뇌의 신경 발생을 촉진시켜 주고, 스트레스로부터 뇌를 보호해 주기 때문이다.[43] 일반적으로 의사들은 일주일에 3-4회, 30분 이상의 유산소운동을 제안한다.

습관을 다스려라

우리 속담에 "세 살 버릇 여든까지 간다"는 말이 있듯이 습관은 삶에 매우 중요한 역할을 한다. 성공학을 논하는 학자들은 공통적으로 습관에 의해 성공이 결정된다고 한다.[44] 좋은 습관만 소유한다면 누구나 성공하는 인생을 살 수 있다는 것이다. 이렇게 습관에 대해 강조를 해도 나쁜 습관을 버리고 좋은 습관을 만들어 가는 일은 결코 쉽지 않다.

그리스도인에게도 습관은 매우 중요하다. 하나님은 거짓말, 폭식, 도둑질, 게으름, 음란, 부정적 언어, 비방, 음담패설, 욕 등과 같은 좋지 않은 습관들을 버릴 것을 요구하신다. 동시에 정직, 절제, 나눔, 충성, 긍정적 언어와 같은 좋은 습관을 가지라고 명령하고 계신다.

그렇다면 우리는 왜 나쁜 습관을 정복해야 하는가?

첫째, 나쁜 습관은 죄의 본성과 친밀하기 때문이다.

나쁜 습관들은 삶 속에서 겪는 스트레스와 깊은 연관이 있다.[45] 예를 들어, 폭력적인 가정으로 인한 갈등 회피와 부정적 사고, 권위적인 부모로 인한 습관적인 거짓말, 가난으로 인한 도벽 등이 있다. 이는 문제를 정면으로 해결하려고 하기보다는 죄의 본성을 타고 나쁜 습관으로 고착되어 버린 경우들이다.

둘째, 나쁜 습관은 기쁨과 즐거움을 파괴한다.

흡연, 음주, 도박, 음란, 도벽 등과 같은 나쁜 습관들은 개인의 시간, 재정, 건강, 인간관계에 심각한 영향을 준다. 이러한 나쁜 습관은 중독으로 확대되기 전에 반드시 정복해야 한다. 일단 자신의 의지와 관계없이 육체를 지배하고 있는 습관들이 있다면 정복해야 한다. 아침에 일어나서 무의식적으로 텔레비전을 트는 행동, 퇴근해서 식사를 하고 자동적으로 컴퓨터 앞에 앉는 행동, 또는 마트에 가서 아니면 홈쇼핑을 통해 충동적으로 물건을 구매하는 습관 등이 여기에 해당된다.

그렇다면 어떻게 나쁜 습관을 정복할 수 있을까?

첫째, 자신 안에 나쁜 습관이 있다고 인정해야 한다.
성경은 절대 중립지대를 언급하지 않는다. 우리는 좋은 습관과 나쁜 습관 사이에 놓여 있는 것이 결코 아니다. 태어나면서부터 죄악 된 속성을 소유하고 있다.

둘째, 자신이 나쁜 습관을 제어할 수 있는 능력이 없음을 인정해야 한다.[46]
나쁜 습관을 다스리는 방법은 그 습관을 버리는 것과 동시에 그것을 대체할 수 있는 좋은 습관을 들이는 것이다. 우리는 익숙한 것을 따르게 되어 있다. 나쁜 습관을 버린다고 해서 결코 끝난 것이 아니다. 반드시 회귀하게 되어 있고, 불행한 경우에는 더 심각한 중독으로 발전하기도 한다. 나쁜 습관을 정복하기 위해서는 오히려 사소해 보이지만 좋은 습관을 하나씩하나씩 실천해 나가야 한다.

예를 들어, 아침에 일어나 습관적으로 텔레비전을 보는 것 대신 음악이나 라디오를 듣는 것부터 시작해 보자. 집에 들어와 무의식적으로 컴퓨터를 켜는 대신 독서를 하는 것으로 대체해 보자. 염려와 걱정은 기도로 바꾸고, 불평과 원망은 감사로, 저주와 욕은 축복과 칭찬으로 바꾸는 연습을 해 보자.

육체의 정욕을 다스려라

사랑하는 자들아 거류민과 나그네 같은 너희를 권하노니 영혼을 거슬러 싸우는 육체의 정욕을 제어하라 (벧전 2:11)

　기쁨을 누리기 원하는 사람이 가장 쉽게 택할 수 있는 방법은 육체적 기쁨이다. 이것을 정욕이라 하고, 육체의 정욕을 탐닉하는 것을 '쾌락'이라 한다.[47] 육신의 욕구는 하나님이 주신 것인데, 삶을 풍요롭게 하는 기쁨을 제공한다.[48] 그러나 육체의 욕구에 우리의 죄성이 결합되면 영혼을 거슬러 싸우는 정욕이 된다. 존 파이퍼 John Piper 는 오늘날 그리스도인들에게 '정욕과의 전쟁'은 제3차 세계대전의 위협과 비교할 수 없을 만큼 중대한 위험이라고 강조한다.[49]

　성경은 '육체의 정욕을 제어하라'고 한다. '제어'는 '적당한 거리를 두다, 절제하다'라는 뜻이다. 지나치지 않게 절제하며 조심스럽게 사용해야 한다는 것이다. 그래서 기독교는 육체의 욕구를 통해 얻어지는 기쁨을 죄악시하는 금욕주의와 육체의 정욕을 탐닉하는 쾌락주의를 경계한다.

　육체의 정욕을 이야기하면 가장 먼저 성적인 욕구가 떠오를 것이다. 사실 성적 욕구가 가장 강력한 육체의 정욕은 맞지만 더 넓은 의미로 마음속에 일어나는 모든 욕구를 말한다. 성경은 다음 세 가지로 정욕을 구분하여 설명한다 요일 2:16-17 .

- **육신의 정욕:** 육신의 감각을 통해 쾌락을 누리려는 욕구(성욕, 식욕, 소유욕, 게으름, 각종 중독 등)
- **안목의 정욕:** 눈으로 본 것을 소유하거나 실현하고자 하는 욕구, 눈으로 보는 쾌락에 빠진 것(지나친 TV 시청, 음란물, 관음증 등)
- **이생의 자랑:** 자신의 이름을 내어 사람들에게 인정받아 쾌락을 누리고 싶은 욕구(권력욕, 명예욕, 인기, 학벌 등)

그렇다면 육체의 정욕을 어떻게 다스릴 수 있을까?

첫째, 육체의 정욕보다 더 큰 기쁨을 만나야 한다.

더 큰 기쁨이란 바로 주님이 주시는 참된 기쁨을 뜻한다. 요한복음 4장에 등장하는 수가 성 여인은 남편이 여섯 명이나 있었지만 참된 만족을 누리지 못했다. 이때 예수님이 주시는 물은 영원히 목마르지 않는 샘물이었다. 이처럼 육신의 쾌락을 누리게 하는 정욕을 더 큰 기쁨으로 대체해야 한다.[50]

둘째, 정욕을 탐닉하려 하는 육체를 굶주리게 해야 한다.

이것이 바로 금식이다. 보통 금식기도를 절박한 기도로 이해하기 쉬운데, 예수님은 "머리에 기름을 바르고 얼굴을"마 6:17 씻고 금식하라고 하셨다. 이 모습은 "행복과 기쁨을 나타내는 특별한 치장"[51]을 보여 준다 삼하 12:20; 전 9:8. 심지어 잔치에 참여할 때의 모습일 수도 있다. 즉, 금식은 이 땅에서의 양식을 이용한 잔치를 멈추고, 하늘의 양식을 이용하여 잔치하는 것이다. 그래서 금식은 하늘의 양식으로 가득한 '축제적 금식'이 되어야 한다. 금식은 쾌락을 누리려는 육체의 정욕을 굶기고 하나님께 집중하는 것이다.[52] 이로 말미암아 육체가 더는 우리를 장악할 수 없고 하나님의 말씀이 우리를 다스리게 된다.

마음을 다스려라

그리스도인으로서 기쁨을 누리는 삶을 살기 위해서는 무엇보다 마음을 잘 다스려야 한다 잠 4:23. 먼저 마음이 무엇인지 살펴보자. 성경에서 마음이라고 표현되는 단어는 크게 세 가지로 구분된다.

첫째는 호흡, 영, 생명, 갈망, 정신, 감정을 의미하는 마음 soul 이다. 히브리어로 '네페쉬' נפש, 헬라어로 '프쉬케' ψυχή 이다 신 4:29; 마 22:37. 기쁨, 슬픔, 괴로움, 두려움, 아픔 등과 같은 감정들이 여기에서 발생한다. 성경은 이곳을 '생명의 근원'이라고 표현한다.

둘째는 자신의 중심, 가장 내부에 있는 인체 기관을 의미하는 마음 heart 이다. 히브리어로 '레브' לב, 헬라어로 '카르디아' καρδία 이다 신 6:5; 막 12:30. 이것은 우리의 인식, 깨달음, 지식, 지혜, 사고, 가치관 등과 같은 지적인 영역을 말한다. 정서와 감정과는 달라서 외부로 잘 드러나지 않는 은밀한 자기 자아를 의미한다고 할 수 있다. 성경에서는 이곳을 우리의 "중심"삼상 16:7 이라고도 표현한다.

셋째는 자신이 하고자 하는 욕망이나 의지, 좋아하는 것, 마음에 드는 것을 의미하는 마음 will 이다.

히브리어로 '라쫀'רָצוֹן, 헬라어로 '델레마' θέλημα 이다 신40:8; 마6:10. 이것은 자신이 좋아하는 것을 하고자 하는 의지와 선택의 부분이다.

마음은 감성, 지성, 의지 세 영역으로 구성되어 있는데 이 세 영역은 분리될 수 없고 긴밀하게 연결되어 있다. 이성이 감성을 지배하기도 하고, 감성이 이성을 지배하기도 한다. 감성이 의지를 꺾기도 하고, 의지가 이성을 깨우기도 한다. 즉, 하나님께서는 이 세 가지, '지정의'의 영역 안에서 우리가 기쁨을 누리기 원하신다.

마음은 영적 전쟁터다

어쩌면 마음을 다스린다는 것이 신앙생활에서 가장 힘든 것 같다. 마음을 다스리기 위해서는 가장 먼저 마음이 '영적 전쟁터'라는 사실을 알아야 한다. 영적 전쟁은 멀리 있는 것이 아니다. 바로 우리의 마음이 영적 전쟁터다.

그러므로 내가 한 법을 깨달았노니 곧 선을 행하기 원하는 나에게 악이 함께 있는 것이로다 내 속사람으로는 하나님의 법을 즐거워하되 내 지체 속에서 한 다른 법이 내 마음의 법과 싸워 내 지체 속에 있는 죄의 법으로 나를 사로잡는 것을 보는도다 오호라 나는 곤고한 사람이로다 이 사망의 몸에서 누가 나를 건져내랴(롬 7:21-24)

하루에도 수십 번씩 변하는 것이 사람 마음이다. 기쁘다가도 갑자기 죽고 싶어지는 것이 우리의 마음이다. 마음 지정의 은 결코 부정적인 것을 좋아하지 않는데도 조그마한 외부의 자극에도 급속히 부정적인 방향으로 흐른다.[53]

때로는 통제되지 않은 마음을 어디엔가 강하게 붙들어 매어 놓고 싶을 때가 있다. 흔들리는 갈대와 같은 마음에 지지대를 놓고 싶다. 그리스도인들에게 그 지지대는 바로 하나님의 법 말씀 이다.

마음을 다스리기 위해서는 하나님의 법으로 죄의 법을 다스려야 한다. 하나님의 법에 의해 다스림을 받는 마음의 상태는 기쁨, 즐거움, 평안이지만, 죄의 다스림을 받게 되면 불안, 초조, 우울, 강박, 두려움이 발생한다. 마음에서 일어나는 영적 전쟁은 감성, 이성 지성, 의지의 영역으로 구분할 수 있다.

- **감정을 파고드는 영적 전쟁:** 불평, 시기/질투/경쟁, 두려움, 불순종(반항)
- **이성을 파고드는 영적 전쟁:** 정의감/동정심, 그릇된 기대감, 영적 두려움, 패배

의식
- **의지를 파고드는 영적 전쟁:** 지나친 자기애, 인정 욕구, 교만, 열등감, 비교의식, 복수심

마음 다스리기

> 아무 것도 염려하지 말고 다만 모든 일에 기도와 간구로, 너희 구할 것을 감사함으로 하나님께 아뢰라 그리하면 모든 지각에 뛰어난 하나님의 평강이 그리스도 예수 안에서 너희 마음과 생각을 지키시리라(빌 4:6-7)

마음을 다스리는 첫 번째 방법은 감사의 기도다. 존 파이퍼는 우리의 인생이 전쟁과 같다고 설명하며 이 전쟁에서 절대적으로 필요한 것이 '기도'라고 강조한다.[54] 기도는 우리의 마음에서 벌어지는 영적 전쟁을 이길 수 있는 강력한 무기다. 기도는 하나님의 질서를 마음속에 강하게 임하게 한다. 감사는 마음속에 찾아온 부정적인 모든 요소를 단절하고 하나님의 질서로 우리의 마음을 다스리게 해 준다. 감사는 불평, 시기/질투/경쟁, 불순종, 두려움 등의 불만족과의 싸움이다.[55]

> 여호와께 구속 받은 자들이 돌아와 노래하며 시온으로 돌아오니 영원한 기쁨이 그들의 머리 위에 있고 즐거움과 기쁨을 얻으리니 슬픔과 탄식이

달아나리이다(사 51:11)

마음을 다스리는 두 번째 방법은 찬양이다. 음악은 사람의 마음에 엄청난 영향을 준다. 어떤 음악을 듣느냐에 따라, 그리고 어떤 노래를 부르냐에 따라 사람의 마음, 생각, 의지가 달라진다. 일반인들도 마음을 다스리기 위해 음악을 많이 활용한다. 특별히 클래식 음악은 자연을 담고 있어 사람의 마음을 평화롭게 해 준다.

그리스도인들에게 클래식 음악이 마음을 다스리는 간접적인 방법이라면, 찬양은 직접적인 방법이다. 하나님의 말씀, 감사의 내용, 하나님이 하신 일, 하나님에 대한 기대감, 그뿐만 아니라 내 슬픔과 아픔을 담은 찬양은 마음을 다스리는 최고의 무기다.[56]

> 그러므로 하나님의 전신 갑주를 취하라 이는 악한 날에 너희가 능히 대적하고 모든 일을 행한 후에 서기 위함이라 … 구원의 투구와 성령의 검 곧 하나님의 말씀을 가지라(엡 6:13, 17)
> 하나님의 말씀은 살아 있고 활력이 있어 좌우에 날선 어떤 검보다도 예리하여 혼과 영과 및 관절과 골수를 찔러 쪼개기까지 하며 또 마음의 생각과 뜻을 판단하나니(히 4:12)

마음을 다스리는 세 번째 방법은 하나님이 주신 말씀의 검이다. 마음

속에서 일어나는 부정적 반응들은 우리의 기쁨을 파괴한다. 하나님의 말씀은 검과 같아서 부정적인 생각들을 단절하는 능력이 있다. 또한 하나님의 말씀은 다림줄과 같아서 암7:7-8 우리의 흐트러진 마음과 생각을 바로잡는 역할을 한다. 말씀의 검으로 부정적인 생각을 끊고, 말씀의 다림줄로 생각을 바로잡아 나가는 것이 하나님의 다스림을 받는 것이다. 말씀을 가까이하는 삶은 성경 읽기, 말씀 묵상, 설교 등 다양한 형태가 있지만 그 무엇보다도 강력한 무기는 '말씀 암송'이다.57

감사의 기도는 우리 안에서 일어나는 부정적인 판단들을 멈추게 한다. 찬양은 우리의 정서 안에 있는 불평/불만, 두려움 등의 부정적 요소들을 멈추게 해 준다. 말씀은 죄의 속성을 따라 움직이려고 하는 우리의 의지를 바로잡아 주는 역할을 한다. 그리스도인의 삶은 "자기를 부인하고 자기 십자가를" 마16:24 지는 것이다. 자신 안에서 일어나는 감정, 판단 생각, 무언가 하고자 하는 의지를 부인하고 하나님의 기준에 맞춰 반응하는 것이 십자가의 삶이다.

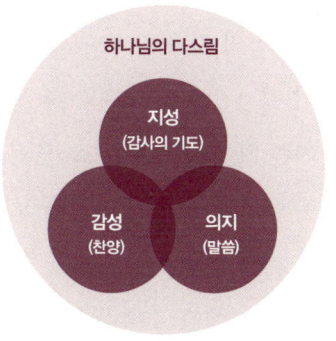

마음을 받기 원하시는 하나님

우리는 마음을 잘 다스려야 하는데 그 이유는 기쁨이 이 안에 있기 때문이다. 동시에 하나님은 기쁨이 넘치는 우리의 마음을 받기 원하신다.

> 여호와께서 사무엘에게 이르시되 그의 용모와 키를 보지 말라 내가 이미 그를 버렸노라 내가 보는 것은 사람과 같지 아니하니 사람은 외모를 보거니와 나 여호와는 중심을 보느니라 하시더라(삼상 16:7)
> 예수께서 이르시되 네 마음을 다하고 목숨을 다하고 뜻을 다하여 주 너의 하나님을 사랑하라 하셨으니 이것이 크고 첫째 되는 계명이요(마 22:37-38)

'마음을 다해 하나님을 사랑하는 것'에 대해 우리의 정서는 '지극정성'이라고 이해하는 경우가 많다. 왕 되신 하나님 앞에 지극한 정성으로 나아가는 모습도 필요하지만 하나님이 진정 원하시는 마음은 하나님의 질서로 다스림을 받은 기쁨의 상태다.

기쁨의 마음은 하나님의 질서 안에서 회복된 상태다. 우리가 하나님의 질서 안에서 기뻐할 때 하나님도 기뻐하신다 잠 11:1, 15:8; 사 62:4. 우리는 기쁨 없이 겉모습만으로 충분히 하나님을 섬길 수 있다. 하지만 하나님은 우리의 중심, 곧 마음을 보기 원하신다.

영적 생활을 다스려라

구원은 우리의 영역이 아닌 주님의 영역이다 엡2:8-9. 그러나 구원받은 영혼을 잘 관리하는 것은 우리의 몫이다 빌2:12. 58

처음 행위를 가지라

> 그러나 너를 책망할 것이 있나니 너의 처음 사랑을 버렸느니라 그러므로 어디서 떨어졌는지를 생각하고 회개하여 처음 행위를 가지라 만일 그리하지 아니하고 회개하지 아니하면 내가 네게 가서 네 촛대를 그 자리에서 옮기리라(계 2:4-5)

요한계시록에는 소아시아 일곱 교회에 관한 이야기가 나온다. 그중 가장 먼저 등장하는 것이 에베소 교회인데, 소아시아에서 가장 큰 교회로 맏형 역할을 담당했다. 그런데 이 교회에 문제가 있었다. 바로 '처음 사랑을 버렸다'는 것이다.

우리는 이 본문을 열정이 식은 그리스도인들에게 권면의 말로 자주 사용한다. "처음 사랑을 회복하라!" 그런데 성경에는 '처음 사랑을 회복하라'는 말은 없고 '처음 행위를 가지라'고 권면한다. 그리고 이 처음 행위와 촛대로 묘사된 구원 사이에 긴밀한 연관성이 있음을 보여 준다. '처음 사랑'을 회복하기 위해서는 '처음 행위'를 가져야 한다는 것이다. 이것이 바로 우리의 영혼을 돌보는 일이다.

처음 사랑은 구원의 감격이다. 마땅히 죽어야 할 죄인이 하나님의 전적인 은혜로 그분의 자녀가 된 감격이 처음 사랑이다. 처음 사랑을 잃어버린 것은 바로 구원의 감격을 잃어버렸다는 것이다. '나 같은 죄인'에서 '나 같은 의인'으로 바뀐 것이다. 신앙생활을 열심히 하다 보면 '자기 의'가 일어나는데, 그러면 다른 사람을 판단하고 자신의 공로에 대해 보상을 받고자 하는 기대감이 생긴다.

에베소 교회는 소아시아 일곱 교회 중에서 가장 많이 칭찬받았다. 그들은 충성스러운 일꾼들이었고, 핍박 중에도 인내했으며, 신학적으로 이단과 거짓 선지자들을 분별해 냈고, 게으르지 아니한 수고한 일꾼들이었다 계2:2-3. 오늘날로 이야기하면 100점짜리 성도라고 할 수 있겠다. 이런 그들이 처음 사랑을 잃어버렸다고 평가받은 것이다.

에베소 교회는 신앙생활 면에서는 흠잡을 데가 없었다. 그러나 구원의 감격은 사라지고, 자신의 의로움으로 지체들을 비판하며, 자신의 공로에 대한 대가를 기대하는 마음이 일어나기 시작했다. 이때부터는 신앙생활이 아니라 종교생활이 되어 버린다. 결국 촛대가 옮겨지는 일이 발생한다.

처음 사랑을 회복할 수 있는 길, 곧 기쁨으로 신앙생활을 하는 방법은 처음 행위를 되찾는 것이다. 지체들에 대해 비판하지 않는 것과 그릇된 기대감을 갖지 않는 것이다.

첫째, 처음 행위는 비판하지 않는 자세다.

성경에는 비판과 판단을 금하는 구절들이 넘쳐난다. 그중 구원/심판과 관련된 구절을 몇 개 살펴보자.

> 비판하지 말라 그리하면 너희가 비판을 받지 않을 것이요 정죄하지 말라 그리하면 너희가 정죄를 받지 않을 것이요 용서하라 그리하면 너희가 용서를 받을 것이요(눅 6:37)
>
> 그러므로 남을 판단하는 사람아, 누구를 막론하고 네가 핑계하지 못할 것은 남을 판단하는 것으로 네가 너를 정죄함이니 판단하는 네가 같은 일을 행함이니라 이런 일을 행하는 자에게 하나님의 심판이 진리대로 되는 줄 우리가 아노라 이런 일을 행하는 자를 판단하고도 같은 일을 행하는 사람아, 네가 하나님의 심판을 피할 줄로 생각하느냐(롬 2:1-3)
>
> 네가 어찌하여 네 형제를 비판하느냐 어찌하여 네 형제를 업신여기느냐 우리가 다 하나님의 심판대 앞에 서리라(롬 14:10)

우리가 처음 구원의 감격에 빠질 때에는 '나 같은 죄인, 벌레 같은 죄인'이라고 자신을 낮추며 하나님의 사랑 안에 거한다. 그러나 차츰 시간이 지나면서 다른 사람을 판단하고 정죄하는, 하나님 되고자 하는 마음이 자라난다. 이러한 판단과 비판은 선과 악을 알게 하는 나무 선악과 를 먹은 죄인들의 행동이다 창3:5.

　죄인인 우리가 오직 하나님의 은혜로 구원받았다는 사실을 깨달았다면, 우리의 판단에는 형편없어 보이는 사람들일지라도 그들 역시 하나님의 소중한 자녀들임을 반드시 기억해야 한다. 우리에게는 비판과 정죄할 권한이 없고, 사랑하고 인내할 의무만 있음을 기억해야 한다 약4:11-12.[59]

　우리 안에 끓어오르는 지체들에 대한 판단과 정죄가 서로를 얼만큼 힘들게 하는지 이미 잘 알고 있을 것이다. 지체들의 작은 행동 하나, 심지어 입은 옷이나 머리 모양까지도 정죄하며 서로의 영혼을 파괴한다. 이렇게 지체를 비판하는 사람들의 마음에는 누군가도 자신을 비판할 것이라는 두려움이 있다. 이 두려움은 신앙생활을 부자연스럽게 만들고 기쁨을 사라지게 한다.

　비판하지 말라고 권면하면, 많은 그리스도인이 어떻게 그것이 가능하냐고 되묻는다. 주님은 우리에게 불가능한 것은 절대 명령하지 않으신다. 우리 안에 일어나는 비판적 생각을 멈추는 것은 결코 쉽지 않다. 그런데 주님은 우리에게 비판하는 입술을 멈추라고 명령하셨다.

　따라서 비판과 정죄의 생각이 일어날지라도 말로 표현하지 않는 것부터 실천해야 한다. 이렇게 말을 멈추게 되면 어느 순간 생각도 조금씩 멈추게 될 것이다. 비판을 멈추지 않고 기쁨을 회복하기란 거의 불가능하다.

　둘째, 처음 행위는 그릇된 기대를 하지 않는 자세다.

에베소 교인들처럼 열심 있는 성도들에게 나타나는 두 번째 현상이 바로 '기대하는 마음'이다. 이 기대감은 교회, 목사, 성도들, 하나님에게 모두 적용된다.

나는 대학교 1학년 때 전도의 열정으로 뜨거운 시절을 보냈다. 고향인 평택 역 앞에서 시간이 날 때마다 전도를 하였다. 처음에는 순수한 전도의 열정으로 나갔는데, 시간이 점점 지나면서 누군가 나를 알아주기를 바라는 마음이 생겼다. 특별히 담임목사님이 지나갔으면 하는 마음이 들었다. '전도 열심히 하는 청년'이라는 칭찬을 받고 싶었기 때문이다.

이것은 작은 예이고, 그 후로도 교회 봉사를 하면서 사람에게 인정받고 싶은 적이 많았다. 그뿐만 아니라 열심히 신앙생활하면 하나님이 마땅한 보상을 해 줄 것이라는 기대감이 생겼다. 이 기대감이 채워지지 않으면, 사람과 하나님에게 실망하였고 심각한 원망과 분노로 기쁨은 파괴되었으며 신앙의 근본까지 흔들리기도 했다.

누가복음 17장에 보면, 예수님이 종의 자세에 대해 설명하는 장면이 나온다.

> 너희 중 누구에게 밭을 갈거나 양을 치거나 하는 종이 있어 밭에서 돌아오면 그더러 곧 와 앉아서 먹으라 말할 자가 있느냐(눅 17:7)

우리가 조선시대에 살고 있는 노비라고 가정해 보자. 온종일 논밭에서 일을 하고 돌아오면서 주인어르신이 맛있는 밥상을 차려 놓았으리라 기대하지는 않을 것이다. 오히려 주인에게서 "내 먹을 것을 준비하고 띠를 띠고 내가 먹고 마시는 동안에 수종들고 너는 그 후에 먹고 마시라"눅 17:8는 명령을 받게 될 것이다.

신앙생활을 하면서 자주 잊어버리는 것이 우리는 종이고 하나님이 주인이라는 사실이다. 어떤 종도 자신이 한 일에 대해 주인에게 대가를 기대하지 않는다. 신앙생활에서 그릇된 기대감은 엄청난 독이 된다.[60]

물질주의 사회 속에서 수고한 것에 대한 대가를 포기하는 일은 결코 쉽지 않다. 손해 보기를 싫어하고, 이익이 되지 않으면 행동하지 않고, 최소한의 것을 투자해서 최대한의 이윤을 얻어 내려는 경제적인 가치관 때문이다. 그리스도인은 바로 이러한 경제적인 가치관을 역행하여 살아가는 자들이다. 우리의 섬김은 하나님께 대가를 기대함이 아니고 구원받은 감격으로 인한 반응이다. 우리는 바울의 사역 자세를 기억할 필요가 있다.

> 사람이 마땅히 우리를 그리스도의 일꾼이요 하나님의 비밀을 맡은 자로 여길지어다 그리고 맡은 자들에게 구할 것은 충성이니라 너희에게나 다른 사람에게나 판단 받는 것이 내게는 매우 작은 일이라 나도 나를 판단하지 아니하노니 내가 자책할 아무 것도 깨닫지 못하나 이로 말미암아 의롭다 함을 얻지 못하노라 다만 나를 심판하실 이는 주시니라 (고전 4:1-4)

영생을 맛보라

신앙생활은 그리스도와 함께 옛사람이 죽고 새로운 생명, 곧 영생을 소유하고 이 땅에서 하나님의 나라를 맛보며 살아가는 것이다. 즉, 우리의 영적 생활을 위해서는 이 땅에서의 생명이 아닌, 하늘의 생명, 영생 eternal life 으로 살아가야 한다.

이 땅을 사는 그리스도인에게 영생의 샘물이 공급되지 않는다면 기쁨이 없는 메마른 삶을 살 수밖에 없다. 따라서 영생을 맛보며 사는 것은 우리의 영혼을 돌보는 데 필요한 절대적 요소다 요4:14-15. 그렇다면 영생은 무엇일까?

> 영생은 곧 유일하신 참 하나님과 그가 보내신 자 예수 그리스도를 아는 것이니이다(요 17:3)

성경에서 말하는 영생은 '죽지 않고 영원히 사는 것'이 아니다. 죽지 않고 영원히 사는 것은 영생을 소유한 자들에게 나타나는 자연스러운 현상이다. 영생은 하나님이 영원 전부터 우리에게 주기로 약속하신 참 생명이다 딛1:2.

이 영생을 소유한 자들은 광야와 같은 이 세상에서 영원히 목마르지 않고 부족함 없이 기쁘고 풍성한 삶을 살아가게 된다 요4:14, 6:35. 이것은 삶의 환경이 완벽하게 이루어졌기 때문이 아니라 하늘에서 공급되는 것으로 기쁨과 만족을 누리는 새로운 피조물이 되었기 때문이다.

영생은 하나님과 예수 그리스도를 아는 것이다. 하나님과 예수 그리스도를 안다는 것은 연합을 의미한다. '알다'^{야다, ידע}의 뜻 중에는 남자와 여자가 성적으로 하나 된다는 의미가 있다. '알다'는 완전한 연합을 의미한다. 이러한 해석은 우리를 신부로 부르신 예수 그리스도의 모습에서 충분히 이해될 수 있다.

연애를 시작한 연인이나 신혼부부를 생각해 보자. 상대방이 돈이나 그 외의 물질적인 것을 얻어 내기 위해 잘 보이려고 노력한다면 이는 너무나 비참한 관계다. 온전한 연인과 부부라면 함께 이야기하고, 식사하고, 시간을 보내는 일에 집중한다. 그러면서 환경과는 상관없는 기쁨을 누린다.

영적 생활을 다스리려면 기쁨의 근원인 영생에 집중해야 한다. 영생은 하나님과 예수 그리스도를 아는 것이다. 이 안다는 것은 사귐이고 함께 거함이다. 영적 생활은 사역이나 일에 집중하는 것이 아니라 하나님을 알아 가는 데 집중하는 것이다. 영생을 맛보는 삶이 없으면 절대 신앙생활의 기쁨을 누릴 수 없다.[61] 영생은 하나님과의 사귐이고 동시에 하나님과 함께 거하는 것이다.[62]

단순하게 살아라

> 여호와께서는 순진한 자 ^(the simple) 를 지키시나니 내가 어려울 때에 나를 구원하셨도다(시 116:6)

기쁨이 넘치는 신앙생활을 하기 위해서는 반드시 영생을 맛볼 수 있도록 영적 생활을 잘 다스려야 한다. 영생의 기쁨은 하나님과 예수 그리스도에게 집중할 때 가능하다. 우리의 관심을 분산시키는 것들이 많으면 하나님께 집중하는 것이 어려워진다. 그래서 믿음의 선배들은 그리스도인의 영성 관리를 위해 '단순한 삶'을 제시한다.[63] 단순한 삶은 하나님께 집중할 수 있도록 우리에게 자유를 주고, 삶을 단순하게 정돈하여 균형을 되찾게 해 준다.[64]

Work Book | 3

기쁨의 삶은 자신을 다스리는 것에서부터 시작됩니다.

:: 신체 다스리기
- 육체 단련하기: 일주일에 3회 이상 30분씩 유산소운동을 해 보자.
- 바꾸고 싶은 습관을 기록하고, 좋은 습관을 연습해 보자.

바꾸고 싶은 습관	좋은 습관
야식	야간 활동 줄이기(TV, 컴퓨터, 영화)
컴퓨터 게임	정해진 시간에만 하고, 점점 줄여 나감

- 육체의 정욕에 자신이 연약하다는 것을 인정하자.
    - 정욕을 자극하는 시간을 제어하자.
    - 영적 활동에 적극적으로 참여하자.
    - 정기적인 금식을 실천하자.

:: 마음 다스리기
- 감사의 기도
    - 감사 노트를 만들어 매일 다섯 개씩 감사 제목을 기록해 보자.
    - 잠들기 전 감사 내용으로 감사 기도를 드리자.
- 찬양하기
    - 클래식이나 찬양을 가까이하자.
    - 마음이 혼란하고 어려울 때 찬양을 부르거나 듣자.

- 말씀을 가까이하기
  - 성경 읽기를 정하고, 말씀 묵상을 실천한다.
  - 일주일 1구절 암송에 도전한다.
  - 60구절만 암송해도 엄청난 능력이 된다. 이것을 매년 반복해도 좋다.

:: **영적 생활 다스리기**
- 비판과 판단이 생각날 때 말하지 않기로 결정한다.
- 사역과 봉사를 할 때에 어떤 것도 기대하지 않기로 결정한다.
- 모든 사역과 신앙생활의 방향성을 영생을 주시는 하나님께 집중하라.
- 영적 생활을 위해 삶을 최대한 단순화시켜라.

성취의 기쁨

"너희 안에서 행하시는 이는 하나님이시니 자기의 기쁘신 뜻을 위하여
너희에게 소원을 두고 행하게 하시나니"_빌 2:13

"어떻게 하면 기쁘게 살 수 있을까?" 이 질문은 고대로부터 지금까지 수많은 철학자, 사상가, 심리학자들, 심지어 과학자들의 연구 대상이었다. 형이상학적인 이야기를 하지 않더라도 사람들은 누구나 기쁘게 살고 싶어 한다. 그 결과 하나님의 질서를 벗어난 재미와 육체의 쾌락을 기쁨으로 착각하기도 한다. 그러나 그러한 재미와 쾌락은 반복되면서 쉽게 지루함을 느끼게 되고, 더 강한 자극을 추구하는 중독 현상이 나타나기 쉽다.

사람들은 기쁨의 상태를 '아무 일도 하지 않고 편안하게 먹고 노는 것'이라고 크게 착각한다. 요즘 흔한 말로 10억만 있으면 아무 걱정 없이 먹고 놀면서 살 수 있다는 생각이다. 정말 10억이 있으면 편안하게 아무 걱정 없이 기쁘게 살 수 있을까? 그 누구도 '예'라고 대답하지 못할 것이다.

성취의 기쁨을 맛보라

생산의 기쁨

하나님이 사람을 창조하시고 기뻐하신 모습 중 하나가 바로 '경작'이다.

> 여호와 하나님이 그 사람을 이끌어 에덴 동산에 두어 그것을 경작하며 지키게 하시고 여호와 하나님이 그 사람에게 명하여 이르시되 동산 각종 나무의 열매는 네가 임의로 먹되 (창 2:15-16)

하나님은 인류에게 경작하여 각종 수확물을 생산하는 기쁨을 허락하셨다. 인간의 타락 이후에 생산의 기쁨을 얻기 위해서는 고통의 대가를 치러야 하는 새로운 질서가 만들어졌다. 여자에게는 잉태하는 고통이 더해졌고, 남자에게는 노동의 고통이 더해졌다 창 3:16-17. 잉태와 노동의 고통으로 사람들은 불편해졌지만 여전히 생산은 사람이 누릴 수 있는 최고의 기쁨이다.

> 보라 자식들은 여호와의 기업이요 태의 열매는 그의 상급이로다(시 127:3)
> 사람마다 먹고 마시는 것과 수고함으로 낙을 누리는 그것이 하나님의 선물인 줄도 또한 알았도다(전 3:13)

반대로 생산하지 못하는 고통은 사람이 겪는 가장 큰 고통 중 하나다. 결혼한 여인이 잉태하지 못하는 것과 사 54:1 남성이 일하지 못하는 것은 삶 가운데 느끼는 가장 큰 고통이다 미 6:15. 왜냐하면 하나님이 주신 생산의 본능이 충족되지 못하였기 때문이다.

하나님이 이스라엘을 징계하시는 방법 중 하나가 바로 '생산의 기쁨'을 거두어 가시는 것이었다. 즉, 여자들에게 잉태하지 못하는 형벌 삼하 6:23 을 내리고, 남자들에게는 일할 수 있는 땅을 잃게 하시거나 건강을 거두어 가셨다 시 52:5 .

성취의 기쁨

사람은 씨를 뿌리고 수고하여 수확할 때 기쁨을 누린다. 이것을 생산의 기쁨, 수확의 기쁨이라고 표현하는데, 오늘날의 정보산업사회에서는 모든 수확 활동을 포괄하여 '성취의 기쁨'이라고 표현하는 것이 옳을 것이다.

사람이 누릴 수 있는 최고의 기쁨은 바로 생산의 본능을 충족시키는 '성취의 기쁨'이다. 자신이 계획하고 소원하는 일이 이루어졌을 때의 쾌감은 무엇으로도 표현할 수 없다. 그 목표가 크면 클수록, 어려우면 어려울수록 개인이 느끼는 성취의 기쁨은 비례한다.

> 일을 행하시는 여호와, 그것을 만들며 성취하시는 여호와, 그의 이름을 여호와라 하는 이가 이와 같이 이르시도다 너는 내게 부르짖으라 내가 네게 응답하겠고 네가 알지 못하는 크고 은밀한 일을 네게 보이리라(렘 33:2-3)

하나님은 자신에 대해 '성취하시는 여호와'라고 부르신다. 하나님은 우리가 상상조차 할 수 없는 엄청난 일을 이루어 내시는 분이시다. 모든 사람이 도저히 불가능하다고 말하는 바로 그 일을 성취해 내신다. 이 놀라운 하나님의 역사를 경험한 사람들은 '기쁨의 탄성'을 외친다 시 5:11, 107:22.

성경에서 가장 먼저 나타나는 하나님은 '창조의 하나님'이다. 창조의 하나님은 당신이 계획하고 목적한 대로 일이 성취되자 기쁨을 누리셨다. 동일하게, 하나님의 형상대로 지음 받은 우리도 '창조의 속성' 안에서 계획하고 목적한 것을 성취할 때 기쁨을 누리게 되어 있다.

소원을 주시는 하나님

> 너희 안에서 행하시는 이는 하나님이시니 자기의 기쁘신 뜻을 위하여 너희에게 소원을 두고 행하게 하시나니(빌 2:13)

하나님은 우리에게 무엇인가 하고자 하는 욕구를 주신다. 이것을 '소원'이라고 한다. 여기서 '소원'은 헬라어로 '델로' θέλω 인데 '기쁨'을 뜻하는 '델레마' θέλημα 와 동의어다. 하나님 안에서 꿈꾸고 원하는 것을 성취하는 기쁨은 우리가 누릴 수 있는 최대의 기쁨이다. 그 이유는 바로 '창조성' 때문이다.

하나님은 우리가 창조성을 발휘하여 기쁨을 누릴 수 있는 환경적 요소를 제공하셨다. 바로 가시덤불과 엉겅퀴가 있는 세상이다 창3:18-19. 가시덤불과 엉겅퀴는 삶을 불편하게 하지만 저주는 아니다. 이 불편함과 부족함을 통해 우리의 창조성이 발휘되고 그 안에서 기쁨을 누리기 때문이다.

인류가 사용하고 있는 모든 발명품은 불편함과 부족함에서 시작되었다.[65] 사람들은 불편하고 부족한 삶의 환경을 개선하고자 하는 소원을 품고, 땀 흘려 노력하여 결국 성취하는 기쁨을 누린다. 반대로 불편과 부족함이 없는 상태가 되면 기쁨을 누릴 것 같지만 절대 그렇지 않다. 오히려 지루함과 나태로 빠져 버린다.

불편함과 부족함이 없는 상태를 기쁨이라고 생각하면 큰 착오다. 우리는 불편하고 부족한 삶의 환경을 개선해 나갈 때 기쁨을 누리게 되어 있다. 삶 속에서 만나는 불편함과 부족함은 기쁨을 잃어버리게 하는 요소가 아니라 기쁨을 누리게 하는 절대적 요소다.

성취의 기쁨을 위해 목표를 세우라

> 그런즉 너희가 먹든지 마시든지 무엇을 하든지 다 하나님의 영광을 위하여 하라 (고전 10:31)

나의 기쁨, 하나님의 영광

많은 그리스도인이 하나님의 영광을 위해 무엇인가를 해야 한다는 부담감을 안고 있다. 큰일, 위대한 일, 세상에 두각을 나타내는 일, 세상 사람들에게 부러움을 살 만한 일, 칭찬받을 만한 일을 해야 하나님께 영광을 돌린다고 생각한다.

"하나님, 우리 아들 이번에 대학 합격해서 하나님 영광을 드러내는 아들 되게 해주세요."

"하나님, 우리 딸 이번에 좋은 직장에 취업하여 세상에서 머리가 될지언정 꼬리가 되지 아니함으로 하나님의 영광을 드러내는 딸 되게 해 주세요."
"하나님, 우리 남편이 계약에 성공하여 하나님의 영광을 드러내는 귀한 직분자 되게 해 주세요."

우리는 이러한 기도를 어렵지 않게 들을 수 있다. 하지만 이 기도를 바꿔서 생각하면, 대학에 합격하지 않으면 하나님의 영광을 가리는 것이고, 대기업에 취업하지 못하면 하나님의 영광을 가리며, 사업에 성공하지 못하면 하나님의 영광을 가리는 그리스도인이 되어 버린다.

그렇다면 이렇게 기도하지 말아야 할까? 그렇지 않다. 하나님은 우리가 기뻐하는 모습을 보고 기뻐하신다. 먼저 하나님의 영광의 개념을 정리하고 이 기도를 어떻게 바꿔야 하는지 살펴보자.

'영광'의 기본적인 의미는 '생각하는 것, 의견, 기대'다. 꽃이 가장 영광스러운 때는 아름답게 피어 향기를 낼 때다. 자동차가 가장 영광스러울 때는 사람들을 편리하고 빠르게 목적지까지 이동시킬 때다. 부엌칼은 음식 재료들을 잘 다듬을 때 가장 영광스럽다. 모든 사물이 본래의 목적대로 사용될 때 그것을 영광이라고 한다.

반대로 영광을 가릴 때는 언제일까? 사물이 본래 목적대로 사용되지 않을 때다. 이것을 성경에서는 '죄'라고 한다. '표적에서 벗어나다, 목표를 이루지 못하다'라는 뜻이다. 꽃이 꽃의 역할을 하지 못하고, 자동차가 교통수단이 아닌 다른 목적으로 사용될 때, 부엌칼이 요리가 아닌 살인 도구로 사용될 때가 바로 죄 된 상태다. 이것은 사람에게도 똑같이 적용된다. 우리가 하나님의 목적대로 살아갈 때 그것이 영광이다. 즉, 우리를 향한 하나님의 목적과 계획이 온전히 성취될 때 그것이 영광이다.

하나님이 우리를 향한 제일 된 목적이 무엇일까? 바로 "하나님을 영화롭게 하는 것과 영원토록 하나님을 즐거워하는 것"^{웨스트민스터 소요리문답 제1문} 이다. 우리는 무엇을 행함으로 하나님께 영광을 돌리는 것이 아니다. 하나님은 하나님을 기뻐하고 즐거워하는 우리를 당신의 영광으로 받으신다.[66]

그렇다면 흔히 '하나님의 영광'을 위한다는 기도를 어떻게 바꿔야 할까? 하나님의 영광을 위해서라는 기도 제목들은 솔직히 우리의 소원일 뿐이다. '자신의 소원' 대신 '하나님의 영광'이라고 말하는 까닭은 욕심대로 구하면 이루어 주지 않으시는 하나님을 알기 때문이다^{약4:3}.

앞에서 언급했듯이 하나님은 우리에게 소원을 주신다. 그 소원이 성취되는 모습을 하나님은 기뻐하신다. 우리는 하나님께 자녀 된 권세로 불편하고 부족한 부분에 대해 개선해 주실 것을 구해도 된다^{마7:7-12}. 그리고 그것을 성취하기 위해 열심히 땀 흘리고 수고해서 열매를 맺는다면 얼마나 기쁠까? 하나님은 바로 이 모습을 기뻐하시고, 그것을 영광으로 받으신다.[67] 우리의 소원 기도를 이렇게 바꾸어 보자.

"하나님 이번에 대학 시험 보는데, 제가 기쁨을 누릴 수 있게 도와주세요."

"하나님 취업 시험 보는데, 준비 많이 했습니다. 기쁨을 누리고 싶습니다."
"하나님 몇 년 동안 제대로 된 계약 한 건 못했는데, 이번에 제대로 기쁨 좀 누리게 해 주세요."

우리는 하나님을 속일 수 없다 렘3:20. 또한 하나님은 정직한 자를 사랑하신다 대상29:17.

> 의인을 위하여 빛을 뿌리고 마음이 정직한 자를 위하여 기쁨을 뿌리시는도다 의인이여 너희는 여호와로 말미암아 기뻐하며 그의 거룩한 이름에 감사할지어다(시 97:11-12)

하나님께 우리의 소원을 정직하게 구할 때 하나님은 성취의 기쁨을 허락하신다. 성취의 기쁨을 얻은 우리는 기쁨이 자신에게서 기인한 것이 아니라 하나님에게서 왔음을 감사하며 인정하면 된다.

하나님이 기뻐하시는 목표

무엇을 성취하고자 하는 마음이 소원이라면, 이 소원을 구체화시킨 것을 목표라고 한다. 성취의 기쁨을 누리기 위해서는 구체적인 목표를 세워야 한다. 하나님은 우리가 소원하고 꿈꾸는 것들을 부지런히 성취하여 기쁨을 누리기 원하신다. 하나님은 성취의 기쁨을 누리지 않는 것을 게으름으로 규정하신다.

> 게으른 사람은 아무리 바라는 것이 있어도 얻지 못하지만, 부지런한 사람의 마음은 바라는 것을 넉넉하게 얻는다.(잠 13:4, 표준새번역)

의외로 적지 않은 그리스도인들이 삶의 목표 없이 살아간다. 그렇다면 왜 목표 없이 살아갈까?

하나님이 길을 예비해 놓으셨기에 아무것도 안 해도 된다는 잘못된 믿음

종종 '여호와 이레'_{준비하시는 여호와}를 부르짖으며 나태한 신앙생활을 하는 그리스도인들을 볼 수 있다. 이것은 게으름일 뿐 믿음이 아니다. 여호수아의 예를 들어보자. 여호수아는 하나님에게 가나안 땅으로 들어갈 것을 명령받았다_{수 1:2-4}. 이때 하나님은 가나안 땅으로 가라는 명령을 하셨지만, 어디에서 어떻게 전쟁을 하라는 명령은 하지 않으셨다. 여호수아가 가나안 땅을 정복하는 과정에서 우리는 전쟁마다 하나님의 도우심을 목격할 수 있다. 목표는 여호수아가 세우고 하나님이 도우시는 형태다.

우리가 하나님의 질서 안에서 목표를 정하면, 이 목표를 성취하여 기쁨을 누릴 수 있도록 하나님이 지켜 주시고, 붙잡아 주시고, 힘을 공급해 주신다. 이때 하나님의 도우심을 경험하며 하나님께 영광을 돌리게 되는 것이다. 목표를 정해 놓고 나아가지 않으면 하나님의 어떤 도우심과 지키심도 경험할 수 없다.

> 우리가 걷는 길이 주님께서 기뻐하시는 길이면, 우리의 발걸음을 주님께서 지켜 주시고, 어쩌다 비틀거려도 주님께서 우리의 손을 잡아 주시니, 넘어지지 않는다. (시 37:23-24, 표준새번역)

목표를 세우는 일은 하나님을 의지하지 않는 불신앙

하나님은 우리를 꼭두각시나 로봇이 아닌 자녀로 창조하셨다 요 1:12. 내 자녀들이 스스로 목표를 세워 일을 진행한다면 부모로서 얼마나 기특하고 기쁘겠는가? 복음을 전하거나 하나님의 일을 할 때에도 목표가 필요하고, 그것을 성취할 전략이 필요하다. 무작정 하는 것은 무모한 일이다. 하나님이 우리에게 주신 인생은 소중하다. 자신에게 주어진 삶을 성실하게 경영하는 것은 청지기적 사명이다.

> 그러므로 나는 목표 없이 달리듯이 달리기를 하는 것이 아닙니다. 나는 허공을 치듯이 권투를 하는 것이 아닙니다. 나는 내 몸을 쳐서 굴복시킵니다. (고전 9:26-27, 표준새번역)

목표를 세우는 방법을 잘 모른다.

사실 우리는 목표를 정해 성취하는 것을 배울 기회가 많지 않았다. 특별히 한국의 경우 개인의 목표들은 이미 사회가 정해 놓은 것들 성적, 내신, 대학 입시, 토익, 입사, 공무원 시험, 진급, 자격증 등 이다. 이미 정해 놓은 곳을 향해 무의식적으로 흘러가고 있다. 그래서 스스로 목표를 정하는 훈련을 할 기회가 거의 없었다. 사람들에게 삶의 목표가 무엇이냐고 물으면 '행복해지고 싶다', '돈을 많이 벌고 싶다', '행복한 가정을 이루고 싶다' 등의 막연한 대답들이 많다.[68] 목표는 구체적으로 세워야 한다.

목표의 중요성을 모른다.

기쁨을 잃어버린 세대는 성취의 기쁨보다는 순간적인 재미와 쾌락을 즐긴다. 요즘 세대에는 '하루 벌어 하루 산다'는 문화가 이미 형성되어 있다. 이것은 기쁨이 아닐뿐더러 인생의 낭비다. 목표는 매우 중요하다. 목표는 단순히 무엇을 이루거나 성취하는 것을 뛰어넘는다. 한 사람의 정체성과 삶의 방향성을 보여 준다. 예수님의 목표는 십자가였고, 바울에게는 땅끝까지 복음을 전하는 것이었다. 목표가 그 사람이 누구인지 말해 준다.[69] 목표는 단순히 성취의 기쁨을 넘어 나를 완성해 가는 과정이다.

실패에 대한 두려움이 있다.

실패에 대한 두려움이 있는 사람은 아예 목표를 세우지 않는다. 때로는 너무 낮은 수준의 목표를 세워 성취의 기쁨을 전혀 느끼지 못한다. 목표는 성취를 위함도 있지만 인생의 기쁨을 위함도 있음을 반드시 기억해야 한다.

우리의 삶은 실패를 통해 성숙하게 된다. 실패보다 더 비참한 것은 시도하지 않는 것이다. 하나님은 성취의 기쁨을 거저 주지 않으신다. 목표를 성취해 내는 것이 믿음이 아니라 실패에 대한 두려움을 뚫고 나아가는 것이 믿음이다.

> 하나님이 우리에게 주신 것은 두려워하는 마음이 아니요 오직 능력과 사랑과 절제하는 마음이니(딤후 1:7)

다른 사람의 시선을 의식한다.

혹시 세워 놓은 목표를 책상 속 깊이 숨겨 놓거나, 책갈피 사이에 숨겨 놓은 경험이 있는가? 자신의 목표를 보고 누군가가 비웃을 것 같아서 두려운가? 다른 사람이 내 인생을 절대 대신 살아 주지 않는다. 오히려 주변의 신뢰할 만한 사람에게 자신의 목표를 알려 주고 성취할 수 있도록 도움을 요청하는 것이 현명한 일이다.[70]

돈을 목표로 삼아도 좋을까?

그리스도인의 삶의 방향성은 결국 '하나님의 나라와 영광'이다 마 6:33; 고전 10:31. 다른 표현으로 그리스도의 장성한 분량에 이르기까지 성장하는 것이다 엡 4:13. 반면 비그리스도인이나 육에 속한 그리스도인의 경우 삶의 방향성이 '돈/물질'인 경우가 대부분이다. 물론 그리스도인들이 돈과 무관하게 살 수 있는 것은 아니다.

돈은 수확의 기쁨, 소비의 기쁨, 소유의 기쁨, 나눔의 기쁨 등과 깊은 연관이 있다. 우리는 돈을 활용하여 다양한 기쁨을 누린다. 성경은 '돈을 사랑하는 것'을 경계하고 있지 딤전 6:10, 돈의 활용을 경계하지는 않는다. 즉, 돈은 삶의 목표가 아니라 기쁨을 위한 도구가 되어야 한다.

저축을 통한 성취의 기쁨

안정감을 위해 돈을 모으는 것은 우상 숭배가 될 수 있다. 돈을 모으는 목표는 돈을 활용하기 위함이다. 무작정 모으는 것이 아니라 돈을 통해 무엇을 하고자 하는 목표를 정해야 한다. 이때 성취의 기쁨을 누릴 수 있다.

무절제한 소비 시대에 저축은 그리스도인들에게 중요한 목표다. 심리학 용어 중에 '만족 지연' delayed gratification 이라는 말이 있다. '더 큰 만족을 얻기 위해 현재의 만족을 지연시킨다'는 뜻이다. 감나무에 감이 탐스럽게 매달려 있다고 해서 급히 따 먹으면 안 된다. 홍시가 될 때까지 기다려야 한다. 어떤 사람들은 홍시가 되기 전에 먹으려고 할 것이다. 하지만 기다린 사람은 더 큰 만족을 누린다.

재정에 있어서도 '만족 지연 능력'이 필요하다. 사고 싶다고 다 사고, 먹고 싶다고 다 먹어서는 안 된다. 재정을 모으고 그것을 통해 성취의 기쁨을 누려야 한다. 재정을 모아 여행을 가 보라. 재정을 모아 자동차를 구입해 보라. 작은 것부터 재정을 통한 성취의 기쁨을 누려 보아야 한다.

내가 가진 물건 중에 몇 가지 소중한 것이 있다. 그중 하나가 백과사전이다. 지금은 인터넷으로 엄청난 정보를 검색할 수 있지만 과거에는 백과사전을 보며 고급 정보를 얻었다. 이 백과사전은 고등학교 시절에 돈을 모아 샀다. 백과사전을 구입한 것도 기뻤지만 돈을 모아 구입했다는 성취의 기쁨이 매우 컸다.

하나 더 꼽자면, 중국오대기서 삼국지, 수호지, 홍루몽, 서유기, 금병매 라는 전집이다. 중국이 공산화되면서 풍기문란을 일으키는 서적들을 금서로 정했는데, 그중에 금병매가 있었다. 이것을 우리나라 한 출판사에서 완역하여 출간했다. 군대에서 휴가를 나왔을 때 일주일 동안 막노동을 해서 전집 서른두 권을 구입했다. 20년이 훨씬 지난 지금 아직 전집을 모두 읽지는 못했지만 수고하여 돈을 모아 책을 산 기쁨은 지금도 누리고 있다.

나눔을 위한 재정

재정은 성취의 기쁨을 누리는 좋은 도구가 될 수 있다. 또한 나눔의 기쁨을 실천하는 좋은 도구이기도 하다. 재정을 모아 안정감을 얻으려는 것은 재물을 의지하는 죄 된 욕구다. 반면 재정을 모아 나눔의 기쁨을 누린다면 이것처럼 아름다운 일이 없을 것이다.

성경에는 재정의 나눔을 통해 기쁨을 누리는 장면이 많이 나온다. 가난한 자들을 위한 나눔 행2:44-47, 선교사들을 위한 나눔 빌4:10-20, 어려운 교회를 위한 재정의 나눔 고후9장 등이 언급되어 있다. 특별히 예루살렘 교회를 위해 아가야 사람들은 1년 전부터 목표를 정해 놓고 재정을 모았다 고후9:2.

헨리 나우웬 Henri Nouwen 은 "진정한 기쁨, 행복 그리고 내면의 평화는 다른 사람들에게 우리 자신을 나눔에서 온다"고 말한다.[71] 나눔을 위해 재정을 모아 보라. 재정은 자기 자신뿐 아니라 타인에게 기쁨을 줄 수 있는 좋은 도구다.

소원을 이루는 방법

우리의 삶 속에서 얻을 수 있는 최고의 기쁨은 '성취의 기쁨'이다. 성취하고자 하는 목표가 어려우면 어려울수록 그 기쁨은 더욱 크다. 당연히 그에 따라 수고와 노력도 더 요구된다. 때로는 수고와 노력 없이 큰 성취를 얻고자 하는 죄성이 나타나기도 한다. 따라서 그리스도인들은 소원을 성취하기 위한 목표를 설정하되, 올바른 성취의 방법들을 찾아야 한다.

성취보다 더 중요한 과정

기쁨의 근원은 하나님이시다. 따라서 하나님의 질서를 벗어난 기쁨은 진정한 기쁨이 아니다. 하나님은 우리가 불편하고 부족한 세상 속에서 창조성을 발휘하여 성취의 기쁨을 누리기 원하신다. 이 과정에서 기쁨이 목적이 되어서는 안 되고, 내 기쁨을 통해 하나님께 영광 돌리는 것을 목적으로 삼아야 한다. 기쁨은 목표가 될 수 있을지언정 목적이 될 수는 없다. 우리의 유일한 목적은 "하나님의 영광"고전 10:31 이다. 그러므로 목표를 성취할 때에도 반드시 하나님 안에서 택한 방법이어야 한다.

> 너희 안에서 행하시는 이는 하나님이시니 자기의 기쁘신 뜻을 위하여 너희에게 소원을 두고 행하게 하시나니 모든 일을 원망과 시비가 없이 하라
> (빌 2:13-14)

빌립보서를 보면, 바울 사도는 '소원'을 성취하는 과정 속에서 사람들에게 원망과 시비를 유발시켜서는 안 된다고 충고한다. 자신의 소원을 성취하기 위해 타인의 소원을 짓밟아서는 안 되고, 내 기쁨을 위해 타인에게 슬픔을 주어서도 안 된다. 많은 그리스도인이 믿지 않는 사람들에

게 이기적으로 보이는 이유가 여기에 있다.

대부분의 그리스도인은 마음의 소원을 성취하기 위해 열심히 기도한다. 그러다가 믿지 않는 사람들의 욕구와 충돌할 때도 있는데 이때 기도로 단련된 강력한 성취욕이 타인에게 원망과 시비를 일으키는 경우가 종종 발생한다.

소원을 속히 성취하고 싶은 마음은 이해할 수 있지만, 하나님은 우리에게 성취의 기쁨을 허락하심과 동시에 '화목의 기쁨'과 '배려의 기쁨' 역시 주기를 원하신다. 원망과 시비를 바탕으로 성취한 기쁨은 마음 한곳에 늘 불편함을 느끼게 한다. 성취의 기쁨보다 그 과정 속에서 기쁨을 누리기 원하시는 하나님의 마음을 먼저 깨달아야 한다.

악한 자들의 방법을 시기하지 말라

성취의 기쁨을 목표로 하다 보면 자신이 정한 시기에, 자신이 원하는 만큼의 만족을 얻고자 하는 유혹에 빠지기 쉽다. 안타까운 사실은 내 안에 있는 소원이 다른 사람 속에도 있다는 것이다. 내가 갖고 싶은 것은 다른 사람도 갖고 싶어 하고, 내가 오르고 싶은 곳은 다른 사람도 오르고 싶어 한다. 이로 인해 경쟁이 발생하고, 경쟁으로 유발된 성공과 실패의 결과가 나타난다.

성취가 아닌 실패를 맛보았을 때, 그것도 반복되는 실패를 맛보았을 때, 우리의 마음은 점점 더 조급하고 불안해진다. 설상가상으로 상대방이 불법으로 소원을 성취했다는 사실을 알게 된다면 고통은 더욱 심해진다. 이때 사탄이 우리의 마음을 틈타는데, 간절한 소원을 이루기 위해 불법을 행하도록 하는 것이다. "다른 사람들도 다 하는데, 이번 한 번만 해 봐!" 사탄의 은밀한 유혹을 떨쳐 버리는 것은 결코 쉽지 않다.

소유욕을 해소하기 위해 타인의 물건을 훔치는 행위, 좋은 성적을 얻고자 부정행위를 하는 것, 계약을 체결하려고 문서를 위조하는 일 등 수많은 유혹이 우리 앞에 있다. 이때 하나님의 말씀을 기억하라.

> 악을 행하는 자들 때문에 불평하지 말며 불의를 행하는 자들을 시기하지 말지어다 그들은 풀과 같이 속히 베임을 당할 것이며 푸른 채소 같이 쇠잔할 것임이로다 (시 37:1-2)

소원을 이루어 주시는 하나님을 기대하라

하나님은 성취의 기쁨을 누리는 우리의 모습을 보고 싶어 하신다. 우리는 소원을 성취하는 것 자체가 목적이 아니고, 우리의 기쁨을 통해 하나님께 영광 돌리는 것이 목적이다. 그러므로 우리가 원하는 때에, 원하는 만큼의 기쁨을 얻지 못한다 해도 괴로워하거나 낙심할 필요가 없다. 하나님은 성실하시다. 성실하신 하나님은 자신을 의뢰하고 선한 방법으로 소원을 이루기 위해 노력하는 자들을 위해 일하신다.

> 여호와를 의뢰하고 선을 행하라 땅에 머무는 동안 그의 성실을 먹을 거리로 삼을지어다 땅에 거하여 정녕히 먹으리로다 또 여호와를 기뻐하라 그가 네 마음의 소원을 네게 이루어 주시리로다(시 37:3-4)

우리가 하나님을 신뢰하고 성실함으로 나아갈 때, 하나님은 우리의 소원을 반드시 이루어 주신다. 지금은 비록 더디게 이루어지는 것 같을지라도 하나님이 하실 것을 기대하라. 다른 사람과 비교하면서 불안해하지 않아도 된다. 자신만 뒤처지는 것 같은가? 그렇지 않다. 성실하신 하나님을 신뢰하고 다시 일어나 도전해 보자.

Work Book | 4

내 삶의 목표
◆◆◆

자신의 소원이나 목표를 적어 보세요!
(자기 계발, 가정, 재정, 영성, 건강 등)

1. _____
2. _____
3. _____
4. _____
5. _____
6. _____
7. _____
8. _____
9. _____
10. _____
11. _____
12. _____
13. _____
14. _____
15. _____

실천 사항
◆◆◆

목표 중 하나를 선택해서 구체적인 성취 방법을 정하여 실천해 보세요.

1. _____
2. _____
3. _____
4. _____
5. _____
6. _____
7. _____
8. _____
9. _____
10. _____
11. _____
12. _____
13. _____
14. _____
15. _____

넷째 날 • 성취의 기쁨

공동체 안에서의 기쁨

"보라 형제가 연합하여 동거함이 어찌 그리 선하고 아름다운고"_시 133:1

세계 여러 단체가 매년 국가별 행복지수 Happiness Index 를 내놓는다. 각 국가의 교육, 직업, 치안, 정치 참여, 일과 삶의 균형, 소득, 환경, 보건, 삶의 만족도, 주거 환경, 공동체 생활 등이 측정 항목이다. 놀랍게도 경제 선진국보다 후진국 사람들의 행복지수가 높게 나타난다. 즉, 경제지수와 행복지수가 비례하지는 않는다는 것이다.

사람들은 경제가 성장하면 기쁨과 즐거움이 넘치는 행복한 삶이 될 것이라는 환상을 가지고 있다. 또한 이미 충분히 행복한 삶의 조건들을 소유하고 있는데도 불행하다고 생각하거나, 자신에게 불행이 찾아올지도 모른다는 불안감 속에 살아가고 있다. 사람들은 자신에게 존재하지 않는 행복을 찾기 위해 애를 쓰고 있다. 어느 학자의 말처럼, 현대인은 행복해져야 한다는 것과 행복을 지켜야 한다는 '행복 스트레스'에 시달리고 있는 것 같다.[72]

이렇게 사람들이 행복을 찾아 헤매는 이유는 그만큼 우리의 삶에서 기쁨과 즐거움을 발견하기 어렵기 때문이다. 그러나 에덴동산에서 쫓겨난 인류 가운데 기쁨이 충만하게 존재했던 때가 언제 있었겠는가? 더욱이 하나님이 인류에게 주신 기쁨의 요소들이 하나하나 파괴되어 가고 있는데 말이다. 기쁨이 상실된 중요한 이유 중 하나는 바로 '공동체의 파괴' 때문이다.

> 여호와 하나님이 이르시되 사람이 혼자 사는 것이 좋지 아니하니 내가 그를 위하여 돕는 배필을 지으리라 하시니라 (창 2:18)

공동체로 지음 받은 우리

하나님이 인간을 창조하셨을 때에 보시기에 심히 좋았는데, 그 만족의 형태가 '공동체'였다 창 1:27. 하나님은 사람이 혼자 사는 것이 좋지 않다고 여기셨다 창 2:18. 하나님은 아담에게 혼자 있음으로 인한 부족함과 외로움을 느끼게 하셨고 돕는 배필의 필요성, 즉 공동체의 필요성을 느끼게 하셨다. 사람에게 공동체를 알려 주고 싶으셨던 것이다. 왜냐하면 삼위일체 하나님이 공동체로 존재하시기 때문이다.^{창1:26} [73]

하나님은 공동체로 존재하는 인간의 모습을 기뻐하신다. 따라서 기쁨을 누리기 원한다면 반드시 공동체를 유지해야 한다. 그리스도인들에게 공동체는 선택이 아니라 사명이다.^{시133:1}.

공동체의 파괴

하나님은 사람이 혼자 있는 것이 좋지 않다고 평가하셨다. 사람이 기쁨을 누리기 위해서는 하나님의 창조 원리인 공동체를 유지해야 한다. 그렇다면 우리의 기쁨을 빼앗으려 하는 사탄은 어떤 방법을 사용할까? 바로 '공동체의 파괴'다. 하나님이 만드신 공동체는 가족과 교회인데, 사탄의 공격도 이 두 조직에서 강하게 일어난다.

가족 공동체의 파괴는 사탄의 첫 번째 전략이었다. 사탄은 에덴동산에 있던 아담과 하와의 부부 공동체를 파괴하였다. 그 결과 아담과 하와 사이에 갈등, 상처, 그리고 원망이 일어났다.^{창3:12}. 또한 사탄은 가인과 아벨의 형제 공동체를 파괴하여 살인에 이르게 하였다.^{창4:8}. 공동체를 파괴하기 위한 사탄의 공격은 지금도 계속되고 있을 뿐 아니라 점점 더 강력해지고 있다.

가족 공동체의 파괴는 급속도로 빨라지고 있다. 우리나라에 혼자 사는 가구수가 450만 9,000가구로 전체 인구의 25.3%에 해당한다 통계청, 2013. 이혼 가정도 급속도로 늘어나서, 2013년 현재 한국은 아시아에서 이혼율 1위이고, OECD 회원국 중에서는 9위에 해당된다. 50년 전에 비해 13배가 증가한 수치로, 하루에 평균 316쌍의 부부가 이혼한다 통계청, 2013.

교회 공동체의 파괴도 점점 심각해지고 있다. 성령과 함께 시작된 교회 공동체의 모습은 모이기를 힘쓰고, 서로 떡을 떼며 교제하고, 기도하고, 예배하고, 소유를 팔아 각 사람의 필요를 따라 나눠 주는, 기쁨이 넘치는 모습이었다 행 2:42-47. 하지만 교회 공동체가 파괴되면 서로 돌아보지 않고, 사랑과 선행이 멈추고, 모이기를 폐하는 현상이 일어난다 히 10:24-25. 안타깝게도 이러한 모습이 한국 교회 안에 빠르게 퍼지고 있다.

소그룹 구역, 속회 의 만남의 횟수와 모이는 숫자가 줄어들고 있다. 성도 간의 사귐과 나눔도 줄어들었고 오히려 다툼과 갈등, 분열과 파당이 늘어만 간다. 인간관계의 갈등과 상처를 피하기 위해 예수는 믿어도 교회에 출석하지 않는 성도, 일명 '가나안 성도' 교회 '안 나가'는 성도를 희화한 말 가 늘어나고 있다. 교회에 출석한다 할지라도 등록을 하지 않거나 대형 교회에서 회중 가운데 묻혀 지내는 성도들도 증가하고 있다.

개인주의

공동체를 파괴하는 주된 시대적 흐름은 개인주의다. 개인주의는 국가나 사회보다 그것을 구성하는 개인의 의의와 존재에 더 큰 가치를 부여하고, 개인의 행복과 자유를 존중하는 가치관을 말한다. 이 가치관은 개인의 권리와 자유를 중요시하는 민주주의라는 정치 제도 안에서 급속히 확장되고 있다.

개인주의는 공동의 목표를 위해 무시되었던 개인의 가치를 되찾았다는 긍정적인 측면도 있는 반면, 타인이나 공동체보다는 자기 자신만의 이익을 추구하는 이기주의적 사고방식이나 태도로 변질되는 부정적인 측면도 있다. 그리고 인간 개개인이 열심히 살면 누구나 행복해질 것이라는 가치 체계를 가지고 있지만 실상은 개인의 능력에 따라 행복이 좌우되는 극도의 불안정한 사회를 만들어 버렸다.[74]

세상은 개인의 권리와 자유를 최대한으로 보장해 주면 개개인이 행복과 기쁨을 누리는 삶을 살 것이라고 말하지만 정작 개인은 점점 더 이기적으로 변하고 두려움 속에서 기쁨을 잃어버리고 만다.

개인주의가 기쁨을 파괴하는 까닭은 이것이 '자기 사랑'에서부터 시작되기 때문이다. 바울은 디모데에게 보내는 편지에서 말세가 되면 가장 먼저 나타나는 현상으로 '자기 사랑'을 지적하였다.

> 너는 이것을 알라 말세에 고통하는 때가 이르러 사람들이 자기를 사랑하며(딤후 3:1-2)

오늘날 많은 사람이 개인주의를 선호한다. 개인주의는 하나님의 창조 질서인 공동체를 파괴하고 개인의 기쁨도 파괴한다. 개인주의로 말미암은 가족 공동체의 파괴는 심각한 수준에 이르렀다. 개인의 자유와 행복을 최우선으로 하는 개인주의 때문에 독신주의, 저출산, 그리고 이혼이 급증하고 있다. 그 어떤 가치보다 개인의 행복과 자유가 최상위에 있기 때문에 나타나는 현상들이다.

개인주의가 우리를 기쁘게 할 수 있다는 가치관은 이 시대에 기쁨을 파괴하기 위한 사탄의 속임수다. 가족이라는 울타리 없이 사는 개인의 삶이 젊은 시절에는 자유롭고 행복해 보일 수 있다. 그러나 개인주의 사회에는 우울증, 자살, 고독사 등이 꾸준히 증가되는 추세다. 고독사는 그 연령이 점점 낮아지고 있다는 것이 더 큰 문제로 대두되고 있다.

개인의 행복과 자유를 추구하는 것은 매우 가치 있는 일이다. 하지만 공동체를 기반으로 하지 않은 개인주의는 반드시 이기주의로 흐르게 되어 있고, 결국 개인의 기쁨을 파괴한다. 사탄은 개인의 행복과 자유를 추구하는 것이 최고의 가치인 양 우리를 속인다. 자기를 사랑하는 개인주의는 사람과 사람 사이의 관계를 단절시키고 공동체를 파괴한다.[75]

개인주의의 원인

하나님은 개인을 존귀히 여기신다. 하지만 공동체를 파괴하는 개인주의는 원치 않으신다. 그렇다면 왜 사람들은 개인주의를 좋아하는 것일까?

첫째, 사회구조가 변했다.

농경사회에서는 사람들이 함께 일을 했으나 산업이 발달하면서 특정 기술을 익힌 개인이 필요하게 되었다. 또한 텔레비전, 컴퓨터, 오락게임기, 인터넷 등과 같은 디지털 산업의 발달은 개개인이 타인과의 교류가 없어도 재미있게 놀 수 있는 문화들을 만들어 냈다 단12:4.

둘째, 자기 보호 본능이다.

자기 사랑은 자기 보호로 나타난다. 상처로부터 자신을 보호하려는 사람들의 욕구는 개인주의로 흐른다. 대가족 사회에서는 어쩔 수 없이 공동체 안에 거하였지만, 지금은 혼자서도 충분히 생활할 수 있는 삶의 여건들이 마련되어 있다. 상처받는 공동체에 억지로 거하기보다는 상처로부터 자신을 보호하기 위해 개인주의를 선택한다.

셋째, 자유에 대한 갈망이다.

자기 사랑의 또 다른 현상이 자유의 극대화다. 자유의 극대화는 자신이 원하는 것이 방해받지 않는 상황을 스스로 만드는 것이다. 공동체 안에서는 타인의 시선 때문에 쉽게 하지 못했던 것들을 혼자 있을 때는 자유롭게 할 수 있다. 그것이 자기 계발의 좋은 일이든, 자신을 파괴하는 악한 일이든 관계없이 말이다.

넷째, 개인주의의 원인은 교만이다.

개인주의가 급속도로 퍼지는 이유는 자기 자신을 지나치게 신뢰하기 때문이다. 지식의 증가, 높은 학벌, 안정된 직장 등과 같은 요소들은 타인의 도움 없이도 혼자서 충분히 살 수 있다는 자신감으로 이어진다.

다섯째, 개인주의의 원인은 도피다.

많은 사람이 개인주의를 삶의 문제로부터 도피하는 수단으로 활용한다. 실패를 경험한 사람이나 타인에게 자신을 드러내고 싶지 않은 상처가 있는 경우 개인주의의 부정적 측면을 최대한 활용한다.

개인주의 신앙

안타깝게도 현대를 살아가는 많은 그리스도인 역시 개인주의를 선호한다. 타인을 신경 쓰지 않고 자기 신앙만 잘 지키면 된다고 생각한다. 그러나 이러한 개인주의가 우리의 기쁨을 파괴하고 있음을 기억하라.

> 이 세대를 무엇으로 비유할까 비유하건대 아이들이 장터에 앉아 제 동무를 불러 이르되 우리가 너희를 향하여 피리를 불어도 너희가 춤추지 않고 우리가 슬피 울어도 너희가 가슴을 치지 아니하였다 함과 같도다(마

11:16-17)

 예수님은 공동체가 파괴된 세대에서 나타나는 현상을 알려 주셨다. 다른 사람이 기뻐할 때 함께 기뻐하지 못하고, 다른 사람이 슬피 울고 있을 때 자신과 상관없는 일인 것처럼 무관심한 모습을 보인다는 것이다. 사회의 변화와 함께 우리의 신앙도 급속히 개인주의로 변해 가고 있다.
 나만 은혜받으면 되고, 내 가족만 복 받으면 되고, 바로 옆 교우들의 슬픔을 함께하지 않고, 교회에 어려움이 닥치면 쉽게 교회를 옮기거나, 자녀들의 신앙에 유익이 될 수 있는 교회로 옮기는 것과 같은 일들을 오늘날 한국 교회 안에서 어렵지 않게 볼 수 있다. 공동체와 함께하지 못하는 개인주의 신앙은 그리스도인들의 기쁨을 파괴하는 주된 원인이다.

공동체 안에서 누리는 기쁨

 하나님은 사람을 공동체 안에서 기뻐하는 존재로 창조하셨다. 이것은 하나님의 창조 질서이기 때문에 믿음이 없는 사람들도 공동체의 파괴를 걱정하고 있으며, 공동체와 그 안에서 누리는 기쁨을 강조한다. 우리나라 속담에 "슬픔은 나누면 반이 되고 기쁨은 나누면 배가 된다"는 말이 있다. 공동체가 지닌 중요한 기능을 보여 주는 좋은 속담이다.

공동체를 갈망하는 사람들

현대인들은 공동체를 싫어하는 것이 아니라 공동체 안에서 겪게 되는 상처와 갈등을 싫어한다고 말하는 것이 더 옳을 것이다. 만약 완벽한 공동체를 발견한다면 누구나 동참할 것이다. 왜냐하면 공동체 안에서 슬픔과 기쁨을 함께 나눔으로 얻게 되는 유익들을 잘 알고 있기 때문이다.

한 연구기관 Yankee City 이 인구 만 칠천 명 정도 되는 미국의 작은 마을을 조사하였는데, 놀랍게도 이 마을에 조직되어 있는 단체 공동체 가 무려 이만 이천 개였다고 한다.[76] 이 결과는 사람들이 자신에게 기쁨을 주는 공동체에 굶주려 있다는 반증이다. 공동체에 대한 갈망은 사회가 개인주의화될수록 더욱 심화될 것이다.

그렇다면 사람들이 기쁨을 누리기 위해 찾는 공동체에는 어떤 종류가 있는지 살펴보자.

육체적 기쁨을 누리는 공동체
주변에서 흔히 볼 수 있는 축구, 탁구, 볼링, 배드민턴, 테니스, 등산, 자전거, 해양스포츠, 게이트볼 등과 같은 육체적 활동을 통해 기쁨을 얻는 공동체를 말한다. 삶에 기쁨을 누리기 원한다면 건전한 운동 동호회에 참여하는 것이 도움이 된다.

정서적 기쁨을 누리는 공동체

음악 ^{악기}, 공예, 미술, 연극, 뮤지컬, 독서, 글짓기, 시, 사진 등의 동호회에 참여하는 것은 일상에 큰 기쁨을 준다. 이러한 취미 활동은 혼자서 하는 것보다 함께할 때에 그 기쁨이 배가된다.

영적 기쁨을 누리는 공동체

말씀 묵상 모임, 기도 모임, 성경 공부 모임, 소그룹 ^{구역} 등에 참여하는 시간은 우리의 영혼에 기쁨을 제공해 준다. 기쁨을 누리기 원하는 그리스도인이라면 반드시 공동체 안에서 영적 교제를 나누라고 권하고 싶다.

그리스도인들도 위의 세 가지 영역에서 얼마든지 기쁨을 누릴 수 있다. 축구를 좋아하는 목회자, 탁구를 즐기는 장로님, 사진 동호회를 이끄는 권사님, 전국 볼링 대회에서 3회 연속 우승을 하신 집사님, 시립 합창단에서 활동하시는 권사님. 이렇게 공동체 안에서 기쁨을 누리는 우리의 모습을 하나님도 기뻐하신다. 그러나 "모든 것이 내게 가하나 다 유익한 것이 아니요" ^{고전 6:12} 라고 말한 바울의 고백을 기억해야 한다.

자연 발생적 공동체와 영적 공동체

공동체에 소속하여 기쁨을 누리는 일은 신앙과 관계없이 나타나는 매우 자연스러운 현상이다. 육체적·정서적 기쁨을 누리는 공동체는 인간의 자연적인 욕구에 의해 형성되기 때문에 자연 발생적 공동체라고 말한다. 반면 영적 기쁨을 누리는 공동체는 그리스도를 구주로 고백하는 사람들의 모임이므로 이것을 신앙^{믿음} 공동체 또는 영적 공동체라고 부른다. 그리스도인은 자연 발생적 공동체 안에서 기쁨을 누릴 수 있지만 몇 가지 위험성에 주의할 필요가 있다.

첫째, 자연 발생적 공동체는 중독의 위험성이 있다.

운동을 좋아하시는 목사님에 관한 이야기다. 이 목사님은 축구, 탁구, 테니스, 배드민턴, 등산, 자전거 등 못하는 운동이 없다. 단순히 개인적으로 즐기는 것이 아니라 각종 동호회에 참여하여 주도적인 역할을 담당한다. 요일별로 아침과 저녁마다 참석하는 동호회가 정해져 있다. 처음에 사모님은 목사님이 스트레스도 풀고 건강 관리에도 도움이 되겠다고 생각했다. 그러나 그 정도가 점점 심해져서 지금은 중독 차원이라고 걱정을 하고 있다.

이 목사님이 사역하는 교회는 주일 오전 11시와 오후 3시에 예배를 드린다. 목사님은 12시에 예배를 마친 후 점심을 대충 해결하고 바로 축구 경기를 하러 간다. 보통 1시에 경기를 시작하면 3시 정도에 마친다. 축구 경기를 마친 목사님은 부교역자가 찬송 인도를 시작한 직후에 옷을 갈아 입고 예배에 참석한다. 때로 경기가 과열되어 늦어지게 되면 예배 시작 5분 전쯤에 부교역자에게 전화를 걸어 설교를 대신하라는 지시를 내린다. 농담 같은 이야기이지만 실제로 일어난 일이다. 개인적인 신앙에 대한 판단은 하나님의 영역이지만 자신에게 주어진 직무에 대한 충성의 영역에서는 대단히 걱정스러운 상태임이 분명하다.

기쁨을 주는 공동체 내에서의 활동들은 중독 위험성이 있다. 중독은 자신의 삶의 균형을 깨뜨리고 영적 생활에 심각한 위기를 초래할 수 있음을 기억해야 한다. 따라서 자연 발생적 공동체에 소속해 있을 때에는 중독의 상황에 빠지지 않도록 절제의 능력이 반드시 필요하다.

둘째, 자연 발생적 공동체는 우상 숭배의 위험성이 있다.

우상 숭배는 하나님 아닌 것을 하나님보다 더 사랑하는 것이다. 자연 발생적 공동체의 경우 자신들이 기쁨으로 여기는 운동이나 취미 활동을 인생의 최우선에 놓기도 한다.

예전에 사역하던 교회의 담임목사님이 노회 목사님들과 함께 축구 선교회를 시작했다. 몇 달을 재미있게 즐기시는 것 같았는데 곧 그만두셨다고 했다. 이유는 축구가 기쁨을 뛰어넘어 우상이 되어 버렸기 때문이었다.

원래 이 축구 선교회의 목표는 축구를 통해 믿지 않는 사람들과 연결고리를 만들어 복음도 전하고 해외 선교까지 도모하자는 취지로 시작되었다. 주 3회 새벽 연습을 하고, 주 1회 주변 조기축구팀들과 친선경기를 했다. 그러나 축구라는 것이 승부를 가르는 경쟁이다 보니 감정이 격해지는 때가 종종 있었다. 한번은 경기가 지고 있는 상황에서 유독 축구를 사랑하는 목사님이 다른 목사님들에게 조언을 한다는 것이 감정이 격해져서 분위기가 심각해지기도 했다. 또 한번은 일반 조기축구회와 경기를 하다가 상대편 선수와 충돌이 일어나 육체적 싸움으로까지 번져

경기가 중단되기도 했다.

축구를 통해 믿지 않는 사람들과 친밀해진다는 목표는 사라지고 승리와 패배에 집착하여 축구가 우상이 되어 버렸다.

셋째, 영적 공동체의 기쁨과 근원적 차이가 있다.

자연 발생적 공동체 내에도 분명히 기쁨이 존재하지만 제한적 기쁨임을 반드시 기억해야 한다.

나는 대학에 입학해서 기독교 동아리와 독서 동아리에 가입하였다. 독서 동아리는 매주 한 권의 책을 읽고 독서 토론을 하였는데, 두 달 정도 참석하고 그만두었다. 어쩌면 내가 기독교 문화에만 익숙해서 그런지도 모르지만 그 시간이 그다지 기쁘지 않았다.

가장 힘들었던 부분은 토론 후에 하는 술자리였다. 독서 토론이 2시간이라면, 그 뒤 술자리는 밤을 새웠다. 술자리에서는 책에 관한 이야기, 시대에 관한 이야기, 자신에 관한 이야기들로 즐겁고 유쾌했다. 하지만 집으로 돌아오는 길에는 늘 마음 한 켠에 허전함이 밀려왔다. 이미 시간은 자정을 넘어 3-4시를 향해 가고 있었고, 초봄의 새벽 공기가 가슴속에 너무도 차갑게 밀려들었다.

가족 공동체와 교회 공동체

자연 발생적 공동체 안에서의 기쁨은 반드시 절제가 요구된다. 왜냐하면 삶의 균형을 깨뜨리는 위험성을 내재하고 있기 때문이다. 이러한 위험성으로부터 좀 더 안전한 공동체는 없을까? 육체적·정서적·영적인 즐거움을 함께 나눌 수 있는 안전한 공동체가 바로 가족과 교회 공동체다.

가족과 함께 누릴 수 있는 기쁨은 너무 많다. 함께 식사하는 것에서부터 시작해서 영화와 연극 보기, 운동하기, 산책하기, 쇼핑하기, 음악회 감상하기, 등산하기, 수영하기 등 셀 수 없이 많다. 무엇을 하느냐보다 함께한다는 것 자체가 즐거움이다.

나는 몇 년 전부터 가족들과 함께 캠핑을 즐기고 있다. 아이들과 육체적·정서적·영적인 즐거움을 나눌 수 있는 좋은 시간이라고 생각했기 때문이다. 목회를 하며 가정과 사역의 균형을 맞추기란 참 어렵다. 아이들과 잘 놀아 주지 못해서 늘 미안한 마음이 들어서 캠핑을 시작하게 되었다.

믿지 않는 가정에서도 육체적·정서적 기쁨을 누릴 수 있다. 하지만 영적 기쁨은 믿음의 가정에서만 나눌 수 있는 부분이다. 개인적으로 기독교인과 비기독교인의 결혼을 반대하지는 않지만 믿음 안에서 결혼하는 것을 권장한다. 왜냐하면 부부 사이에 영적 기쁨을 충만히 누리는 것이 중요하기 때문이다. 온 가족이 함께 모여 찬양하고, 말씀을 읽고, 서로를 위해 축복과 사랑을 나누는 것처럼 아름다운 일이 또 있을까?

교회 공동체 안에서 영적 활동뿐 아니라 육체적·정서적 기쁨을 줄 수 있는 활동들도 누릴 수 있다. 예배 후에 성도들끼리 운동을 함께하고,

같은 취미를 가진 사람들이 동호회를 만들어 건전한 활동을 하는 것은 참 아름다운 일이다.

내가 사역하는 교회에서는 여름이면 소그룹별로 여행을 가도록 한다. 교회가 숙박료에 해당하는 금액을 지원해 준다. 이때 탐구생활을 숙제로 내 준다. 내용은 육체적·정서적·영적 즐거움을 누릴 수 있는 항목으로, 교인들은 출발 사진 찍기, 들꽃 채집, 물놀이 사진 찍기, 엽기 사진 찍기, 그림 일기 그리기, 예배 사진 찍기, 애찬식 사진 찍기 등을 완성하여 제출하면 된다.

성도의 공동생활

공동체가 주는 유익을 다양하게 나열할 수 있지만 한마디로 요약하면 '기쁨'이다. 공동체 안에는 사람을 외롭지 않게 하는 사귐의 기쁨, 죄를 예방할 수 있는 거룩의 기쁨, 함께 사역하는 동역의 기쁨, 서로의 필요를 채워 주는 나눔의 기쁨 등 수많은 기쁨의 요소들이 있다.

우리는 공동체를 의무감이나 불편함으로 바라보는 시각을 경계해야 한다. 공동체의 기쁨을 깨달은 믿음의 선배들은 초대 교회부터 지금까지 공동체를 강조하였고, 적극적으로 '공동생활'을 지향하였다. 이러한 연장 선상에서 대부분의 선교 단체와 신학교가 공동생활을 필수적으로 선택한다.

나 역시 대학 시절을 믿음의 형제들과 함께 보냈다. 처음부터 공동생활을 원했던 것은 아니었다. 자유로운 개인주의의 유혹도 있었지만 자의 반 타의 반으로 3년 6개월 동안 공동생활을 하게 되었다.

처음으로 공동생활을 한 곳은 '푸른 초장'이라는 방 두 개짜리 전셋집이었다. 형제 세 명이 함께 생활했는데 군대의 공동체 생활과는 다른 어려움들이 많았다. 서로 살아온 삶이 다르고, 생활 습관도 다르고, 식성도 다 달랐다. 당연히 갈등도 있고 상처도 있었다. 개인적으로 가장 어려웠던 부분은 물건을 공유하는 것이었다.

나는 초등학교 6학년 때부터 부모님을 떠나 생활했다. 그래서인지 내 것에 대한 집착이 강했던 것 같다. 성향이 내성적이어서 내 것을 타인이 사용하는 것에 대해 직접 이야기도 못하고 속앓이만 하였다. 같이 생활하는 지체들은 그래도 용납이 되었는데, 공동생활의 장소이다 보니 선교 단체 지체들이 아침 저녁으로 출입하고 소그룹 모임도 자주 열렸다.

아침에 하루치 식사를 준비해 놓으면 점심도 되기 전에 다 사라지는 날이 빈번했다. 식사를 하고 나면 설거지라도 해 놓아야 할 텐데 그렇지도 않았다. 가끔은 간식거리나 반찬을 가져다주는 귀한 손길도 있었지만 대부분이 나에게 큰 시험거리였다.

그렇게 1년여가 지났는데, 더는 견딜 수 없을 정도로 내적 갈등이 생겨 몹시 힘들었다. 결국 나는 하나님께 울면서 기도했다.

"하나님! 더 이상 사람들이 찾아오지 않게 해 주세요. 나 너무 힘들어요!"

나는 사람들이 찾아오지 않고, 조용한 나만의 공간이 있으면 평안하고 기쁠 것이라고 생각했다. 놀랍게도 하나님이 기도에 응답해 주셨다. 사람들이 정말 찾아오지 않았다. 하루 이틀은 마음이 편안했다. 그런데 시간이 지나면서 마음이 불편해지기 시작했다. 무슨 마음인지 정확히 몰랐지만 기분은 몹시 나빴다. 그때 하나님의 음성이 들려왔다.

"창현아! 지체들의 웃음소리, 기도 소리, 찬송 소리가 안 들리니까 평안하니?"

그때 내가 틀렸다는 것을 알았다. 하나님이 공동체를 통해 나를 바꾸고 계셨던 것이었다. 다음 해에 나는 공동생활을 이끌어 가는 리더가 되었다. 나는 하나님께 결정하는 기도를 드렸다.

"하나님! 이제 저의 것은 없습니다. 소가 없으면 구유는 깨끗하여질지 모르겠지만 소로 얻는 유익을 잃어버리겠죠. 지체들이 찾아오지 않는 사랑방은 깨끗해질 수 있겠지만 지체들로 얻을 수 있는 기쁨을 빼앗기겠죠."

나는 새로운 공동체의 리더가 되어 다섯 명과 함께 2년을 지냈다. 지금도 그때의 공동생활이 무척이나 그립다. 아침이면 순번을 정해 식사

준비를 했는데 때로는 당황스러운 음식이 나올 때도 있었다. 한번은 한 지체가 아버지가 직접 경작하신 흑미를 가져온 적이 있었다. 흑미를 처음 본 우리는 흑미로만 밥을 지었다. 정말 까맸다. 나중에야 백미와 섞어서 밥을 해야 한다는 사실을 알게 되었다.

함께 운동하고, 공부하고, 예배하고, 찬양하고, 민족 복음화와 캠퍼스 복음화를 위해 기도하던 기억들이 너무 소중하다. 대학 4학년 마지막 수련회가 다가올 무렵, 지체들과 함께 뜻깊은 추억을 남기고 싶었다. 그래서 수련회의 한 순서인 복음성가경연대회에 찬양을 만들어 참가하기로 결정했다. 제목은 '시편 23편'이었는데 가사의 일부를 소개하면 다음과 같다.

내가 아주 어릴 적부터 부르던 그 노래는
주께서 나의 목자 되고 나는 그의 어린 양
그가 푸른 초장 누이며 쉴만한 물가으로
주께서 친히 인도하니 난 항상 행복해
이제는 시간이 지나 지체들과 함께 영원히 부르고 싶네

결과는 좋지 않았지만 지금도 지체들을 만나면 이 노래를 부른다. 함께 찬양을 완성하고, 밤을 새워 연습하던 기쁨의 순간들이 아직도 생생하다.

개인적으로 그리스도인이 혼자 거하는 것을 권하고 싶지 않다. 특별히 대학생 시절에 혼자 생활하는 것을 강하게 반대하는 입장이다. 혼자 생활함으로 나타나는 부정적인 요소들 때문에도 그렇지만 공동생활로 얻을 수 있는 유익과 기쁨을 맛보게 하고 싶기 때문이다.

공동체 안에서의 기쁨을 위한 아홉 가지 지혜

하나님은 공동체 안에서 기쁨을 누리도록 우리를 창조하셨다. 하지만 죄로 인해 공동체 안에서의 관계는 결코 쉽지 않다. 그 안에서 기쁨을 누리기 위해서는 노력과 지혜가 반드시 필요하다.

1. 공동체의 목적을 잊지 말라

하나님은 공동체 안에서 개인의 성숙과 하나님의 성품을 닮아 가는 연단의 기회를 주고자 하신다.[77] 공동체 안에는 수많은 사람이 모여 있다. 그 안에는 많은 갈등과 아픔이 내재되어 있다. 이것을 통해 우리의 인격과 성품이 단련된다 잠27:17.

또한 공동체는 예수님의 사랑을 깨닫고 실천하는 곳이다. 바울은 에베소 교인들이 "모든 성도와 함께 지식에 넘치는 그리스도의 사랑" 엡3:18

을 알기를 하나님께 간구한다. 지식에 넘치는 그리스도의 사랑은 '이성을 뛰어넘는, 상식적으로는 이해가 되지 않는, 사람의 머리로는 도저히 받아들일 수 없는 그리스도의 사랑'이다. 이것을 모든 성도와 함께 알기를 원한다고 한다.

예수님은 도저히 용서받을 수 없는 죄인인 우리를 위해 십자가를 지셨다. 그 사랑을 실천하고 깨닫는 방법은 공동체 안에서 내 머리로는 도저히 용납할 수 없는 지체들을 예수님의 이름으로 용납하는 것이다.

2. 이상적인 공동체는 절대 존재하지 않는다

신앙생활을 하다 보면 공동체 안에서 상처를 받는 일이 많다. 상처를 받아 교회를 옮기기도 한다. 사실 설교나 진리 문제보다도 인간관계 때문에 교회를 옮기는 경우가 훨씬 많다. 그래서 '교회는 하나님 보고 다니는 것이지 사람 보고 다니는 것이 아니다'라는 말까지 나왔다. 그런데도 사람과의 관계 속에서 참 많은 상처를 받는다.

그래서 더 안전하고 더 좋은 공동체(교회)를 찾게 된다. 하지만 이 세상에 이상적인 공동체는 존재하지 않는다는 사실을 명심해야 한다. 어느 유명한 목사님이 이렇게 말했다.

"여러분이 좋은 교회를 찾기 위해 100곳을 다녔습니다. 드디어 정말 맘에 드는 좋은 교회를 찾았습니다. 그래서 등록을 하였습니다. 그런데 등록하는 바로 그 순간 그 교회는 나쁜 교회가 될 것입니다."

3. 약점의 노출을 두려워하지 말라

많은 그리스도인이 공동체에 들어가지 못하는 이유는 자신의 약점과 허물이 공개될지도 모른다는 두려움 때문이다. 아담과 하와가 범죄한 이후 무화과나무 잎으로 자신들의 부끄러움을 감추고 나무 뒤에 숨었듯이 창3:7-8, 사람들은 자신의 약점과 허물이 공개되는 것을 두려워한다.

프랑스에서 장애인 공동체 라르슈 L'Arche, 방주 를 이끄는 장 바니에 Jean Vanier 는 장애인들과의 공동생활을 통해 공동체에 대한 탁월한 영성을 이 땅에 선물하였는데, 그중에서 자신의 약점을 공동체 안에서 공개하기를 두려워하는 그리스도인들에게 다음과 같이 권면한다.

"우리는 두려움을 어떻게 바라보아야 할지를 배워야 합니다. 우리 자신이 두려움의 지배를 받게 그냥 내버려둘 수 없기 때문입니다. 우리는 두려움을 정면에서 바라봐야 하지만 늘 혼자 힘으로 그렇게 할 수는 없습니다. 도움이 필요합니다. … 앞으로 나아가고 무언가를 각오하기로 결심하는 데 필요한 이 힘을, 혼자가 아니라 공동체에 있는 다른 사람들과 함께 발견해야 합니다."[78]

4. 상처를 두려워하지 말라

공동체의 필요와 소중함을 아는데도 쉽게 들어가지 못하는 또 다른 이유는 상처에 대한 두려움 때문이다. 생각을 바꿔 볼 필요가 있다. 공동체 안에서 상처받지 않기를 기대하기보다는 공동체에는 늘 상처가 존재한다고 인정해야 한다. 이 갈등과 상처를 통해 우리가 성장하고 다듬어진다는 사실을 인정해야 한다. 따라서 공동체에 들어갈 때에 상처받는 것을 두려워하지 말고 상처받기를 각오하는 것이 올바른 자세다.

예수님은 인류로부터, 특별히 3년 동안 함께했던 제자들로부터 배신과 상처를 받으실 것을 각오하고 이 땅에 오셨다. 예수님을 닮아 가는 제자의 삶을 살고자 한다면 상처받기를 각오하고 공동체 안으로 들어가야 한다. 스티븐 아터번 Stephen Arterburn 은 "신실한 자라는 표시는 하나님께만 완전히 초점을 맞춤으로 다른 사람들에게 기꺼이 상처받을 수 있는 것이다"라고 이야기한다.[79]

5. 손해 보기를 각오하라

공동체 안에서 가장 경계해야 할 것이 있다면 바로 경제적인 논리로 관계를 바라보는 것이다. 세상은 모든 관계를 경제적인 논리로 계산한다. 내가 열 개를 주면 상대방도 열 개를 주어야 한다는 논리다. 경제적인 논리 안에서는 어떠한 친밀한 관계도 형성되지 않는다.

마찬가지로 교회 공동체 안에서 관계의 기쁨을 누리기 원한다면 경제적인 논리를 버리고 손해 보기를 각오해야 한다. 하나님은 우리와의 관계를 위해 독생자를 희생하는 대가를 치르셨다. 놀랍게도 이렇게 엄청난 대가를 치르신 하나님께서 우리에게 그 어떤 것도 기대하거나 요구하지 않으신다. 이럴 때 관계가 온전해진다. 이처럼 우리도 누군가에게 무엇을 주었다면 예수님의 이름으로 섬겼으므로 만족하라. 누군가를 도와주었다면 예수님의 이름으로 도왔으므로 기뻐하라.

6. 용서하고 화해하라

우리는 종종 교회에서 '교회가 세상보다 못하다'는 말을 듣는다. 특별히 관계 속에서 자주 들을 수 있다. 세상에서는 관계가 어려워지면 술 한잔하며 속 이야기를 나누면서 풀기도 하지만 그리스도인들 사이에서 벌어진 갈등과 상처는 풀 수 있는 기회가 좀처럼 없다. 공동체를 건강하게 유지하는 방법은 바로 용서와 화해다.

우리는 모두 불완전한 존재들이다. 누군가에게 상처를 줄 수 있고, 반대로 누군가에게 상처를 받을 수도 있다. 하지만 상처를 주고받는 것에서 머물면 공동체 안에서 기쁨을 맛보기 어려워진다. 예수님은 공동체를 건강하게 유지하는 방법으로 용서와 화해를 요구하신다 엡4:32; 골3:13.

우리가 누군가에게 상처와 손해를 주었다면, 자신의 잘못을 인정하고 용서를 구해야 한다. 사탄은 결점이 드러나는 것을 두려워하게 하고, 자존심을 자극하여 자신의 약점을 인정하지 못하게 한다.[80]

내가 용서를 구하는 것도 중요하지만 다른 사람이 나에게 용서를 구할 때에 화해하는 것도 공동체 안에서 관계의 기쁨을 위해 반드시 필요하다. 예수님이 우리를 용서해 주신 것처럼 지체들을 용서해 주어야 할 책임이 있다. 마치 일 만 달란트의 빚을 탕감받은 자가 백 데나리온의 빚을 진 자에게 빚을 갚으라고 하는 꼴이 되어서는 안 된다 마 18:32-35. 제임스 패커 James I. Packer 는 "용서하지 않는 그리스도인이란 스스로 위선자임을 시인하는 것과 같다"고 강조한다.[81]

7. 겸손하고 관용하라

공동체 안에서 용서와 화해가 중요하지만 그 전에 용서와 화해를 해야 하는 상황에 이르지 않게 예방하는 것 또한 중요하다. 신앙 공동체 안에서 관계의 기쁨을 유지하려면 반드시 '남을 나보다 낫게 여기는 겸손' 빌 2:3; 벧전 5:5 과 '그럴 수 있다는 관용의 자세' 빌 4:5; 딛 3:2 가 필요하다.

토마스 아 켐피스 Thomas A. Kempis 는 기독교의 고전인 『그리스도를 본받아』 Imitation of Christ 에서 "마음을 다하여 하나님을 사랑하고 겸손하게 자신을 낮추지 않는 사람은 신앙의 공동체에서 존재할 수 없다"고 지적하였

다.[82]

관용은 '어떻게 교회에서 저럴 수 있느냐'는 관점에서 '그럴 수 있지'라는 관점으로 지체들을 바라보는 것이다. 즉, 관용은 아버지 하나님의 마음이라고 할 수 있다. 김남준 목사는 관계의 기쁨의 중요한 요소인 관용에 대해, "관용은 사랑에 기초하고 있지만, 사랑보다 넓은 삶의 태도입니다. 관용은 자신에게 손해를 입히거나 고통을 준 사람까지 온화함과 너그러움으로 품을 수 있는 마음의 여유입니다"라고 설명한다.[83]

8. 공동체를 위해 기도하라

공동체 안에 들어가면 반드시 갈등과 실망의 상황에 놓인다. 이때 극단적인 사람은 약점을 지적하고 떠난다. 어떤 이들은 그냥 그러려니 하고 적응하며 지낸다. 또 다른 이들은 좋은 공동체에 대한 부담감을 갖는다.

그리스도인이라면 좋은 공동체를 만나고 싶은 열망이 있는 동시에, 자신의 공동체를 좋은 공동체로 만들고 싶은 부담감도 가지고 있다. 이러한 부담감을 느끼고 싶지 않아 공동체 안으로 들어가지 않는 경우도 있다. 때로는 부담감이 싫어서 떠나기도 한다. 하지만 한 가지 기억해야 할 사실이 있는데, 좋은 공동체는 우리보다 하나님이 더 만들고 싶어 하신다는 것이다. 우리는 부담감을 내려놓고 우리가 할 수 있는 것에 충성하되 성령이 만들어 가시도록 기도해야 한다.[84]

9. 십자가를 바라보라

공동체 안에서 가장 힘든 부분은 마음을 다스리는 것이다. 특별한 충돌이나 갈등이 발생하지 않는다 하더라도 마음속에서 일어나는 비판과 판단이 자기 자신을 괴롭게 한다. 성경은 공동체 안에서 "비판하지 말라"마 7:1; 눅 6:37; 롬 14:13 고 권면한다. 우리가 비판하지 말아야 하는 근본적인 이유는 우리 모두 죄인이라는 사실 때문이다.

공동체 안에 있는 그리스도인은 자신이 죄인인 것과 자신을 위해 그리스도께서 십자가에 못 박혀 죽으셨다는 사실을 반드시 기억해야 한다. 우리 속의 죄 된 자아가 공동체의 지체들을 정죄하고 판단하고 비판하기 시작하면 기쁨은 사라지고 공동체는 파괴된다. 중심을 보시는 하나님 앞에서 지체들의 외모를 판단하는 태도를 내려놓아야 한다. 허물 많은 우리가 하나님께 사랑받은 것처럼 지체들의 있는 모습 그대로를 사랑해 주어야 한다.

십자가를 경험하는 삶은 나이나 신앙 연륜에 절대 비례하지 않는다.[85] 오히려 신앙의 연수만큼 견고해진 종교적 기준들이 바리새인들과 같이 지체들을 쉽게 정죄하고 비판하게 한다. 모든 그리스도인은 바울의 고백처럼 날마다 십자가에 자신을 죽여 새롭게 태어나는 연습을 해야 한다고전 15:31.[86]

Work Book | 5

하나님은 우리를 공동체 안에서 관계의 기쁨을 누리도록 지으셨습니다. 상처와 손해를 두려워하지 말고 공동체 안으로 들어가십시오.

:: 육체의 기쁨을 주는 공동체
- 직장, 학교, 지역, 교회에 있는 운동 동호회를 조사해 보자.
- 자신에게 알맞은 운동 종목을 찾아 가입하자. 반드시 사람들과 함께하는 종목을 선택하자.
- 지나친 시간과 재정을 요구하는 것은 부담이 되어 기쁨을 파괴할 수 있으니 주의하자.
- 비신앙인과 함께하는 경우 우선순위와 경건에 문제가 생기지 않도록 주의하자.

:: 마음의 기쁨을 주는 공동체
- 직장, 학교, 지역, 교회에 있는 취미 활동 동호회를 조사해 보자(독서, 공예, 음악 등).
- 자신에게 알맞은 취미 활동을 찾아 가입하자.
- 지나친 시간과 재정을 요구하는 취미는 부담이 되어 기쁨을 파괴할 수 있으니 주의하자.
- 신앙인과 함께하는 경우 우선순위와 경건에 문제가 생기지 않도록 주의하자.
- 가족의 시간(Family Time)을 만들어 보자.
    - 한 달에 1~2회 정도 온 가족이 함께할 수 있는 시간을 확보하자.
    - 즐거운 예배를 드리고 맛있는 식사를 하자.
    - 영화를 보거나 함께 운동을 해 보자.
    - 다양한 프로그램으로 지루함을 피하자.
    - 순번을 정해 책임감을 높여 주자.

:: 영혼의 기쁨을 주는 공동체
- 교회와 외부에 신앙의 성숙을 위한 공동체가 있는지 확인해 보거나 담당교역자에게 추천을 받아 보자(성경 공부, 말씀 묵상, 기도 모임, 신앙 훈련, 소그룹 등).
- 자신에게 알맞은 신앙 공동체에 참석해 보자. 반드시 노력과 수고가 필요함을 기억하자.
- 교회 공동체를 벗어난 신앙은 매우 위험하니 주의하자.

건강한 자존감의 기쁨

"그러나 내가 나 된 것은 하나님의 은혜로 된 것이니 내게 주신 그의 은혜가 헛되지 아니하여 내가 모든 사도보다 더 많이 수고하였으나 내가 한 것이 아니요 오직 나와 함께 하신 하나님의 은혜로라"_고전 15:10

하나님은 우리를 공동체 안에서 기쁨을 누리는 존재로 창조하셨다. 그러나 많은 그리스도인이 관계의 어려움 때문에 공동체의 기쁨을 누리지 못하고 있다. 관계의 어려움의 주원인은 자기 내면에 있다. 그 어려움을 발생시키는 가장 주요한 내면적 요인은 '자존감' 자아존중감 이다.

자존감은 '자아 가치'와 '자아상'에 대한 문제인데, '다른 사람들에게 내가 사랑받을 만한 가치가 있는지', '다른 사람들에게 내가 어떻게 비춰지는지'에 대한 내면적 질문의 반응이다.[87]

자존감은 기쁨과 깊은 연관이 있다. 자존감이 낮은 사람들이 가장 힘들어하는 것이 바로 '관계'다. 자존감이 낮은 사람들은 열등감, 비교의식, 강박적 반응으로 대인관계를 어려워한다. 사람들의 작은 비난에도 깊은 고민에 빠져 악순환이 계속된다.

반대로 자존감이 높은 사람들은 타인의 시선과 관계없이 자기 주도적인 삶을 살아감으로써 기쁨을 누린다. 인위적인 과장이나 위축되지 않은 태도로 편안한 대인관계를 맺는다. 이들은 공동체 안에서 기쁨을 누리고, 자신의 삶을 능동적으로 다스리며, 삶의 많은 부분에서 열매를 맛보며 풍성하게 살아간다.

먼저 자신의 자존감을 점검해 보자.

- 나는 다른 사람의 도움을 받는 것을 좋아하지 않는다.
- 나는 못생겼다고 생각한다.
- 나는 칭찬을 받거나 사람들에게 집중을 받으면 어색하다.
- 나는 오르지 못할 나무는 쳐다보지도 않는다.
- 나는 현재의 행복이 언젠가 사라질까 봐 두렵다.
- 나는 다른 사람들이 나에 대해 뭐라고 말하는지 궁금하다.
- 나는 새로운 일을 할 때에 실패할까 봐 두렵다.
- 나는 감정 표현을 잘하지 못한다.
- 나는 사람들이 있는 곳에 가는 것이 힘들다.
- 나는 사람들이 내 실력을 알아주지 못한다고 생각한다.

앞의 질문 중에 해당되는 것이 많은 경우 자존감이 낮다고, 적은 경우 자존감이 높다고 보통 평가한다.

자존감 이해하기

'자존감'이라는 말은 1890년 미국의 심리학자인 윌리엄 제임스 William James 의 논문 "심리학의 원리" The Principles of Psychology 에서 처음 사용되었는데, '자신에 대한 불만과 만족에 관한 분석'으로 시작되었다. 오늘날 자존감은 생활의 중심에 놓여 있다고 해도 과언이 아니다.[88]

사회 여러 방면에서 성공한 사람들을 연구해 보니 자존감과 깊은 연관이 있음을 발견하게 되었다. 자존감이 높은 사람은 새로운 환경에 대한 수용 능력이 뛰어나고, 학습 능력과 다른 사람과의 관계 속에서 공감 능력이 월등했으며, 자연스러운 인간관계를 바탕으로 리더의 자리에 서는 경우가 많았다.[89] 즉, 자존감은 성공과 삶의 만족도에 깊은 연관이 있음이 드러났다. 또한 학자들은 자존감이 부모의 양육과 성장 과정의 경험들에 의해 영향을 받는다는 것을 발견하였다.[90] 최근 자녀의 성공을 위해 자존감을 높여 주는 방법론들이 유행하고 있다.[91]

미운 오리 새끼

자존감에 대한 이해를 돕는 유명한 동화로 안데르센의 『미운 오리 새끼』 Ugly duckling 를 들 수 있다. 주인공 오리는 다른 오리들에 비해 형편없는 외모와 특이한 행동들 때문에 학대당하지만 훗날 자신이 백조라는 정체성을 찾아 다른 새들에게 부러움의 대상이 된다는 내용이다.

미운 오리 새끼는 낮은 자존감으로 심각한 우울증에 시달리며 기쁨을 누리지 못했다. 다른 오리들과 비교하며 열등감에 시달렸고, 자신이 사랑받을 만큼 가치 있는 존재가 아니라고 스스로 평가하였다.

만약 주변에서 누군가가 "너는 멋진 백조야. 지금의 모습에 실망하지 말고 조금만 기다려 보렴"이라고 진리를 알려 주었다면, 미운 오리 새끼의 유년 시절은 크게 달라졌을 것이다.

이 동화는 미운 오리 새끼가 백조가 되어 하늘로 훨훨 날아가는 모습으로 끝난다. 하지만 이 이야기가 우리의 상황이라면 문제는 달라진다. 미운 오리 새끼의 낮은 자존감은 백조가 되어서도 그대로 이어진다. 어린 시절 다른 오리들과 비교하던 습성이 백조가 된 후에도 그대로 이어지는 것이다.

미운 오리 새끼가 백조가 되어 하늘을 날다가 지나가던 다른 백조에게 반갑게 인사를 한다. 그런데 그 백조가 인사를 받아 주지 않는다. 미운 오리 새끼는 깊은 고민의 세계로 빠져들어 가기 시작한다.

'왜 내 인사를 받지 않았지? 내가 어린 시절에 오리들과 자랐다고 무시하는 건가? 혹시 내 몸에서 아직도 오리 냄새가 나나? 나는 언제쯤 완전한 백조가 되어 다른 백조들과 같아질까? 어쩌면 나는 영원히 진정한 백조가 되지 못하는 게 아닐까?'

백조가 된 미운 오리 새끼가 호수에 멋지게 착륙을 한다. 서너 마리의 백조가 모여 이야기를 하고 있다. 미운 오리 새끼도 동참하려고 하는데, 백조들이 갑자기 이야기를 멈추고 가만히 있는다. 미운 오리 새끼는 또 깊은 고민에 빠진다.

'내가 잘못한 게 뭐지? 왜 나를 싫어하지? 내가 어떻게 해야 다른 백조들이 나를 좋아할까? 결국 모두 나를 싫어하는구나. 난 살 가치가 없어. 백조가 되면 뭐해? 차라리 오리 시절에 그냥 죽었어야 했는데…'

자존감은 과거의 경험이나 양육 환경과 깊은 관련이 있다. 이것은 단순히 과거의 문제가 아닌, 현재와 미래의 기쁨에도 큰 영향을 미친다. 자존감은 육체와 마음의 건강에 직접적인 연관이 있고 대인관계와 사회생활에도 엄청난 영향을 미치기 때문이다.[92]

자존감: 기쁨의 필수 요소

오늘날 자존감은 인간의 삶에 가장 중요한 요소로 부각되었다. 사회적으로 성공하고 부러움의 대상이 될지라도 낮은 자존감으로 우울증에 시달리다가 자살을 선택하기도 한다. 반면에 아무것도 없는 사람이 자기 스스로 가치 있는 사람이라는 높은 자존감을 품어 힘든 상황에서도 절대 굴하지 않고 멋진 인생을 살아 내기도 한다. 이 모든 것이 자존감의 문제다.

자존감이 높은 사람들에게 나타나는 중요한 현상은 '자기 보호 능력'과 '자기 회복 능력'이 뛰어나다는 것이다.[93] 대인관계 속에서 똑같은 상처와 공격을 받았을 때 자존감이 높은 사람들이 더 빨리 회복된다. 기쁨은 결국 마음의 문제인데, 우리의 마음을 지켜 주는 면역 체계가 바로 자존감이다.

"괜찮아. 처음부터 잘하는 사람이 어디 있어. 다음엔 더 잘할 수 있어. 모든 사람이 나를 좋아하지 않듯이, 모든 사람이 다 날 싫어하지는 않아. 하나님이 모든 것을 합력하여 선으로 바꿔 주실 거야. 내가 단련된 후에는 순금과 같이 나아가게 될 거야."

자존감에 영향을 주는 것들

자존감은 자신이 얼만큼 사랑받을 만한 가치가 있는지에 대한 스스로의 판단이다. 이것은 성장기를 거쳐 오면서 얼만큼의 사랑을 받았느냐에 따라 좌우된다. 사랑의 공급처는 성장기에는 부모이고, 학교에 다닐 때는 교우관계와 선생님이다.

부모
자존감은 성장기 때 부모님의 양육 태도에 큰 영향을 받는다. 부모의 언어적·비언어적 행동들이 아이의 자존감을 건강하게도 만들기도 하고 파괴하기도 한다. 어린 시절 형성된 자존감이 학교생활과 사회생활로 이어진다. 이로 인해 자연스럽게 자존감을 높여 주는 양육 방법론이 강조되고 있다.[94] 부모 중에서도 양육 과정에 의존도가 높은 어머니의 역할이 더욱 강조된다.[95]

가장 흔하게 아이의 자존감을 손상시키는 것은 언어적 요소다.

"너는 왜 태어나서 내 인생을 이렇게 만들었니? 너 같은 건 태어나지 말았어야 했어. 도대체 너는 잘하는 게 뭐니? 동생 보기에 부끄럽지도 않니? 제발 형 좀 보고 배워라. 커서 뭐가 되려고 그러니?"

비언어적 요소들도 아이들의 자존감에 영향을 주는데, 대화가 없는 부모, 아이 뒤에서 험담하는 부모, 부부싸움이 일상인 부모, 알코올 의존증인 부모, 학대와 폭력을 행사하는 부모, 부모에게 버림받은 경험, 부모의 이혼 등이다.[96]

학교, 성적

자존감에 손상을 주는 큰 요소 중 하나가 '실패감/거절감'이다. 한국인이 가장 많이 실패감과 거절감을 경험하는 곳은 바로 학교다. 특히 성적으로 인정받는 학교 구조 속에서 대다수의 아이가 성취감보다는 실패감을 경험하고, 성적 때문에 선생님과 부모님에게 거절감을 경험한다.[97]

"그것밖에 못하니? 어느 학교 나왔니? 학교에서 몇 등 하니?"

학벌과 성적 콤플렉스는 사회 전체의 큰 장애물이다. 고졸 출신 직장인들은 "몇 학번이세요?", 대졸 출신 직장인들은 "어느 대학 나오셨어요?"라는 질문을 가장 싫어한다. 성적과 학벌은 학창 시절뿐 아니라 평생 콤플렉스가 되어 수많은 사람을 스트레스와 열등감에 시달리게 한다.

학교생활에서는 성적 외에도 집단 따돌림이나 학교 폭력과 같은 것을 경험하였을 때 자존감에 심각한 영향을 받는다. 성장기 학생이 반 전체로부터 집단 따돌림을 당하면 자신은 그 누구에게도 사랑받지 못하는 존재라고 스스로 판단해 버린다. 자기 가치에 대하여 정상적인 판단을 못하는 까닭에 살 가치가 없다고 결정 내리고, 자신의 상황을 객관적으로 직시할 수 있는 용기마저 없어져 극단적인 선택을 하는 사례도 많다.

외모

다른 사람에게 사랑받을 수 있는 조건으로 가장 우선시되는 것이 바로 '외모'다. 얼굴, 장애, 신장, 체중, 심한 흉터 등과 같은 외형적 약점이 있는 경우뿐 아니라 성장 과정에서 외모에 대해 타인에게 낮은 평가를 받은 사람들도 열등감으로 인한 심각한 자존감의 손상을 보인다.[98]

외모 콤플렉스가 있는 사람들은 자신이 타인에게 사랑받을 수 없다고 판단한다. 그래서 사랑받을 수 있는 다른 조건들을 본능적으로 만들려고 한다. 학업에 집중하기도 하고, 자신의 특기를 개발하여 사람들의 관심을 끌기도 하며, 웃음을 자아내는 행동이나 유머를 익히기도 한다.

외모 콤플렉스가 있는 사람 중에는 일찌감치 자신이 사랑받을 수 없다고 결정하고 상처로부터 자신을 방어하기 위해 외톨이로 살아가거나, 폭력적으로 변하거나, 자신을 학대하는 성향을 보이는 사람들도 있다.

나쁜 경험

자존감에 영향을 주는 요소 중에 나쁜 경험도 있다. 성장기에 극심한 가난을 경험하였거나, 부모님의 사업이 실패했거나, 부모님의 이혼, 자신의 신체와 정서를 함부로 대하는 학대와 폭력에 노출되었을 때 자존감에 심각한 영향을 미친다.

급식비를 내지 못해 친구들 앞에서 꾸지람을 당한 경험, 가난한 학생이 부자 학생에게 무시당한 경험, 사채업자들부터 받은 공포심, 성폭행이나 성추행 경험, 집단 따돌림이나 학원 폭력 경험 등은 사랑받으며 자라난 아이일지라도 자존감에 문제를 발생시킬 수 있다.

특별히 권위자나 어른에게서 받은 나쁜 경험은 자신을 가치 없는 존재라고 판단하는 강력한 기준으로 작용한다. 성폭행과 같은 경우 자신이 더러운 존재라는 죄책감과 수치심까지 동반되어 돌이킬 수 없는 자존감 파괴로 이어진다.[99]

낮은 자존감과 빼앗긴 기쁨

자존감의 문제로 고민하는 사람들은 생각보다 매우 많다. 어떤 상담학자는 일반인 중 60%의 사람들이 낮은 자존감으로 힘들어한다고 밝힌다. 한국은 유교적인 문화 속에서 체면을 중시하기 때문에 사람들의 시선에 매우 민감하다. 가부장적인 가족 문화와 개인의 가치보다는 공동체의 가치를 소중하게 생각했던 과거의 역사가 개인의 자존감에 심각한 영향을 주었다.

"어른 앞에서 버르장머리 없이…. 눈치껏 좀 해라. 우리 체면에 어떻게 그런 걸 해?"

우리 문화는 무엇인가를 결정하고 선택할 때 타인의 시선이 내 판단 기준보다 우선순위에 있다. 타인의 판단과 평가가 자신의 기준이 되는 순간 내적 평화는 깨지고 기쁨은 사라져 버린다.

개인적으로 일반 사회보다 교회 안에 낮은 자존감 때문에 고통당하는 사람들이 더 많다고 생각한다. 교회라는 공동체는 주로 상처와 아픔을 겪은 사람들이 모이는 곳이기 때문이다. 더 안타까운 일은 낮은 자존감을 가진 사람들이 모이다 보니 그 안에서 더 큰 상처와 아픔을 경험하는 일이 빈번하게 발생한다는 것이다.

낮은 자존감은 대인관계에 문제를 일으킨다

낮은 자존감 때문에 발생하는 가장 큰 문제는 '대인관계'다.

몇 년 전 서울의 한 공원 공중화장실에서 여고생 두 명이 흉기에 찔려 죽은 사건이 일어났다. 범인은 같은 동네에 사는 청년이었다. 사람들은 전혀 범죄를 저지를 것 같지 않은 청년의 모습을 보고 놀라워했다. 더욱 놀라운 일은 이 청년의 범행 동기였다. 여고생들이 자신을 비웃는 눈으로 쳐다보았기 때문이라고 했다.

이 청년은 키가 작았고 외모에 콤플렉스가 있었다. 며칠 전 멋있게 보이려고 머리카락을 염색했는데 마음에 영 들지 않았다. 그날도 다른 사람들이 자신의 머리를 비웃을 것이라고 생각하며 집으로 돌아가는데, 그때 여고생들이 서로 대화하며 웃으며 지나갔다. 이 여고생들은 지나가는 낯선 남자의 얼굴을 아무 생각 없이 흘끗 보았다.

청년은 여고생들이 자신을 보고 비웃었다고 판단했다. 그렇지 않아도 머리 때문에 화가 나 있었는데 더욱 화가 났다. 그는 집에 들어가 식칼을 가져왔다. 그리고 여고생들의 뒤를 쫓아 공중화장실로 끌고 가 살인을 저질렀다.

낮은 자존감은 한 청년의 인생을 비극으로 몰고 갔다. 자신 안에 일어나는 생각을 스스로 제어할 수 없는 상황까지 된 것이다.

'왜 쳐다봤지? 왜 쳐다보고 웃었지? 분명히 내 머리를 보면서 비웃었어. 나이도 어린 것들이 날 무시해? 죽여 버리고 싶다. 그래 죽여 버릴 거야.'

이렇게 꼬리에 꼬리를 무는 반복적이고 순환적인 부정적 생각을 '반추사고'라고 한다.[100] 자존감이 낮은 학생은 반추사고로 집중력이 떨어져 학업 성적이 좋지 않기도 하고, 일반인들은 대화에 집중하지 못하고 자기 생각 속에 빠져들어서는 '동문서답'을 하기도 한다.[101]

자존감이 낮은 사람은 인정과 사랑을 받고 싶은 욕구 때문에 타인에게 잘 보이려고 하는 성향이 강하게 나타난다. 쉽게 거절하지 못하고, 사람에게 기준을 맞추다 보니 일관성이 없고, 끊임없이 타인과 비교하여 시기와 질투에 쉽게 빠지고, 관계 속에서 자신의 약점을 숨기기 위해 과장된 행동이나 진실하지 못한 행동을 한다.

자존감이 낮은 사람은 타인의 행동과 언어로 상처를 쉽게 받기 때문에 잘 모르는 사람을 일단 꺼리고, 상처를 먼저 받지 않으려고 원하지 않는 과장된 분노나 폭력을 사용하기도 하며, 갈등의 상황을 두려워하여 문제를 회피하기도 한다.

그리고 인정과 사랑을 받고 싶은 사람에게 집중적으로 잘한다. 그러다가 경계심이 풀리는 시점이 오면 함부로 대하는 이중적인 모습을 보이기도 한다. 좋은 자존감 없이는 좋은 인간관계를 기대하기 어렵다.[102]

낮은 자존감은 마음의 병을 일으킨다

낮은 자존감은 타인과의 관계를 어렵게 하고 동시에 자신과의 관계도 어렵게 한다. 그래서 스스로를 형편없이 평가하여 비참한 상황으로 몰아넣는다.

예전에 사역했던 교회에서 자매 한 명이 스스로 삶을 마감한 적이 있었다. L양의 비극적 죽음의 이유는 결혼하기로 한 형제에게 받은 이별 통지였다. L양은 부모님의 오랜 갈등과 싸움 속에서 사랑을 받지 못하며 성장했다. 더 예쁜 여동생과 비교당하기도 했다. 이 자매의 마음은 어린 시절부터 조금씩 병들어 갔다. 사춘기 이후 L양은 나쁜 생각에 사로잡혔다.

'난 결혼도 못할 거야. 나 같은 것을 누가 좋아해 주겠어? 다들 예쁜데 난 이게 뭐지? 내 인생엔 제대로 된 것이 하나도 없어. 난 더는 살 가치가 없어.'

L양은 대학에 들어가 연애를 시작했고, 자신도 사랑받을 수 있다는 사실에 무척 기뻐했다. 하지만 자신을 사랑해 주는 남자에게 집중하면서 신앙을 점점 멀리하게 되었다. 둘은 결혼을 약속한 사이로 발전했다. 가정 상황도 온전치 않아 빨리 결혼하기를 원했는데, 남자 쪽에서 점점 자신을 밀어내는 듯한 느낌을 받았다. L양은 불안감에 남자에게 더 집착하게 되었고, 남자는 여자의 강박적인 태도에 마음이 점점 닫혔다. 결국 남자는 이별을 통지했고, L양은 심각한 우울증 증세를 보이다가 어머니와 여동생이 보는 앞에서 스스로 생을 마감해 버렸다.

낮은 자존감은 대인관계의 어려움을 발생시킨다. 대인관계의 어려움은 다시 자신을 저평가하는 요인이 되어 가중된 고통으로 다가온다. 낮은 자존감은 부부 관계에서 의처증/의부증의 원인이 되고, 자신을 파괴하는 생각 속에 우울증과 정신분열 증세를 일으키기도 하며, 대인관계 속에서는 사회공포증이나 대인공포증을 일으킨다.

낮은 자존감은 육체의 질병을 일으킨다

마음의 병은 결국 육체의 질병으로 이어진다. 정신적 스트레스는 육체적 질병의 중요한 원인이다. 그뿐만 아니라 자존감의 문제로 인한 정신적 강박은 거식증, 대식증과 같은 식생활 장애를 야기시킨다.[103] 또한 약물, 게임, 인터넷, 음란물, 성적인 중독의 중요한 원인이 되기도 한다.

얼굴도 예쁘고 공부도 잘하는 P양은 많은 사람의 기대를 한 몸에 받으며 성장했다. 이러한 P양의 자존감이 무너지는 사건이 일어났는데 바로 과학고등학교 입시에 떨어진 것이다. 충분한 사랑을 받으며 자신감 있게 중학교 시절을 보냈던 터라 그 충격은 매우 심했다. 그 후 공부와 대인관계에 문제가 생겼다.

'사람들이 날 뭐라고 생각할까? 부모님에게 내가 못할 짓을 한 거야. 창피해서 학교를 어떻게 다니지? 대학도 떨어지면 어떻게 하나?'

상상할 수 없을 정도로 성적이 곤두박질쳤다. 무너져 내린 자존감을 지키기 위해 자매가 선택한 것은 외모였다. 사람들에게 사랑받을 수 있는 방법으로 외모를 선택한 것이다. 살 찌는 것을 극도로 경계하였고, 최소한의 음식만 섭취했다. 외모에 대한 집착은 대학 진학 후 이성 교제를 시작하면서 극에 달했다. 살이 찌면 버림받을지도 모른다는 불안감에 먹은 것을 토하는 거식증이 생겼다. 이 병은 P양의 건강을 심각하게 훼손시켰고 급기야는 휴학을 하고 병원에 입원해야 했다.

낮은 자존감은 하나님과의 관계를 왜곡시킨다

하나님에 대한 이미지는 육신의 아버지에 의해 형성되는 경우가 많다. 부모님에게 충분히 사랑받지 못한 그리스도인은 낮은 자존감 때문에 하나님과의 관계에도 문제가 발생한다.

엄한 부모님 밑에서 성장한 J형제는 하나님에 대한 두려움을 가지고 있었다. 교직에 있었던 J형제의 아버지는 일상생활 속에서 상벌이 확실했다. 십계명처럼 생활 규율이 집 벽에 걸려 있었다. 규율을 지키지 않으면 용돈을 주지 않거나 TV 시청을 제한하거나 자유 시간을 빼앗았다.

J형제는 어린 시절부터 아버지가 집에 계신 날이면 바늘방석에 앉아 있는 것처럼 불안했다. 아버지는 늘 감시자였고, 웃는 모습을 거의 본 적이 없었다. 어머니는 전형적인 한국 여성으로 매우 순종적인 분이었다. 어머니는 J형제에게 아버지의 말씀에 절대적으로 복종할 것을 요구했다. J형제가 고등학교에 다닐 때 아버지가 교회 장로님이 되셨다. 그때부터는 교회생활을 할 때도 아버지의 눈을 피해 다니는 버릇이 생겼다. 언제 무엇 때문에 혼이 날지 몰랐기 때문이었다.

아버지에게 칭찬과 인정을 받고 싶었던 J형제는 어린 시절부터 아버지의 명령에 순종하고 최선을 다했다. 하지만 아버지의 기준에 비하면 자신은 늘 부족한 아들이었다. 이것은 하나님과의 관계에도 그대로 투영되었다.

"하나님이 날 감시하고 계신 것 같아요. 어떻게 하면 하나님을 만족시켜 드릴 수 있죠? 이번에 시험 성적이 안 좋은 것은 내가 하나님께 뭔가 잘못해서 벌 주신 것이 분명해요. 내가 계속 이렇게 살면 하나님이 나에게 분명히 큰 벌을 내리실 거예요. 어차피 하나님께 인정받지 못할 인생이라면 빨리 천국에 가 버리는 게 낫겠어요."

낮은 자존감은 자신의 가치를 매우 낮게 평가하게 한다. 결국 낮은 자존감은 하나님의 형상을 파괴하고, 우리를 향하신 하나님의 놀라운 생명과 풍성한 삶에 동참하지 못하게 하는 장애 요소가 된다.

자존감을 높이려는 노력들

모든 사람이 사랑과 인정을 받고 싶어 한다. 자존감이 낮은 사람은 이 욕구가 더욱 강하다. 이들은 타인에게 어떻게 하면 사랑과 인정을 받을 수 있을지 본능적으로 연구하고 노력한다. 이러한 노력들이 좋은 결과를 낳기도 하지만 대부분은 자신을 더욱 힘들게 한다.

자존감을 외적 요소에서 찾으려는 노력

자존감이 낮은 사람은 자신이 가치 있는 사람임을 입증하려고 노력한다. 가장 먼저 외적인 요소들을 갖추려고 노력한다. 외모 가꾸기, 배우자의 외적 조건 따지기, 자동차나 집, 명품 등의 소유에 지나치게 신경을 쓴다.

사실 신체에 장애가 있거나 흉터가 있는 사람들이 성형수술을 받아 대인관계가 원만해지고 자존감이 회복되는 경우를 종종 볼 수 있다. 또한 값비싼 명품을 소유함으로 기쁨을 누리는 사람들도 있다. 사람들이 가치 있다고 평가하는 것을 소유하여 얻는 만족감과 기쁨은 절대 부정할 수 없다.

그러나 단순히 기쁨과 만족의 문제가 아니라 내면에 숨겨져 있는 낮은 자존감에 의한 욕구라면 깊이 고민해야 한다. 아무리 값비싼 명품을 걸치고 있다 할지라도 언젠가는 낡게 될 것이고, 그 누군가는 나보다 더 값비싼 것을 소유하고 있을 것이다. 즉, 외적 요소로 자존감을 높이려는 노력은 임시적이고 순간적인 기쁨을 줄 뿐 근본적인 해결은 되지 않는다.

자존감을 내적 요소에서 찾으려는 노력

자존감의 근거를 외적 요소에서 찾으려는 시도는 일반인들에게도 회의적으로 평가되고 있다. 좋은 옷, 명품 가방, 성형수술로 꾸민 얼굴, 멋진 자동차, 화려한 집, 풍족한 돈이 있는데도 열등감과 비교의식에 끊임없이 시달리는 사람들이 허다하기 때문이다. 수십 번의 성형수술로 심각한 부작용에 시달리는 사람, 명품을 누구보다 먼저 구입하고 싶은 욕구에 신용불량자가 된 사람, 수입 자동차를 타기 위해 공금을 횡령한 사람, 예쁜 아내를 얻고자 자신의 직업을 속인 사람 등이 그러하다. 외적인 요소로 자신의 자존감을 높이는 데에는 분명히 한계가 있다.

자존감이 자신의 마음을 안전하게 보호하는 면역 체계와 같음을 발견한 학자들은 외적 요소가 아닌 내적인 요소들로 자존감을 높인 사람들을 주목하게 되었다. 부모님의 사랑을 받지 못하고 자랐지만 스스로 자신을 가치 있게 만드는 사람들이었다.

"너는 소중한 존재야. 너는 이 세상에서 하나밖에 없는 특별한 존재란다."

이들은 성장 과정 속에서 끊임없는 실패와 씻을 수 없는 상처를 경험했지만 자신을 인정해 주는 언어들로 마음을 다스린다.

"괜찮아, 다 괜찮아. 처음부터 잘하는 사람이 어디 있어? 다른 사람이었다면 이만큼도 할 수 없었을 거야."

이러한 내면적 요소들을 체계화한 것이 '긍정 심리학'이다. 긍정적인 언어와 사고는 자기 자신을 보호하는 데 탁월한 효과를 보인다. 삶에 활력을 주고, 목표를 향해 달려갈 수 있는 끈기를 제공해 준다. 긍정적 사고는 자존감에 좋은 영향을 주는 것이 분명하다.[104]

그러나 긍정적 사고에 대한 비판도 끊이지 않는다. 긍정적 사고는 상황에 대한 객관적인 판단을 흐리게 하고, 무조건 잘될 것이라는 생각에 자기 반성이나 자기 성찰을 회피하게 한다.[105]

특별히 그리스도인들은 이를 비판적인 시각으로 바라볼 필요가 있다. 첫째, 성경은 인간을 전혀 긍정적으로 보지 않는다. 인간은 모두 죄인이다 롬 3:23. 비록 그 사람이 그리스도 안에서 거듭났을지라도 죄인의 속성은 절대 바뀌지 않는다. 둘째, 긍정적 사고는 힘의 원천이 자기 내면에 있다고 주장한다. 자신이 말하고 생각한 대로 세상이 움직인다는 사고는 자신이 신이 될 수 있다는 뉴에이지 신앙과 만나게 된다.

자존감을 소속감에서 찾으려는 노력

자신의 자존감을 높이는 세 번째 방법은 이미 좋은 가치라고 평가된

단체에 들어가려고 노력하는 것이다. 가장 대표적인 예가 학벌과 직장이다. 우리는 가치 있게 평가되는 단체에 소속되면, 자신도 같은 가치로 평가받을 수 있다는 생각이 우리의 내면에 깔려 있다.

소속감을 갖는다는 것은 매우 가치 있는 일이다. 소속감을 통해 자신의 정체성이 형성되는 것도 부인할 수 없다.[106] 부족한 사람이라도 좋은 단체 안에서 소속감을 가지고 생활하면 날로 성숙해지는 일도 많다. 이런 선한 소속감을 지향한다면 자존감에도 좋은 영향을 줄 것이 분명하다.

좋은 학교와 좋은 직장, 혹은 유명한 단체에 소속된다는 것은 한 개인의 자존감을 높여 주는 데 충분한 역할을 한다. 그러나 안타까운 것은 모든 사람이 그 소속감을 누릴 수 없다는 것이다. 소수의 사람이 특수한 조직에 소속됨으로 얻는 자존감은 다른 사람들보다 특별하다는 우월감을 근거로 한다. 이것은 자신을 그토록 괴롭혔던 열등감의 또 다른 면이다. 우월감이 있는 사람들은 자신이 속한 단체의 사람들을 승리자로, 그렇지 못한 사람들을 패배자로 취급하는 경향이 강하다.

높은 자존감 vs. 낮은 자존감

자존감은 우리의 기쁨과 깊이 연관이 있다. 특별히 비판이나 공격으로부터 우리의 마음을 지켜 주기 때문에 사회생활과 인간관계에서 필수적인 요소임이 확실하다. 자존감이 높은 사람은 자신감 있게 대인관계를 맺고, 외부의 비판에도 좌우되지 않고, 능동적으로 사회활동을 함으로 기쁨을 누린다. 이쯤 되면 누구나 높은 자존감을 소유하고 싶을 것이다.

그렇다면 높은 자존감의 조건들을 다 갖춘 사람을 생각해 보자. 좋은 부모님 밑에서 태어나 부유한 환경에서 자랐다. 외모도 뛰어나 어린 시절부터 주변 사람들에게 인기가 많았다. 공부를 잘해 학창 시절에도 선생님들의 칭찬을 독차지했다. 당연히 명문 대학에 들어가 사람들에게 부러움의 대상이 되었고, 해외 유학도 다녀와 대기업에 특채로 들어갔다. 무엇 하나 나무랄 데 없는 이 사람에게 어떤 감정이 느껴지는가? 이 사람이 훌륭해 보이는가, 아니면 그냥 단순히 부러운가?

높은 자존감 vs. 싸가지

우리말 중에 '싸가지'라는 단어가 있다. '싹'과 '아지'까지의 합성어로 '어떤 일이나 사람이 앞으로 잘될 것 같은 낌새나 징조'를 뜻하는 방언이다. 이 말은 흔히 비속어로 사용하는데, 대인관계 속에서 마땅히 갖추어야 할 기본적인 예의나 태도를 지키지 않을 때 보통 '싸가지 없다'고 표현하고, 반대의 경우를 '싸가지 있다'고 말한다.

싸가지가 있는 사람은 타인의 비판과 질책에 고민하고 마음 아파한다. 반대로 싸가지 없는 사람은 비판하거나 욕을 해도 별로 신경 쓰지 않고 자기 방식을 계속 유지한다. 마음에 상처를 받지도 않고 미안해하지도 않는다. 자존감의 기준으로 볼 때 이 사람은 매우 높은 자존감을 소유하고 있는 것이다. 삶이 기쁘고, 유쾌하고, 대인관계도 좋고, 상처도 잘 받지 않는 사람이다. 그런데 정말 이런 사람이 좋은 사람일까?

높은 자존감의 요셉

요셉을 한번 살펴보자. 요셉은 자존감이 높은 사람이었다. 그는 부유한 부모님 밑에서 극진한 사랑을 받으며 성장했다 [창37:3]. 외모도 뛰어났다 [창39:6]. 그는 자존감이 높은 반면, 다른 사람에 대한 배려심은 없었다. 형들의 잘못을 아버지에게 고자질하고 [창37:2], 자신이 장자가 될 것이라는 꿈을 함부로 말하였다 [창37:9-10]. 우리의 언어로 표현하면 '싸가지 없는 행동'을 한 것이다.

20여 년이 지난 후 형들을 다시 만난 요셉은 많이 변해 있었다. 형들의 마음을 배려하고 [창45:3-8], 그들의 두려워하는 마음을 읽어 주고 [창

50:19-21, 지난 세월 동안 죄책감으로 고생했을 형들에게 공감하는 사람이 되어 있었다 창42:24-25. 성숙했다고 이야기할 수 있는데, 자존감의 측면에서 보면 높은 자존감에서 '건강한 자존감'으로 바뀐 것이다.

> 당신들이 나를 이 곳에 팔았다고 해서 근심하지 마소서 한탄하지 마소서 하나님이 생명을 구원하시려고 나를 당신들보다 먼저 보내셨나이다(창 45:5)

요셉은 형들에 의해 애굽으로 팔려 갔지만 주어진 상황을 수용하고 종으로서 열심히 일했다 창39:23. 또한 억울하게 감옥에 갇힐 때에도 상황에 눌리지 않고 충성했다 창39:23. 그는 높은 사람 앞에서 주눅들지 않고 대인관계를 맺었고, 호감을 얻으려고 거짓을 말하지 않는 사람이었다 창40:9-23, 41:14-36. 결국 그의 높은 자존감은 그를 애굽의 총리까지 이르게 하는 중요한 원인이 되었다 창41:37-45.

애굽으로 팔려 간 요셉을 상상해 보자. 야곱의 가문에서 채색옷을 입으며 왕자처럼 생활하던 요셉이 하루아침에 형제들에 의해 애굽의 종으로 팔려 갔다. 지금까지 형들에게 공격하는 행동을 했다면, 이제 공격을 받는 위치에 놓이게 되었다. 그는 육체적·정신적으로 학대받았다. 이 과정은 그의 자존감이 완전히 파괴되는 시간이었다. 지금까지 자신의 자존감을 채워 주던 외적 요소들과 정서적 요소들이 모두 단절된 기간이었다.

이때 그의 안에 새로운 자존감이 일어났다. 요셉의 자존감은 외적 요소나 내적 요소가 아닌, 하나님과의 개인적인 만남으로 채워지기 시작했다 창39:3. 요셉은 부모님의 눈으로 자신을 투영해 보는 것이 아니라 하나님의 눈으로 자신을 바라볼 수 있게 되었다 창39:9. 자신에게 주어진 상황을 단순히 '잘될 거야. 언젠가 집으로 돌아가게 될 거야'라고 이해하는 긍정적 마인드가 아닌, 하나님의 섭리 가운데 자신의 삶을 수용하는 능력이 만들어졌다 창45:5-8. 그는 형들을 용서하는 관용의 마음을 갖게 되었고, 애굽의 총리였음에도 겸손한 자세를 갖추고 있었다 창50:19-21. 궁극적으로 애굽에서 만족스러운 삶을 살지라도 자신의 본향인 가나안 땅을 잊지 않는 신앙의 자세를 유지하게 되었다 창50:24-25.

낮은 자존감 vs. 성숙

우리 사회는 타인의 시선과 상관없이 행동하는, 자존감이 높은 사람보다는 타인의 눈치를 볼 줄 아는 적당히 낮은 자존감의 사람을 원한다. 그들은 사람들의 비위를 잘 맞추고, 사랑과 인정을 받기 위해 자기희생적이며, 권위자들에게 반항하지 않는 순종적인 성향을 보이기 때문이다. 자존감이 낮은 사람들은 '예의 바르다'는 말을 많이 듣는다. 이러한 칭찬에 자신을 더욱 희생하며 충성한다. 하지만 이 모습은 진정한 자신의 모습이 아니기 때문에 내면이 병들어 가며 기쁨이 없는 삶을 산다.

앞에서도 언급하였듯이, 교회 안에는 자존감이 낮은 사람들이 일반 사회보다 더 많다. 자존감이 낮은 사람은 버림받는 것에 대한 두려움으로 안정된 소속감을 갈망한다. 즉, 교회 공동체와 하나님에 대한 소속감이다. 이러한 까닭에 많은 자존감 낮은 사람들이 신앙생활을 열심히 하고 교회에도 충성한다.

그들은 자신이 사랑받을 만한 가치가 있는 사람이라는 사실을 입증하기 위해 타인의 정서를 맞추려고 애쓴다. 자신이 부족한 사람이라는 느낌 때문에 끊임없이 노력하고, 무엇을 성취하고자 하는 욕구가 강하다. 세상을 바꾼 많은 위인과 하나님을 긴밀히 만났던 신앙의 선배들 거의 대부분이 자존감 낮은 자들이었다.

낮은 자존감의 다윗

다윗은 자존감이 낮아질 수밖에 없는 상황에서 성장했다. 그는 아버지와 형제들에게 사랑받지 못했다 삼상 16:11. 사춘기 예민한 시절에 형제들에게 무시당했다 삼상 17:28. 골리앗과의 전투를 생각해 보면, 일반적인 청소년이라면 그런 무모한 행동을 하지 않았을 것이다. 심리학적으로 청소년들이 무모하고 위험한 행동을 하는 내면적인 이유는 자신이 가치 있는 사람임을 입증하고 싶은 욕망 때문이다. 다윗이 여기에 해당될 가능성이 높다.

다윗은 인간관계에도 문제가 있었음을 예상할 수 있다. 다윗의 가장 큰 갈등의 대상은 사울이었다. 자존감이 낮은 사람은 권위자 앞에서 정상적인 대화가 어렵다. 사울 역시 자존감이 상당히 낮은 사람이었기 때문에 둘 사이의 갈등은 끝을 향해 갈 수밖에 없었을 것이다. 자존감이 낮은 사람은 높은 사람에게는 한없이 굽실대지만 반면 연약한 사람에게는 지나친 혈기를 부리기도 한다. 그 예가 다윗과 나발의 사건이다. 다윗은 음식을 제공하지 않은 나발에게 심각할 정도로 자존심의 손상을 받았다. 사울과의 관계에서 지극히 너그러웠던 그가 아무런 군사력을 소유하고 있지 않은 나발을 절제되지 않은 혈기로 죽이려 했다 삼상 25:13.

다윗처럼 자존감이 낮은 사람이 반복되는 좌절과 실패를 경험하면 인생을 포기하거나 심각한 우울증에 빠진다. 그 예가 바로 사울 왕이다. 사울 왕은 다윗과 시작이 비슷했다. 사울은 베냐민 지파 출신이었고, 사람들에게 인정받지 못했다 삼상 10:27. 그는 열등감에 시달렸고 사람들의 인정에 민감했다 삼상 18:7-9. 자존감이 낮아 마음을 다스리지 못했던 사울은 결국 정신질환으로 젊은 시절부터 고통을 당했다 삼상 16:23. 그때 나타난 다윗은 사울의 열등감을 최고조로 치닫게 만들었고, 이에 사울은 국정을 제대로 돌보지 않고 남은 생애를 다윗을 쫓는 데 허비하고 만다.

사울과 다윗은 똑같이 낮은 자존감의 소유자들이었다. 하지만 다윗은 달랐다. 다윗에게 낮은 자존감은 하나님께로 가는 중요한 통로가 되었다. 많은 신앙의 선배들이 자신들의 부족한 부분 때문에 하나님을 만났듯이 다윗도 그러했다. 다윗은 부모님과 형제들에게 사랑받지 못하는 존재였다. 그에게 유일한 사랑의 공급원은 하나님이었다. 또한 가장 강력한 안정감을 제공한 분도 하나님이었다. 마음에 아무리 큰 상처를 입어도 주님께 나아가 치료받았다. 죄악 가운데서도 주님의 사랑으로 회복을 경험하였다. 다윗이 하나님 안에서 경험한 회복의 역사는 시편에 매우 많이 등장한다.

> 나의 힘이신 여호와여 내가 주를 사랑하나이다 여호와는 나의 반석이시요 나의 요새시요 나를 건지시는 이시요 나의 하나님이시요 내가 그 안에 피할 나의 바위시요 나의 방패시요 나의 구원의 뿔이시요 나의 산성이시로다(시 18:1-2)

건강한 자존감

요셉과 다윗은 전혀 다른 자존감을 소유하였다. 하지만 두 명 모두 하나님 앞에서 훌륭하게 쓰임받은 믿음의 사람들이었다. 실제로 무조건 자존감이 높다고 좋은 것만은 아니며, 낮은 자존감 때문에 낙심할 필요도 없다.[107] 왜냐하면 높은 자존감이나 낮은 자존감이나 다 반드시 하나님 앞에서 재조명을 받아야 하기 때문이다.

 높은 자존감이 삶에 기쁨을 주고 성공에 좋은 요소로 작용하는 것은 맞다. 그러나 자존감의 근원이 어디로부터 오는지 생각해 보아야 한다. 자신의 자존감이 자기애를 바탕으로 하여 관용과 겸손이 배제된 것인지 살펴보아야 한다.

 낮은 자존감은 삶의 기쁨을 파괴하고, 마음과 육체를 병들게 하고, 대인관계에 심각한 장애를 유발하며, 심한 경우에는 죽음으로까지 몰고 간다. 낮은 자존감 역시 자기애에 근거한다. 자신의 눈으로 자신을 평가할 때는 형편없어 보이는 것이 사실이다. 그러나 하나님의 시선으로 자신을 다시 바라보아야 한다.

 즉, 그리스도인들은 높은 자존감이 아니라 주님 안에서 새롭게 자신을 바라보는 '건강한 자존감'을 추구해야 한다.

하나님 앞에서 올바른 정체성

·건강한 자존감은 자기 가치와 자기 이미지를 건강하게 바라보는 것이다. 좋은 것은 인정하고 부족한 것은 개선해 나가는 것이 건강한 자기 인식이다. 이를 위해서는 무엇보다 하나님 앞에서 자신이 어떤 존재인지 올바르게 인식할 필요가 있다.

첫째, 나는 하나님의 형상으로 지음 받은 존귀한 존재다 사 43:1.

성경은 인간의 가치를 물질적인 요소로 평가하지 않는다. 우리는 하나님의 형상으로 창조되었기 때문이다 창 1:27. 다윗에게는 아버지와 형제들의 평가가 아무런 의미가 없었다. 하나님의 절대적 평가가 자신의 기준이 되었기 때문이다.

> 주께서 내 내장을 지으시며 나의 모태에서 나를 만드셨나이다 내가 주께 감사하옴은 나를 지으심이 심히 기묘하심이라 주께서 하시는 일이 기이함을 내 영혼이 잘 아나이다(시 139:13-14)

둘째, 나는 철저한 죄인이다 롬 3:23.

우리는 아담과 하와의 범죄로 죄의 지배 아래에 있게 되었다 창 3:5-6; 롬 3:9; 갈 3:23. 이 죄는 우리의 외적인 죄보다 내적인 부분에 더 큰 영향력을 미친다 마 5:27-28. 따라서 자존감의 근거를 내적 확신이나 긍정의 심리학에서 찾는 일은 매우 위험하다 롬 7:18-19.

자신이 죄인이라는 사실 앞에 정직하게 반응하면, 죄를 정당화하기 위해 거짓을 말하지 않아도 되고, 완벽해야 한다는 부담감에서 벗어날 수 있으며, 약점을 인정하고 발전시킬 수 있다. 나아가 자신이 죄인임을 정직하게 인정할 때만이 구원자 되신 예수 그리스도를 만날 수 있다.

셋째, 나는 복음 안에서 새로운 피조물이다 고후 5:17.

복음은 '죽을 수밖에 없는 죄인이 그리스도의 십자가의 은혜로 하나님의 자녀가 되는 권세를 누리는 것'이다. 복음은 죄악 된 옛 사람의 실체는 사라지고, 새로운 피조물로 살아갈 수 있게 되었다는 선포다. 자존감이 낮은 사람들이 느끼는 공통점은 '세상에서 가장 불쌍한 사람이 바로 자신'이라는 자기 연민이다. 이 말이 맞다. 세상에서 가장 불쌍한 사람은 바로 나 자신이다.

학대, 성폭행, 버림받음, 폭력적인 부모, 신체적 약점, 장애, 학업 부진, 빈곤. 이러한 것들을 이겨 보려고 노력했지만 다시 무너져 버렸을 때의 실패감, 자신의 약점을 극복하기 위해 남몰래 행했던 죄악들. 그러나 명심하라! 이 모든 것이 십자가에 못 박혀 사라지고 우리는 새로운 피조물이 되었다 골 3:9-10.

넷째, 나는 여전히 부족하기에 그리스도를 본받아 살아간다 엡 4:13.

예수님은 하나님의 본체이시다. 그분의 성품, 특별히 자존감은 우리의 모범이 된다. 신앙생활의 궁극적 목표는 '그리스도의 장성한 분량이 충만한 데까지' 이르는 것, 즉 하나님의 형상을 온전히 회복하는 것이다.

거듭난 그리스도인일지라도 여전히 자존감의 문제는 존재한다. 어린 시절에 형성된 낮은 자존감, 학창 시절에 겪은 나쁜 경험들, 지속적인 학대나 패배감 등은 구원의 문제와 별개로 수많은 그리스도인을 괴롭히고 있다. 따라서 지속적으로 그리스도를 본받는 삶을 살아가려는 노력이 반드시 필요하다.

건강한 자존감을 위한 훈련

건강한 자존감을 만들려면 훈련이 필요하다. 사실 이 책은 기쁨에 대한 것이지만 궁극적으로는 자존감을 높이는 데 도움을 주는 책이라고도 할 수 있다.

첫째, 사랑에 대한 훈련이다.
아무리 자존감이 낮은 사람이라도 극진한 사랑을 경험하면 달라진다. 정말 못생긴 남자나 여자도 연애를 시작하면 자신감이 넘치고, 얼굴이 바뀌고, 심지어 성격도 바뀐다. 이것이 사랑의 힘이다.

> 무엇보다도 뜨겁게 서로 사랑할지니 사랑은 허다한 죄를 덮느니라 (벧전 4:8)

사랑은 아가페, 필리아, 에로스, 스톨게 이렇게 네 가지로 구분한다. 이 네 가지의 사랑이 모두 우리의 자존감을 건강하게 만들어 주는 요소다. 성장기에는 부모님에게 충분한 사랑 ^{스톨게} 을 공급받아야 한다. 안타깝게도 이미 시간이 지나 사랑을 받을 수 없는 상황에 처한 사람들도 있을 것이다. 이때 아바 아버지 되시는 하나님의 사랑 ^{아가페} 으로 그 부족함을 덮어야 한다.

학창 시절에는 친구나 형제들간의, 또는 교회 공동체 내에서의 친밀감^{필리아} 이 꼭 필요하다. 건강한 자존감을 위해서는 자신의 속마음을 터놓고 이야기할 수 있는 친밀한 사람이 많을수록 좋다. 친구, 선배, 목회자 등 친밀하게 마음을 나눌 수 있는 사람이 많으면 많을수록 자존감이 건강해진다. 그러나 아무리 친밀해도 자신의 모든 것을 이야기할 수 있는 것은 아니다. 이때 친구 되신 예수님에게 우리의 고민과 아픔을 나누어야 한다. 기도는 하나님과의 친밀한 대화다.

장성하면 자연스럽게 이성 간의 사랑을 경험하게 된다. 이성 간의 사랑^{에로스} 은 가장 강력한 에너지를 가지고 있다. 아무리 낮은 자존감을 가졌더라도 이성의 사랑 안에서는 모든 것이 변화된다. 대표적인 예가 '바보 온달과 평강 공주'다. 아무것도 못하는 바보 온달이 평강 공주의 헌신적 사랑으로 나라를 구하는 장수가 된다. 그러나 모든 연인이나 부부가 자존감을 높여 주는 사랑을 하는 것은 아니다. 부족한 부분은 우리의 신랑 되시는 주님의 사랑으로 덮어야 한다.

둘째, 성취에 대한 훈련이다.

성취의 중요성은 이미 '성취의 기쁨'에서 언급하였는데, 성취는 자존감에도 큰 영향을 준다. 자신의 부족함과 연약함에 대해 수치심을 느끼고 감추고 싶은 마음은 아주 자연스러운 현상이다. 이때 마음에는 두 가지의 반응이 나타난다. 하나는 '나도 잘하고 싶다'는 것이고, 다른 하나는 '나는 안 될 거야'다. 사탄은 '나는 안 될 거야'에 머물게 하지만 하나님은 소망을 두고 행하게 하신다.

하나님은 가시덤불과 엉겅퀴가 넘치는 세상에 우리를 보내셨고, 이것을 극복할 수 있는 능력도 이미 주셨다. 이 능력으로 불편하고 부족한 것들을 성취해 나가면서 우리는 기쁨을 누리게 되고, 하나님은 그 자체를 기뻐하신다. 우리는 이를 바탕으로 건강한 자존감을 형성할 수 있다.

> 소원을 성취하면 마음에 달아도 미련한 자는 악에서 떠나기를 싫어하느니라 (잠 13:19)

셋째, 비교와 판단을 멈춰라.

낮은 자존감의 사람들은 끊임없이 자신과 타인을 판단하고 비교한다. 자존감이 낮은 사람을 가장 고통스럽게 하는 사람은 결국 '자기 자신'이다. 따라서 자기 자신에 대한 비교와 판단을 멈추면 잃어버린 기쁨을 되찾게 된다 마 7:1-2.

자존감이 낮은 사람은 타인에게 인정과 사랑을 받기 위해 노력하고, 이 노력을 스스로 자랑스럽게 생각한다. 이것이 사회적으로는 예의, 친절, 좋은 인격 정도로 불린다. 따라서 이 사람들에게서 나타나는 공통점은 자신처럼 행동하지 않는 사람을 비판한다는 것이다. 이것을 당장 멈춰야 한다.

그럼 어떻게 해야 비판을 멈출 수 있을까? 일단 말하지 않아야 한다.

우리는 생각을 지배할 수 없다. 하지만 말은 지배할 수 있다. 오늘부터 자신의 언어 습관을 주의해서 보라. 자신도 모르는 사이에 비판하는 말이 쏟아져 나오고 있음을 깨닫게 될 것이다. '불평 없는 세상' A Complaint Free World 캠페인을 진행 중인 윌 보웬 Will Bowen 목사는 비판과 불평의 단계를 아래와 같이 제시한다.[108]

의식하지 못하고 비판하는 단계
의식하면서 비판하는 단계
의식하면서 비판하지 않는 단계
의식하지 못하면서 비판하지 않는 단계

넷째, 생각을 배설하라.

사람은 배설을 반드시 해야 한다. 비판과 판단의 언어들이 자기 내면에서 계속 일어나게 될 때, 이것을 배설하지 않으면 속에서 반복되어 자신을 괴롭힌다. 따라서 자신의 비판적·부정적 생각들을 어디엔가 토해 내야 한다. 가장 좋은 방법이 글쓰기다. 일기장, 잡념 노트, 묵상 노트 등을 만들어 직접 써 보자.

나는 심각하게 낮은 자존감과 대인공포증으로 어려운 시기를 겪었다. 그때 하나님의 기적적인 도움으로 한 권의 책을 발견했는데 정신과 의사인 이시형 박사가 쓴 『대인공포증 치료』였다. 이 책에서 치료 방법으로 제시한 것 중 하나가 '잡념 노트'였다. 노트를 만들어 그 첫 장에 '잡념이여 생각나라'고 썼다. 어떤 형식도, 규칙도 필요 없이 그냥 생각 나는 대로 기록하였다. 이 작업을 3년간 했다.

잡념 노트에는 머릿속에 떠오르는 잡념들을 무조건 기록하면 된다. 일기처럼 규칙적으로 쓸 필요도 없다. 자신의 생각을 있는 그대로 쓰는 것이다. 이는 타인의 말과 시선을 객관화하는 작업이다. 이것을 잘 정리하면 놀라운 아이디어가 나오기도 한다.

그리스도인들은 단순한 잡념 노트 외에 묵상 노트를 하나 더 만들 것을 적극 추천하고 싶다. 개인적으로 나는 대학교 1학년 때부터 작성한 묵상 노트를 지금도 소중하게 간직하고 있으며, 현재도 묵상 노트로 마음의 생각들을 정리하고 있다. 우리의 생각은 말보다는 글로 기록할 때 정리가 잘될 뿐 아니라 새로운 창조물로 바뀌게 된다.

사명을 따라 살아라

낮은 자존감은 사랑과 인정을 받지 못해서 나타나는 현상이다. 자존감이 낮은 사람은 자연스럽게 사랑과 인정을 받고 싶은 욕구로 삶을 이끌어 나간다. 공부를 하는 이유, 악기를 배우는 이유, 좋은 대학에 가고 싶은 이유, 좋은 직장에 들어가고 싶은 이유, 좋은 자동차를 타고 싶은 이유, 좋은 집에서 살고 싶은 이유 등 모든 삶의 목표가 사랑과 인정을 받기 위한 욕구에서 시작된다.

사랑받기 위해 태어난 사람 vs. 사랑 주기 위해 태어난 사람

현대 심리학에서 말하는 자존감은 '자기애'에 근거를 둔다. 이 자기애는 너무 달콤하다. 남들이 자신을 사랑할 수 있게 하려면 먼저 자기 스스로를 사랑해야 한다는 것이다. 그런데 안타깝게도 성경 그 어디에도 '자기를 사랑하라'는 말은 없다.

'네 이웃을 네 자신과 같이 사랑하라'는 말이 자기애에 교묘히 이용되고 있다. 이 구절의 핵심은 이웃 사랑이지 자기 사랑이 아니다. 그런데도 이웃을 제대로 사랑하려면 자신을 먼저 사랑해야 한다는 이상한 논리를 펴고 있다. 많은 그리스도인이 자기 사랑에 애를 쓰다가 결국 이웃 사랑은 실천도 못하는 형국이다.[109]

현대인들에게 자존감은 영원히 풀지 못하는 숙제가 될 가능성이 높다. 왜냐하면 그 근거가 자기애에서 시작하였기 때문이다. 모든 사람이 다 사랑받기를 원한다. 그런데 정작 사랑을 줄 사람은 적다. 결국 자기애는 '마음의 병을 더 심화시키는 것'임을 깨달아야 한다.[110] 하나님은 우리를 사랑받는 존재가 아니라 사랑을 주는 존재로 부르셨다. 예수님 자체가 사랑을 받기 위해 오신 분이 아니고 사랑을 주기 위해 오신 분이시다.

자존감은 자기 비움이다

결국 건강한 자존감을 따라가다 보면, 사랑을 받는 것이 답이 아니라 사랑을 주는 것이 답이라는 사실을 알 수 있다. 이 세상에서 사랑과 인정을 따라 살면 반드시 올무에 걸려 넘어진다. 육신의 정욕 사랑: 섹스, 스킨십, 안목의 정욕 외모: 돈, 명품, 집, 차 등, 그리고 이생의 자랑 소속감: 명문대, 대기업 이라는 올무다. 이 세상에서 사랑과 인정을 받고자 한다면 그 끝은 분명히 자기 파괴로 이어진다.

> 이 세상이나 세상에 있는 것들을 사랑하지 말라 누구든지 세상을 사랑하면 아버지의 사랑이 그 안에 있지 아니하니 이는 세상에 있는 모든 것이 육신의 정욕과 안목의 정욕과 이생의 자랑이니 다 아버지께로부터 온 것이 아니요 세상으로부터 온 것이라 (요일 2:15-16)

진정한 자존감은 자기 비움에 있다 빌 2:5-8 .[111] 하나님의 형상을 우리에게 보이신 예수님은 가장 건강한 자존감을 소유하신 분이시다. 그 근본은 바로 '자기 비움'에 있었다. 그분은 이 땅에서 어떠한 사랑과 인정을 기대하지 않으셨다. 온전히 사랑을 주기 위해 이 땅에 오셨다. 그분은 상처받기를 각오하셨는데, 그것이 그분의 사명이었다. 자기 비움은 하나님의 사명을 내 사명으로 살아 내는 십자가의 삶이다. 끊임없이 내 욕구와 갈망을 추구하는 삶 속에서는 자존감이 지속적으로 파괴되고 만다. 반면 자기를 비워 십자가의 삶을 살게 되면, 자존감의 변화와 함께 기쁨을 경험할 수 있다.[112]

사명이 우리를 기쁘게 한다

사람은 누구나 사랑과 인정을 받고 싶어 한다. 이것을 얻지 못하면 스스로 가치 없는 존재라고 느낀다. 사람들은 자신을 사랑할 만한 존재로 만들기 위해 노력한다. 결국 인간은 사랑받으려고 몸부림치다가 인생을 마감하는 것이 아닌가 싶다.

이 땅에서 사랑과 인정을 받는 것은 제한적이고 늘 갈증을 유발한다. 그리스도인들은 하나님께로부터 인정받는 것을 꿈꿔야 한다. 하나님의 평가 기준은 누가 더 많이 얻고, 더 높아지고, 더 강한지에 있지 않다. 하나님은 한 사람 한 사람을 존귀한 자로 창조하셨다. 온 우주와도 바꾸지 않을 존귀한 자들이다. 그리고 각 사람에게 하나님의 나라와 영광을 위한 사명을 주셨다.

이 사명을 위해 어떤 사람은 다섯 달란트, 어떤 사람은 두 달란트, 또 어떤 사람은 대부분의 그리스도인이 여기에 해당된다고 생각하겠지만 한 달란트를 받았을 것이다. 사람들은 자신에게 주어진 것에 의해 자존감이 높아지기도 하고 낮아지기도 할 것이다. 자존감이 높은 사람은 교만하여져서 자기보다 낮은 사람을 비웃거나 조롱할지도 모른다. 자존감이 낮은 사람은 자기보다 높은 사람과 경쟁하며 심각한 스트레스 속에서 삶의 기쁨을 잃어버리고 있을지도 모른다.

건강한 자존감을 가진 그리스도인은 주님이 각자에게 주신 사명에 따라 기쁘고 즐겁게 이 땅을 살아간다. 이 땅에서 아무것도 소유하지 못하고, 높은 위치에 올라가 보지도 못하고, 제대로 된 사랑 한번 받아 보지 못하였을지라도, 먼 훗날 영원한 천국에 들어가 주님이 해 주실 칭찬 한마디를 기대하며 살아간다.

> 그 주인이 이르되 잘하였도다 착하고 충성된 종아 네가 적은 일에 충성하였으매 내가 많은 것을 네게 맡기리니 네 주인의 즐거움에 참여할지어다(마 25:21)

Work Book | **6**

자존감은 내 자신을 하나님의 눈으로 바라볼 때 건강해집니다.
당신은 보배롭고 존귀한 자입니다.

:: '나에게 보내는 편지' 쓰기

:: '하나님이 나에게 보내는 편지' 쓰기

:: 잡념 노트

자기 안에 있는 부정적인 생각은 반드시 배설의 과정이 필요하다. 노트 작성은 자신의 부정적인 생각을 객관화하는 작업이다. 자존감이 낮아 잡념이 많은 사람은 반드시 이 작업을 하기를 권한다. 3개월 정도가 고비이고, 1년쯤 되면 놀라운 변화를 경험하게 될 것이다.

:: 묵상 노트

잡념 노트와 함께 묵상 노트를 작성해 보자. 묵상은 나 자신을 하나님의 눈으로 바라보는 중요한 훈련 과정이다. 잘 쓰려고 하지 말고 하나님과 대화하듯이 자유롭게 쓰면 된다. 묵상은 평생 해야 한다.

잡념 노트 샘플

1993년 봄 어느 날
(문맥, 내용, 문법에 상관없이 생각나는 대로 쓴 글이다.)

이렇게 처참한 모멸감에, 이겨 낼 수 있는 방법은 충격적인 감동과 함께 올 카리스마의 은혜다. 고독함도 아니고, 외로움도 아닌 나 혼자라는 괴로운 심정과 함께 몰려오는 이런 감정. 느낄 수 없는 미칠 지경의 실존감. 사르트르의 심정을 이해할 수 있는. 그는 지(知)로부터의 탈출이었지만 지금은, 나는 억압으로부터의 탈출. 그것을 위해선 심한 구토가 필요할 것이다.
로빈스 크루소의 탈출은 외로움으로부터의 문화화를 추구했지만 난 무엇일까? 왜 이래야 할까? 생에 처음으로 느끼는 처절함이다. 인간 모멸. 단순한 것인데 왜 날 괴롭힐까? 왜 눈물까지 나올까? 4시간 캔슬에 두려운 것이 아니다. 그것을 당했다는 그 자체가 날 괴롭게 하는 것이다. 실존의 경험. 나의 실존은, 내가 존재하는 이유는···
하나님께서 허락하신 일이다. 왜 난 결론이 이렇게 내려져야 하는 걸까? 괴롭다. 다른 아이들은 어떻게 해결할까? 난 포기하는 것은 아닐까? 하나님의 용서와 관용은 포기가 아닐는지? 포기는 싫다. 낙관이라고는 볼 수 없다. 주님께서 계획하시고, 행하실 일에 감사함으로 받아드릴 수 있었으면 좋겠는데, 내가 잘못 했나 보다.
이유 없이 그럴 리는 없는 것이지. 용납이 아니다. 인정하는 것이다. 시간은 가지지만 내 마음은 가지 않는다.

묵상 노트 샘플

1992년 10월 어느 날
(많은 묵상 중에서 순수하게 하나님 말씀을 대했던 시절의 것을 골라 보았다.)

겸손

그러므로 주 안에서 갇힌 내가 너희를 권하노니 너희가 부르심을 받은 일에 합당하게 행하여 모든 겸손과 온유로 하고 오래 참음으로 사랑 가운데서 서로 용납하고 평안의 매는 줄로 성령이 하나 되게 하신 것을 힘써 지키라(엡 4:1-3)

겸손은 아주 힘든 일이다. 겸손은 교만의 반대말이 결코 아니다. 교만하지 않다고 겸손한 것이 아니며, 겸손하다고 교만하지 않은 것이 아니다.

요즘 교회에서 진행되는 총동원 주일 때문에 일이 많다. 열심히 참여하고 있다. 나는 왜 열심히 봉사하고 있는가? 겉으로 사람들이 볼 때에는 '겸손'해 보일지도 모른다. 사실 나도 여러 가지 교회 일로 힘들다. 지금까지 열심히 충성 봉사했다. 그런데 결국 나는 사람들의 시선 때문에 열심히 봉사함을 부인할 수 없다. "저 자식 조금 교회에서 봉사했다고 노네"라는 소리 듣기 싫어서 열심히 봉사한다고나 할까? 이것은 겸손이 아니었다.

성도님들이 '우리의 일꾼, 우리의 일꾼' 하며 칭찬하는 소리에 취해 있다. 나도 모르게 '아! 내가 없으면 교회는 어떻게 될까?' '내가 군대 가면 누가 우리 교회 지키지?' '청년부는 누가 지키지?' 교만에 교만이 자꾸만 자꾸만 자라나기 시작했다. 바보.

교회에서 열심히 봉사하다 보니 누군가가 '겸손하다, 착하다, 항상 웃는다, 성실하다, 열심이다, 믿음 좋다'라는 외형적인 말을 많이 듣는다. 사람들이 아무리 겸손하다고 이야기를 해도 사람 눈치 보기 시작하면 더 이상 겸손이 아니다. 진짜 겸손하고 싶다.

교회에 일거리가 있으면 누구보다 먼저 한다. 그런데 5초 후 '누가 안 지나가나' 생각이 든다. 그리고 5초 후 '왜 나만 이런 일을 해야 하지?' 또 5초 후 '이러면 안 되는데' 자책해 가며 무표정한 얼굴로 자학적인 봉사를 한다. 그러다 누군가 옆에 있으면 입가엔 미소를 머금고 조용히 성인군자. 아니 출중한 제자처럼 열심히 일을 한다. 죽일 놈!

아무것도 하지 않는 기쁨

"하나님이 그가 하시던 일을 일곱째 날에 마치시니
그가 하시던 모든 일을 그치고 일곱째 날에 안식하시니라"_창 2:2

우리는 하나님의 질서 안에서 기쁨을 누리도록 창조되었다. 하나님이 기뻐하시는 것으로 기뻐하고, 주어진 삶을 통치함으로 기뻐하고, 삶의 수확물을 통해 기쁨을 누리며, 하나님 안에서 자신의 존재 가치를 인식하고 기뻐해야 한다. 하나님의 창조 질서 속에 있는 기쁨 중 마지막으로 살펴볼 것이 '안식의 기쁨'이다.

쉼의 기쁨

성경에서 처음 만나는 하나님은 일하시는 분이시다. 그러나 곧 일하지 않으시는 하나님의 모습이 나온다.

> 하나님이 그가 하시던 일을 일곱째 날에 마치시니 그가 하시던 모든 일을 그치고 일곱째 날에 안식하시니라 하나님이 그 일곱째 날을 복되게 하사 거룩하게 하셨으니 이는 하나님이 그 창조하시며 만드시던 모든 일을 마치시고 그 날에 안식하셨음이니라 (창 2:2-3)

하나님은 안식이 필요 없으신 분이시다. 그분은 졸지도 주무시지도 않으신다. 시 121:4. 하나님이 안식하신 이유는 우리에게 안식의 모범을 보여 주시기 위함이었다.[113] 즉, 안식일에는 하나님의 특별한 목적이 담겨 있는 것이다. 그 첫 번째 목적은 바로 '쉼'이다. 하나님은 우리를 쉼이 필요한 존재로 창조하셨다. 이 쉼의 질서는 6일 동안 일하고 7일째에는 쉬는 것이다.

쉼은 생명이다

하나님의 창조 질서 안에 있으면 생명과 풍성한 삶을 누릴 수 있다.

창조의 최종 질서는 안식일에 담겨 있다.[114] 하나님은 우리의 삶의 구조를 7일로 정하시고, 일곱째 날을 복되게 하셨다. '복'에 대한 일반적인 이해는 '잘되고 땅에서 장수하는 것'이다 신 22:7, 30:20; 엡 6:3; 반대의 의미로 전 8:13. 이 복에 대한 개념을 예수님이 정리해 주셨는데, 곧 생명과 풍성한 삶이다 요 10:10. 하나님이 안식일을 복되게 하셨다는 것은 그 안에 생명과 풍성한 삶이 내재되어 있다는 뜻이다 신 30:15-16. 안식일은 '생명을 위한 날'이다.[115]

> 너희는 안식일을 지킬지니 이는 너희에게 거룩한 날이 됨이니라 그 날을 더럽히는 자는 모두 죽일지며 그 날에 일하는 자는 모두 그 백성 중에서 그 생명이 끊어지리라 (출 31:14)

물고기가 가장 생명력 있고 풍성한 삶을 살아갈 수 있는 방법은 물속에서 사는 것이다. 새가 가장 자유롭고 행복한 삶을 살아가는 순간은 하늘을 날 때다. 왜냐하면 하나님이 물고기와 새를 창조하실 때 정하신 질서이기 때문이다.

사탄이 물고기에게 다가가 유혹한다.

"물고기야! 언제까지 비린내 나는 물속에서 살래? 물 밖으로 나오면 더 멋지고 풍성한 삶을 살 수 있어. 물 밖으로 나오지 않을래?"

"하나님이 물 밖으로 나가면 죽을지도 모른다고 하셨는데…"
"그건 네가 물 밖으로 나오면 하나님처럼 될 수 있기 때문에 하나님이 못하게 한 거야. 난 너를 하나님처럼 만들어 주고 싶어."
"정말? 그럼 한번 나가 볼까?"

물고기는 '한 번쯤 물 밖으로 나간다고 해서 큰일이 벌어지겠어?'라고 생각하고 물 밖으로 나간다. 물고기가 물 밖으로 나가는 순간, 즉 하나님의 창조 질서에서 벗어나는 순간 생명과 풍성한 삶을 잃어버린다. 물 밖에서 몇 분 동안 퍼덕거리다 쓸쓸히 죽고 만다. 하나님의 질서 안에 있으면 생명과 풍성함을 얻는다. 이것을 '복'이라고 표현한다. 안식의 개념은 하나님 안에서만 누릴 수 있는 이 땅에서의 최고의 복이다.

일 권하는 사회

2013년 미국 CNN 방송사는 '한국이 다른 나라보다 잘하는 열 가지'를 선정해서 보도하였다. 1위가 인터넷 스마트폰 문화, 2위가 신용카드 사용률, 그리고 3위가 일 중독이었다.

한국 사람들은 정말 일을 열심히 한다. 세계에서 가장 노동 시간이 긴 나라 중 하나다.[116] 쉼 없이 일을 한다. 한국 사회가 죽기 살기로 열심히 일하는 이유에는 사회구조 문제도 있지만 개인의 가치관과도 깊은 연관이 있다. 남들보다 더 열심히 일해서 빨리 성공하고 출세하고 싶은 욕구 때문이다.

"남들 놀 때 놀고, 남들 쉴 때 쉬다가 언제 부자 될래?" "4시간 자면 합격이고, 5시간 자면 탈락이다"(사당오락).

우리 사회의 일 중독을 보여 주는 대표적인 일상 언어들이다.

쉬지 못하고 일 중독에 빠지는 가장 큰 내면적 이유 두 가지는 '성공에 대한 욕망'과 '실패에 대한 두려움'이다.[117] 사실 일을 열심히 하는 것은 문제가 아니다. 이것은 오히려 기쁨이다. 그 내면에 성공에 대한 욕망과 실패에 대한 두려움이 가득 차 있다면 그것이 바로 문제다.

하루에 4시간 이하로 자야 좋은 대학에 간다는 마음, 남들보다 더 열심히 해서 빨리 성공하고자 하는 마음, 상사로부터 인정받지 못할 것이라는 두려움, 해고에 대한 두려움, 성과에 대한 두려움, 소외에 대한 두려움. 이 욕망과 두려움이 우리를 일 중독으로 몰아간다.[118]

이러한 사회적 흐름 속에서 하나님은 안식(鬱)을 명령하시는데, 안식은 우리의 생명과 풍성한 삶을 위한 중요한 질서이기 때문이다. 안식의 질서를 거스르며 살아가는 일 중독은 우리의 기쁨을 파괴하는 수많은 부작용을 일으킨다.[119]

- **신체적 부작용:** 원인 모를 통증, 소화불량, 흉통, 두통, 위장 장애, 요통, 어깨와 팔의 통증, 관절염, 만성피로증후군, 고혈압, 심장병
- **감성적 부작용:** 근심, 예민함, 압박감, 과민반응, 혼돈, 시샘, 두려움
- **영적 부작용:** 관계가 아닌 사역에 집중, 은혜라는 말이 생소함, 하나님을 우상화함
- **가정생활의 부작용:** 부부 관계의 어려움, 자녀와 보내는 시간 부족, 성욕 감퇴
- **사회생활의 부작용:** 관계의 어려움, 공격성 증가, 극단적 행동, 아부 또는 적대감
- **행동의 부작용:** 앞만 보고 달려감, 보상행위, 불면증, 휴식에 대한 죄책감, 경쟁, 완벽주의

반대로 안식의 질서 안에 있는 사람은 일을 사랑하고 즐긴다. 즐겁게 일했기 때문에 기쁨으로 쉴 수 있다. 이 사람은 두려움이 없다. 사람 앞에서 일한 것이 아닌, 하나님 앞에서 충성되게 일했기 때문이다. 하나님 앞에서 최선을 다했기에 모든 결과를 하나님께 맡기는 평안이 있다. 열심히 씨를 뿌리고 물을 준 후 이를 자라게 하시는 분은 하나님임을 신뢰한다.

그리스도인들에게 쉼은 단순히 여가나 오락의 개념이 아니라 이 땅에서의 성공에 대한 열망과 실패에 대한 두려움 앞에서 하나님을 신뢰하는 가장 적극적인 표현이다.[120] 존 파이퍼는 '쉼은 기쁨을 위한 싸움의 무기'라고 설명하며, '하나님의 영광을 보려면 반드시 쉬어야 한다'고 강조한다.[121]

쉼은 축복이다

경제적인 논리로 생각한다면 일주일 내내 쉼 없이 일하는 것이 맞다. 사실 대부분의 사업주는 사원들이 그렇게 일해 주기를 바란다. 이것은 단순한 바람이 아니다. 실제로 세계 각지에서는 최소한의 임금을 받고 쉼 없이 일하는 사람들이 너무나 많다.[122]

불과 100여 년 전만 해도 한국 인구의 대부분은 농노였다. 최소한의 식량만 제공받고 온종일 일을 해야 했다. 이들에게는 '안식일'이라는 개념 자체가 없었다. 사랑채나 안방에서 이름을 부르면 잠을 자다가도 달려 나가야 했다.

5,000년 한국 역사 속에서 일요일(안식일)의 쉼을 보장받은 것이 얼마 되지 않는다. 비단 이러한 현상은 한국만의 일이 아니다. 힘과 권력을 가진 자들은 결코 아랫사람들에게 쉼을 허락하지 않는다. 쉼은 철저히 하나님이 주시는 축복이다. 하나님의 명령이 없었다면 소수의 지배 계층을 제외하고는 인류 가운데 결코 쉼이 허락되지 않았을 것이다. 수직적 사회구조 속에서 약한 사람들은 끊임없이 일하며 고통당했을 것이다.

> 엿새 동안은 힘써 네 모든 일을 행할 것이나 일곱째 날은 네 하나님 여호와의 안식일인즉 너나 네 아들이나 네 딸이나 네 남종이나 네 여종이나 네 소나 네 나귀나 네 모든 가축이나 네 문 안에 유하는 객이라도 아

> 무 일도 하지 못하게 하고 네 남종이나 네 여종에게 너 같이 안식하게 할 지니라 너는 기억하라 네가 애굽 땅에서 종이 되었더니 네 하나님 여호와가 강한 손과 편 팔로 거기서 너를 인도하여 내었나니 그러므로 네 하나님 여호와가 네게 명령하여 안식일을 지키라 하느니라(신 5:13-15)

바쁜 현대인들을 위한 삶의 지혜로 '쉼'을 강조한 것은 이미 오래되었다. 독자들도 '느리게 사는 즐거움', '노는 만큼 성공한다', '열심히 일한 당신 떠나라' 등의 이야기를 쉽게 접하였을 것이다. 육체적·정신적 재충전을 위하여 쉼을 강조하는 것은 매우 가치 있는 일이다. 그러나 오늘날의 쉼은 여가나 오락 같은 것으로 대체된 듯하다.[123]

쉼을 위한 여행이나 오락이 오히려 사람을 더 피곤하게 하는 경우도 많다. 더욱이 노동에 대한 가치관도 변화했는데, 노동을 위한 쉼이 아닌, 쉼을 위한 노동으로 바뀌었다. 이 쉼은 안식의 개념보다는 유흥의 개념이 더욱 강하다.

또한 쉼을 부富의 상징으로 여겨서는 안 된다. 주말에는 고급 캠핑, 연휴에는 호화 리조트, 그리고 휴가 때는 해외여행을 가는 것을 쉼으로 여겨서는 안 된다. 여유로운 사람들이라면 충분히 누릴 수 있는 부분이지만 그것을 쉼이라고 생각하면 큰 오해다. 쉼의 목적은 생명에 있다. 허영심, 남에게 자랑하고 싶어 하는 마음, 다른 사람들에게 뒤처지지 않으려는 경쟁심으로 쉼을 누리고 있다면, 그 안에 생명은 없다. 먼 여행지가 아니더라도 커피 한잔의 여유나 평화로운 산책 속에 생명력 넘치는 쉼이 존재할 수 있는 것이다.

하나님의 질서 안에서 얻는 참된 쉼은 하나님께 나아가게 하고, 다른 사람도 쉼을 얻게 해 주고, 쉼을 통해 다른 사람과의 관계를 풍성하게 만들어 주며, 그 안에서 기쁨과 즐거움을 누리게 한다.

안식일의 기쁨

하나님이 안식일을 복되게 하셨기에 안식일의 질서를 따르면 생명과 풍성한 삶을 얻게 된다. 하나님은 우리가 쉼의 기쁨을 통해 풍성한 삶을 살기 원하신다. 그렇다면 어떻게 안식일의 기쁨을 누려야 할까?

예배 안에서의 기쁨

이스라엘의 5대 절기는 유월절, 오순절, 나팔절, 속죄절, 그리고 초막절이다. 이 절기들에 관한 이야기가 레위기 23장에 잘 나와 있는데, 놀랍게도 절기들보다 먼저 '안식일'에 대해 설명한다.

> 이스라엘 자손에게 말하여 이르라 이것이 나의 절기들이니 너희가 성회

> 로 공포할 여호와의 절기들이니라 엿새 동안은 일할 것이요 일곱째 날은
> 쉴 안식일이니 성회의 날이라 너희는 아무 일도 하지 말라 이는 너희가
> 거주하는 각처에서 지킬 여호와의 안식일이니라 (레 23:2-3)

성경은 안식일이 절기라고 묘사한다. '절기' feast 는 다른 말로 '명절', 또는 '축제'라는 뜻이다. 축제는 바쁜 일상 속에서 만나는 오아시스와 같다. 바쁜 일상과 중한 노동을 멈추고, 풍성한 음식과 즐거운 놀이를 즐기며, 그리운 사람들과의 만남으로 기쁨을 누리는 것이 바로 축제다.

하나님은 안식일을 즐거운 '축제의 날'로 정하시고 하나님 앞에서 즐거워하기를 원하셨다. 마치 명절날 부모가 자녀들이 즐거이 뛰노는 모습을 바라보는 것과 흡사하다 습 3:17.

또한 하나님은 안식일을 '성회의 날', 곧 '하나님과의 거룩한 만남의 날'로 정하셨다. 안식일은 일상의 삶을 잠시 멈추고 하나님과의 만남을 기뻐하는 날이다. 하나님은 쉼이 필요 없는 분이시다. 그런데도 하루를 안식하시며 아무것도 하지 않기로 작정하셨다. 이것은 다른 계획이 있으시다는 뜻이다. 바로 그분의 백성들과의 만남이다. 이 만남의 방법을 하나님이 알려 주셨는데, 그것이 바로 '예배' 제사 다. 예배는 하나님과의 만남이고 사귐이다. 그러므로 안식일에 드려지는 예배는 '축제의 예배'가 되어야 한다.[124]

백성들과의 만남에 대한 하나님의 열망은 출애굽의 목적에 고스란히

담겨 있다.

> 너는 기억하라 네가 애굽 땅에서 종이 되었더니 네 하나님 여호와가 강한 손과 편 팔로 거기서 너를 인도하여 내었나니 그러므로 네 하나님 여호와가 네게 명령하여 안식일을 지키라 하느니라 (신 5:15)

하나님은 애굽에서 종살이하는 자기 백성들과의 만남을 열망하셨다 출 29:42-43. 이스라엘과 하나님의 만남의 장소는 '성막'이라고 불렸고, 성막의 다른 이름은 '회막' the Tent of Meeting 이다.

출애굽은 예수 그리스도의 십자가로 완성된다. 죄의 종노릇하던 우리를 구원하셔서 하나님의 자녀로 삼으신 목적은 바로 '하나님과의 사귐/만남'에 있다 요일 1:3. 하나님은 성소와 지성소를 가로막은 휘장을 찢으시고 자기 백성들이 하나님 앞으로 담대히 나아올 수 있게 길을 열어 주셨다 히 4:16. 안식일의 완성인 '주일'에 그리스도인들은 단순히 육체의 쉼뿐만 아니라 예배를 통해 하나님과의 만남의 기쁨을 누려야 한다.[125]

> 내가 여호와께 바라는 한 가지 일 그것을 구하리니 곧 내가 내 평생에 여호와의 집에 살면서 여호와의 아름다움을 바라보며 그의 성전에서 사모하는 그것이라 여호와께서 환난 날에 나를 그의 초막 속에 비밀히 지키시고 그의 장막 은밀한 곳에 나를 숨기시며 높은 바위 위에 두시리로다 이제 내 머리가 나를 둘러싼 내 원수 위에 들리리니 내가 그의 장막에서

즐거운 제사를 드리겠고 노래하며 여호와를 찬송하리로다(시 27:4-6)

섬김 안에서의 기쁨

하나님은 안식일에 '아무것도 하지 말라'고 요구하셨다. 이 명령에 유대인들은 안식일에 하지 말아야 될 서른아홉 가지의 율법을 정하여 열심히 지켰다.[126] 그런데 예수님이 이 땅에 오셔서 유대인들과 가장 많이 충돌한 부분이 바로 안식일에 '아무것도 하지 말라'는 계명이었다. 이것은 유대인들이 '아무것도 하지 말라'는 명령을 잘못 이해했다는 반증이다. 그렇다면 이 명령은 무엇을 의미할까? 그 답은 안식일에 예수님이 무슨 일을 하셨는지 살펴보면 알 수 있다.

예수님은 안식일에 한쪽 손 마른 사람을 고치시고 마 12:9-14, 18년 동안 귀신 들려 꼬부라진 여인을 고치시고 눅 13:10-17, 한 바리새인의 집에서 수종병 고창병 걸린 사람을 고치시고 눅 14:1-6, 베데스다 연못가에서 38년 된 병자를 낫게 하시며 요 5:1-9, 날 때부터 맹인 된 자를 고치셨다 요 9:1-12. 매번 유대인들과 안식일에 대한 논쟁이 있었고, 그때마다 예수님은 비슷한 논조의 이야기를 하셨다.

그들에게 이르시되 안식일에 선을 행하는 것과 악을 행하는 것, 생명을 구하는 것과 죽이는 것, 어느 것이 옳으냐(막 3:4)

예수님은 안식일에 사람을 살리는 일을 하셨다. 이것은 예수님이 이 땅에 오신 목적이기도 하다 요3:16, 10:10. 하나님 역시 안식일을 복되게 하셨는데, 이 복은 생명과 풍성한 삶이었다. 그러므로 안식일에 "내 아버지께서 이제까지 일하시니 나도 일한다"요5:17 는 예수님의 말씀이 설명 가능해진다. 하나님이 안식일에 아무것도 하지 않으시고 기대하신 바는 '생명을 살리는 일'이었다.

안식일은 나를 살리고, 우리 가족을 살리고, 우리 집에서 일하는 남종과 여종을 살리고, 심지어 우리 집의 소와 나귀와 모든 가축까지도 살린다 신5:13-14. 하나님은 종살이하는 이스라엘에 새로운 생명을 주셨음을 기억하도록 안식일을 지키라고 명령하셨다. 예수를 믿고 구원받은 그리스도인은 새로운 생명의 감격 속에 주일을 지킨다. 이 안식일에는 바로 생명을 살리는 일을 해야 한다.

우리가 6일 동안은 죄로 죽어 가는 세상에서 수고하였다면, 안식일에는 생명이 있는 교회에서 수고하는 것이다. 6일 동안은 육체를 살리기 위해 수고하였다면, 안식일에는 영혼을 살리기 위해 수고하는 것이다. 6일 동안은 나를 위해 수고하였다면, 안식일에는 이웃을 위해 수고하는 것이다. 6일 동안은 나를 섬기는 일을 했다면, 안식일에는 하나님을 섬기는 일을 하는 것이다.

하나님 안에 거하는 기쁨

'안식'은 '쉬다, 멈추다, 제거하다'는 의미다. 이 뜻들은 깊은 연관성이 있다. 참된 안식을 위해서는 멈추는 것, 제거하는 것, 쉬는 것이 병행되어야 한다. 이러한 과정을 통해 진정한 쉼을 얻을 수 있고, 더 나아가 주중에는 하지 못하는 생명을 살리는 일을 할 수 있다. 그것이 바로 하나님 안에 거하는 것이다.

먼저 진정한 안식의 기쁨을 누리기 위해서는 '멈춤'이 필요하다.[127]

가장 먼저 멈춰야 할 것은 노동이다.

수입을 얻기 위한 활동들을 중단해야 한다. 복잡해진 현대 사회 속에는 주일에도 일해야 하는 직종들도 있지만 안식일의 개념이 요일에 국한되지 않으므로 개인의 노동을 멈추고 안식할 수 있는 적절한 날짜를 반드시 정해야 한다. 공부, 취미생활, 친구나 연인과의 만남, 여가생활, 쇼핑 등을 멈출 때에 하나님과의 만남이 풍성해진다. 믿음의 선배 중에서는 하나님과의 만남을 위해 말을 멈춘 사람도 있었다.

둘째, 진정한 안식에 동참하기 위해서는 산만한 요소를 '제거'해야 한다.

오늘날 우리의 쉼을 방해하는 가장 큰 요소는 TV와 스마트 기기들이다. 분주한 일상으로 소홀해졌던 관계에 생명을 불어넣어 주는 날이 안식일이다. 부부 관계, 자녀와의 관계, 부모님과의 관계, 이웃이나 성도와의 관계, 그리고 하나님과의 관계에 생명과 풍성함을 불어넣어 주어야 한다. 이때 TV, 인터넷, 스마트폰, 게임 등은 관계를 단절시키는 요소들이 된다. 예배당에 전화기를 들고 들어가지 않기, 주일에는 TV 시청과 인터넷을 사용하지 않기 등을 실천해 보자.

셋째, 진정한 안식을 위해서는 하나님 안에서의 '쉼'을 추구해야 한다.

하나님은 안식일을 거룩하게 지키도록 요구하신다 신 5:12. 이 거룩한 안식은 거룩하신 하나님 안에 거할 때만이 가능하다. 그리스도인들은 안식일에 진정한 쉼을 누리려면 삶을 단순화하고 하나님 안에 거하는 시간을 더 많이 확보해야 한다. 많은 그리스도인이 주일예배를 제외하고는 하나님과 만나는 시간을 거의 갖지 못한다.[128] 안식일은 하나님과 개인적으로 만나는 날이 되어야 한다. 말씀 묵상, 개인 기도, 성경 읽기, 성경 공부, 공동체 모임, 가족예배 등 하나님 안에 거하는 시간을 안식일에 확보해야 한다.

아무것도 하지 않는 기쁨

신약시대로 넘어오면서 안식일의 개념은 더 이상 요일의 개념이 아니다 롬 14:5. 그리스도인에게는 모든 날이 거룩하고, 예배의 날이며, 하나님을 만나는 날이다. 하나님은 우리가 인생 전체를 예배의 삶으로, 안식일의 삶으로 살기 원하신다 롬 12:1. 따라서 안식의 의미 역시 요일의 개념에서 인생 전체의 개념으로 확대시켜야 한다.

수고하고 무거운 짐 진 자들

> 수고하고 무거운 짐 진 자들아 다 내게로 오라 내가 너희를 쉬게 하리라 나는 마음이 온유하고 겸손하니 나의 멍에를 메고 내게 배우라 그리하면 너희 마음이 쉼을 얻으리니 이는 내 멍에는 쉽고 내 짐은 가벼움이라 하시니라 (마 11:28-30)

예수님은 우리를 '수고하고 무거운 짐을 지고 가는 자들'이라고 규정하시며 '쉼'으로 초대하신다. 이 쉼은 단순히 일하지 않고 편안히 먹고 노는 것이 아니라 지금까지 수고하고 무거웠던 짐을 벗게 하시며, 쉽고 가벼운 짐으로 바꿔 주시는 것이다. 즉, 쉼과 만족이 없는 '나쁜 노동'에서 기쁘고 풍성함이 있는 '좋은 노동'으로의 초대다.[129] 그렇다면 지금까지 사람들은 무슨 수고를 하였고, 어떤 무거운 짐을 짊어지고 살아왔을까?

사람들의 수고와 무거운 짐은 크게 두 가지로 구분할 수 있다. 하나는 무엇을 이루기 위한 일이고, 다른 하나는 문제나 위기를 해결하기 위한 일이다.[130] 창세기 11장에 등장하는 바벨탑 사건은 인간의 수고와 무거운 짐을 보여 준다.

> 또 말하되 자, 성읍과 탑을 건설하여 그 탑 꼭대기를 하늘에 닿게 하여
> 우리 이름을 내고 온 지면에 흩어짐을 면하자 하였더니(창 11:4)

노아의 홍수 이후 인류는 자신들의 이름을 내세우는 '성공을 위한 수고'와 흩어짐을 예방하는 '안전을 위한 무거운 짐'을 짊어지고 살아왔다. 인류는 과학과 산업기술을 발전시켜 더 높이, 더 많이, 더 강하게 바벨탑을 만들고 있다. 즉, 모든 사람이 '성공'과 '안전'을 확보하기 위해 수고하고 무거운 짐을 짊어지고 이 땅을 살아가고 있는 것이다.

"출세하여 이름을 남긴다"는 말이나, "호랑이는 죽어서 가죽을 남기고, 사람은 죽어서 이름을 남긴다"는 말은 우리가 얼마나 성공을 삶의 중요한 가치로 삼고 있는지를 보여 준다.

또한 사람은 본질적으로 두려움을 느끼는 존재다. 두려움은 크게 두 가지로 구분할 수 있다. 미지/미래에 대한 두려움과 상실/실패에 대한 두려움이다.[131] 이 두려움을 극복하기 위해 안전장치를 끊임없이 만들려는 강박관념 속에 살아가고 있다. 미래를 위한 안전장치, 빼앗기지 않으려는 안전장치, 실패하지 않으려는 안전장치. 이것이 오늘날의 바벨탑이다.[132]

사람들은 높은 바벨탑[성]을 쌓음으로 자신의 이름을 내세우려고 하

고, 그동안 이룬 것들을 지키려고 한다. 세상은 높은 성을 쌓은 사람들을 성공한 인생이라고 평가해 주고, 그렇지 못한 사람들을 실패한 인생으로 취급한다.

바벨 성에서 하나님의 도성으로

바벨 성은 자신의 이름을 내고 안전을 위해 수고하고 무거운 짐을 짊어지고 가는 세상의 모습을 보여 준다. 하나님은 이곳에서 한 사람을 안식으로 초대하셨는데 바로 아브라함이다. 아브라함은 '바벨 성'을 쌓는 문화 속에서 살고 있었다. 그런 그를 하나님은 가나안 땅으로 인도하여 '하나님의 도성'의 시작이 되게 하셨다.[133]

아브라함은 더 이상 자신의 이름을 내기 위해 일하지 않았다. 그는 하나님의 나라와 그분의 영광을 높이기 위해 일했다 마 6:33; 고전 10:31. 아브라함은 자신의 미래와 실패에 대한 두려움 때문에 근심하며 일하지 않았다. 그는 뿌린 대로 거두게 하시는 하나님을 신뢰하고 노동의 기쁨을 누리며 살아갔다. 우리는 그를 '믿음의 조상'이라고 부른다.

다윗도 좋은 예다. 사울은 하나님을 이용해 자신의 도성을 이루려고 했지만 다윗은 하나님의 도성을 이루는 자였다. 다윗은 자신의 이름을 높이고 자신의 안전을 확보하기 위해 수고하지 않고, 하나님의 이름을 높이고 자신의 안전을 하나님께 맡기며 쉼을 누렸다.

> 나는 주의 힘을 노래하며 아침에 주의 인자하심을 높이 부르오리니 주는
> 나의 요새이시며 나의 환난 날에 피난처심이니이다(시 59:16)

아무것도 하지 않는 영성

하나님은 이스라엘 백성들에게 끊임없이 '쉼'과 '안식'을 강조하셨다. 죄악으로 인해 수고와 무거운 짐을 지고 살아가는 자기 백성들에게 '쉼'과 '안식'을 선물하고 싶으셨다. 그래서 안식일은 선택의 문제가 아니라 명령이었다. 하나님은 강제적으로라도 자기 백성들을 쉬도록 하셨는데, 그 이유는 이 세상의 가치관의 끝을 아시기 때문이었다.

> 힘찬 음성으로 외쳐 이르되 무너졌도다 무너졌도다 큰 성 바벨론이여 귀신의 처소와 각종 더러운 영이 모이는 곳과 각종 더럽고 가증한 새들이 모이는 곳이 되었도다(계 18:2)

사람들은 큰 성을 쌓으면 더 이상 수고하지 않고 편안하게 근심 없이 쉼을 누리며 살 것이라는 막연한 기대감을 가지고 있다. 나중에 편안하기 위해 지금 쉼 없이 일하는 것을 감수한다. 하지만 장래의 편안한 쉼과 안정된 미래를 위해 지금 쉼 없이 일하는 것은 육체의 노동을 가중시킬 뿐이다. 그뿐만 아니라 정신적인 안식의 파괴와 하나님과의 관계 단

절로 인한 기쁨의 파괴로 이어진다. 이 시대적 흐름 속에서 그리스도인들은 하나님의 강력한 명령에 반응해야 한다.

"아무것도 하지 말라!"

그리스도인들은 이 땅에서 노동의 기쁨을 누리는 자들이다. 성공을 위한 수고와 미래의 안전을 위한 무거운 짐을 하나님께 맡기고 오늘을 기쁘게 살아가는 자들이다. 이 세상이 요구하는 것들 앞에서는 아무것도 하지 않고, 하나님의 부르심 앞에서 충성되게 살아가는 청지기들이다.

그리스도인들은 분에 넘치는 것을 이루려고 애쓰지 않고 자신에게 주어진 것에 감사하며 자족하는 자들이다. 자신의 이름을 높이기보다는 하나님의 나라와 그분의 이름이 높아지기를 갈망하는 자들이다. 자신의 안전을 산성과 피난처 되시는 하나님께 맡기고, 그분이 인도하시는 푸른 초장과 맑은 물가에서 쉼과 안식을 누리는 자들이다. 이것이 바로 아무것도 하지 않는 영성, 진정한 안식이다.

Work Book | 7

쉼의 기쁨은 일상에서 잠시 벗어나 하나님 안에 거할 때에 누릴 수 있습니다.

:: 지난 주일(안식일) 일과표를 작성해 보자.

:: 쉼은 멈춤이다. 안식일에 당신의 삶에서 멈춰야 할 것들을 정해 보자.
(예: TV 시청, 인터넷, 스마트폰, 게임, 만남 등)

:: 익숙한 것들을 멈추고, 안식일에 하나님 안에 거할 수 있는 행동들을 정해 보자.
(예: 산책, 묵상, 가족과의 시간, 독서, 그림 그리기 등)

2부

여덟째 날

영원에 잇댄 기쁨

"영생은 곧 유일하신 참 하나님과 그가 보내신 자 예수 그리스도를 아는 것이니이다"_요 17:3

폴 고갱은 반 고흐와 함께 현대 미술에 가장 큰 영향을 준 화가다. 그의 작품 중에 '아레아레아'라는 유명한 그림이 있다. 타히티 섬 여인 두 명이 나무 밑에 앉아 있고 개 한 마리가 한가로이 그 앞을 지나는 평화로운 분위기의 그림이다. 이 그림의 제목을 정하라고 한다면 무엇이 좋을까? '아레아레아'는 타히티 말로 '기쁨'이라는 뜻이다. 그림만 보고 '기쁨'이라는 작품명을 생각해 내기란 쉽지 않을 것 같다.

천재 화가 고갱의 기쁨

프랑스 파리 출신인 고갱은 어려서 아버지를 잃고 불우한 어린 시절을 보냈다. 그는 해군사관학교에 입학하고 싶었으나 가정 환경 때문에 포기하고 17세에 선원이 된다. 그 후 해군에서 3년을 근무하고 파리로 돌아와 후견인의 소개로 주식중개회사에 취직한다. 주식중개인이라는 직업은 어렵게 성장한 고갱이 상류 사회로 진입할 수 있는 지름길이 되어 준다.[134]

고갱은 젊은 나이에 성공한 사람으로 인정받았지만 마음 한 켠이 늘 허전했다. 이때 후견인 아로자의 영향으로 미술에 입문하게 되었고, 아마추어 화가로는 상당히 좋은 평가를 받는다. 고갱은 현대 문명으로 꾸며진 세상이 아닌, 자연 그대로의 모습을 담은 인상파 화가들의 그림을 가까이하고 그 작품들을 구매한다.[135]

취미로 시작한 미술은 고갱에게 점점 중요한 삶의 영역으로 자리 잡는다. 인상파 전시회에 출품을 한 뒤 그의 작품을 구입하는 사람들도 생겼다. 특별히 인상파 화가의 대표격인 마네에게 큰 격려를 받아 35세의 늦은 나이에 가족들 몰래 전업화가의 길로 들어선다. 고갱은 큰 성공을 기대하였지만 크게 실패한다. 극심한 생활고로 가족들은 모두 떠나 버리고 고갱은 문명사회에 깊은 회의를 느끼기 시작한다. 이때 마침 프랑스 혁명 100주년을 기념하여 1889년에 파리만국박람회가 열린다. 이 박람회에서 고갱은 원시성이 살아 있는 순수하고 자유로운 열대 지방을

갈망하게 된다.[136]

　결국 1891년 남태평양 폴리네시아에서 가장 큰 섬 타히티로 떠난다. 처음 얼마 동안은 타히티야말로 꿈에도 그리던 순수와 원시의 모습을 그대로 간직한 지상낙원인 것 같았다. 그러나 고갱은 먹는 문제와 고독의 문제를 해결할 수 없었다. 게다가 술과 지나친 흡연으로 병에 걸린다. 심한 고독 속에서 생활하다 테후라라는 현지인 여인과 결혼하며 정서적으로 안정이 된다. 그러면서 수많은 명작을 탄생시킨다.[137]

　그 시절 타히티 원주민들의 순수하고 자유로운 삶을 보며 '아레아레아'를 완성한다. 고갱은 물질 문명이 아닌 자연의 순수함 속에서 살아가는 원주민들의 모습 속에서 참된 기쁨을 발견한다.

　천국 같았던 타히티에서도 먹고사는 일은 쉽지 않았다. 결국 2년 만에 파리로 돌아온 고갱은 타히티에서 그린 작품들이 크게 성공을 거두리라 기대했지만 그렇지 않았다. 그는 다시 1895년 타히티로 돌아가 그의 최고의 작품이자 유작인 '우리는 어디서 왔는가? 우리는 누구인가? 우리는 어디로 갈 것인가?'를 남기고 매독과 관절염, 영양실조 등으로 고생하다가 1903년 심장마비로 외롭게 세상을 떠나고 만다.

영원에 대한 고민

　사람들은 누구나 고갱과 같은 고민을 한다.

'나는 정말 행복한가? 나에게 기쁨은 무엇인가? 이렇게 사는 것이 맞을까? 이 일이 정말 내 일인가?'

사회적으로 성공한 위치에서 안정된 생활을 누리고 있는데도 기쁨이 없는 공허한 눈빛으로 살아가는 사람들을 볼 수 있다.

고갱은 기쁨의 요소를 다 갖춘 사람이었다. 자연을 즐길 줄 아는 사람이었고, 자기 관리를 잘해 사회적으로 성공하여 인정받는 사람이었으며, 일상을 떠나 쉼의 기쁨을 누릴 줄 아는 사람이었다. 그러나 이런 것들이 기쁨을 향한 고갱의 갈증을 채워 주지 못했다. 왜 그랬을까? 그 이유는 고갱이 그토록 찾았던 기쁨은 이 땅에서는 찾을 수 없는 바로 '영원'에 대한 문제였기 때문이다.[138]

"우리는 어디서 왔는가? 우리는 누구인가? 우리는 어디로 갈 것인가?"

기쁨에 대한 목마름

세상 모든 사람은 기쁨을 추구하며 살아간다. 각자 자신의 감정을 즐겁고 평안하게 만드는 방법들을 찾아다닌다. 안타까운 것은 감정을 즐겁게 하는 기쁨들이 제한적이고 순간적이라는 사실이다. 사람들은 아무리 즐거운 일일지라도 반복되면 지루함을 느낀다. 더 큰 기쁨, 더 새로운 기쁨, 더 자극적인 기쁨에 대한 목마름 현상이 나타난다.

"옷을 사면 하루가 기쁘고, 차를 사면 3개월, 결혼을 하면 6개월, 집을 사면 1년이 기쁘다"는 말이 있다. 이 말은 인생에서 누릴 수 있는 기쁨의 제한성을 잘 보여 준다. '기쁨의 제한성'에 대해 솔로몬은 이미 3,000년 전부터 우리에게 알려 주고 있다.

> 무엇이든지 내 눈이 원하는 것을 내가 금하지 아니하며 무엇이든지 내 마음이 즐거워하는 것을 내가 막지 아니하였으니 이는 나의 모든 수고를 내 마음이 기뻐하였음이라 이것이 나의 모든 수고로 말미암아 얻은 몫이로다 그 후에 내가 생각해 본즉 내 손으로 한 모든 일과 내가 수고한 모든 것이 다 헛되어 바람을 잡는 것이며 해 아래에서 무익한 것이로다 (전 2:10-11)

기쁨의 제한성과 끝없는 목마름을 깨달은 사람들은 자연스럽게 영원히 목마르지 않는 기쁨을 찾아 나선다. 이 영원에 대한 목마름이 21세기 최첨단 과학 문명사회 속에서도 여전히 수많은 사람을 종교로 몰려들게 하는 이유다. 그렇다면 왜 영원히 목마르지 않는 기쁨을 찾게 되었을까?

에덴에서 쫓겨난 인류

하나님은 에덴에 동산을 창설하시고 그 지으신 사람을 거기에 두셨다 창2:8. '에덴'은 '기쁨'이라는 뜻이다. 사람을 지으시고 기쁨 안에 거하게 하신 것이다. '에덴'은 하나님의 질서 안에서 생명과 풍성함이 가득한 곳이다. 사람은 이곳에서 하나님이 공급해 주시는 생명 창2:7 으로 풍성한 열매를 맺으며 기쁨을 누리도록 창조되었다. 그러나 사탄의 유혹에 빠진 사람은 에덴에서 쫓겨나 버렸다.

사탄은 선악을 알게 하는 열매를 먹게 함으로써 하나님의 질서를 위반하게 했고, 하나님이 기뻐하시는 것이 아닌 자신이 기뻐하는 것, 즉 "먹음직도 하고 보암직도 하고 지혜롭게 할 만큼 탐스럽기도 한" 창3:6 과실을 먹게 했다. 이 일로 사람은 에덴에서 쫓겨났고 창3:24, 그 결과 우리는 가시덤불과 엉겅퀴가 나는 이 세상에서 살게 되었다.

우리가 거하고 있는 세상은 공허하고 생명이 없고 풍성함이 없는 곳이다 창3:16-19. 사람들은 이곳에서 끊임없이 생명과 풍성한 삶, 기쁨을 찾으려고 하지만 전2:10-11 수고하면 할수록 더욱 갈증만 느낄 뿐이다. 그래서 우리가 살고 있는 이 땅을 "광야" 렘2:6 라고 부른다.

광야로 찾아오신 예수님

죄 때문에 에덴에서 쫓겨난 아담과 하와는 기쁨이 없는 광야에 거하게 되었다. 하나님은 죄로 오염된 사람이 에덴에 들어오지 못하도록 그룹들과 두루 도는 불 칼을 두어 생명나무로 가는 길을 지키게 하셨다.

> 여호와 하나님이 에덴 동산에서 그를 내보내어 그의 근원이 된 땅을 갈게 하시니라 이같이 하나님이 그 사람을 쫓아내시고 에덴 동산 동쪽에 그룹들과 두루 도는 불 칼을 두어 생명 나무의 길을 지키게 하시니라 (창 3:23-24)

여기에는 두 가지 목적이 있는데, 죄인 된 인간에게 생명나무[영생]와 에덴[기쁨]을 얻지 못하게 함과 에덴에 있는 생명나무로 가는 길을 다시 허락될 때까지 지키시기 위함이다.[139]

> 나 여호와가 시온의 모든 황폐한 곳들을 위로하여 그 사막을 에덴 같게, 그 광야를 여호와의 동산 같게 하였나니 그 가운데에 기뻐함과 즐거워함과 감사함과 창화하는 소리가 있으리라 (사 51:3)

하나님은 생명나무와 에덴을 그분의 사랑하는 백성들에게 창세전부터 주기를 원하셨다. 죄 때문에 에덴에서 쫓겨나고 생명나무를 소유하지 못하게 되었지만 하나님은 포기하지 않으셨다. 하나님은 잃어버린 생명과 에덴의 기쁨을 백성들에게 되돌려줄 계획을 가지고 계셨다.

> 여호와 하나님이 이르시되 보라 이 사람이 선악을 아는 일에 우리 중 하나 같이 되었으니 그가 그의 손을 들어 생명 나무 열매도 따먹고 영생할까 하노라 하시고(창 3:22)

여호와 하나님은 범죄 때문에 생긴 아담의 본질적 변화에 대해 '우리 중 하나 같이 되었으니'라고 말씀하신다. 타락한 인간의 모습이 삼위 하나님 중 하나처럼 되었다는 것이다. 여기에는 놀라운 복음이 담겨 있다. 범죄한 인간들이 에덴에 다시 돌아올 수 있도록 하나님은 구원자를 준비하신 것이다. 그분이 바로 예수 그리스도다.

범죄한 우리는 에덴에서 광야로 쫓겨났다. 우리는 광야에서 기쁨을 얻기 위해 다양한 재미와 쾌락의 요소들을 만들어 내고 있고 창 4:16-24, 자신의 힘으로 성공과 안전성을 확보하려고 수고하고 있다 창 11:1-4. 광야에서 누리는 기쁨은 제한적이고 순간적이다. 이곳에서 수고하여 안전한 삶을 확보한 사람들도 있지만 그 마음에는 해결되지 않는 갈증과 두려움이 늘 존재한다. 이것이 우리가 살고 있는 광야의 삶이다.

하나님은 구원자를 광야로 보내신다. 에덴에서 쫓겨난 우리가 광야에 살고 있기 때문이다. 이 구원자의 길을 예비하는 자가 있었는데, 바로 세례 요한이었다. 그 역시 광야로 보냄을 받았다. 그래서 세례 요한은 '광야에 외치는 자'로 불렸다 $^{사\ 40:3;\ 마\ 3:3}$. 구원자의 길을 예비하던 세례 요한은 요단 강에서 예수님에게 세례를 베풀어 그분의 정체성을 세상에 선포한다 $^{요\ 1:29}$. 예수님은 세례를 받으시고 광야에서 공생애를 시작하신다 $^{눅\ 4:1}$.

광야에서 예수님은 하나님의 잃어버린 영혼들을 하나하나 찾으신다. 굶주리고 목마른 우리에게 예수님이 찾아오신 것이다. 예수님은 우리를 구원하여 생명과 기쁨이 넘치는 에덴으로 인도하기를 원하신다 $^{요\ 10:10}$.

예수님은 하나님이 허락하신 영혼 한 명 한 명을 가슴에 품고 에덴으로 인도하기 위하여 골고다로 올라가신다 $^{요\ 6:65,\ 12:32-33}$. 에덴으로 들어가는 길은 불 칼로 가로막혀 있다. 예수님은 에덴으로 들어가는 길을 내기 위해 불 칼에 온몸이 갈기갈기 찢겨 죽으신다. 그것이 바로 십자가 사역이다. 예수님의 죽으심으로 말미암아 생명과 풍성한 삶이 있는 하나님의 나라, 바로 에덴으로 들어가는 길이 열렸다.

> 예수께서 이르시되 내가 곧 길이요 진리요 생명이니 나로 말미암지 않고는 아버지께로 올 자가 없느니라(요 14:6)

생명나무로 가는 길은 그룹들과 불 칼이 가로막고 있었기 때문에, 들어가는 모든 자는 죽을 수밖에 없었다. 죄인 된 인간으로는 갈 수 없는 그 길을 예수님이 친히 피를 흘려 여신 것이다. 생명과 기쁨의 근원 되신 하나님과 사람 사이를 가로막고 있던 그 장벽에 예수님은 그분의 몸으로 친히 길을 내셨다.

> 그러므로 형제들아 우리가 예수의 피를 힘입어 성소에 들어갈 담력을 얻었나니 그 길은 우리를 위하여 휘장 가운데로 열어 놓으신 새로운 살 길이요 휘장은 곧 그의 육체니라 (히 10:19-20)

에덴 안에 있는 그리스도인

예수 안에 있는 자들은 에덴^{기쁨}을 회복한 자들이다. 즉, 우리는 지금 에덴 안에 있다 요일 4:15. 성경이 우리에게 '기뻐하라'고 명령하는 이유가 바로 여기에 있다. 예수님이 십자가에서 죽으심으로 에덴의 기쁨이 회복되었기 때문에 우리는 기뻐해야 한다. 그러나 아담과 하와를 미혹하여 기쁨에서 쫓겨나게 한 사탄은 지금도 여전히 에덴의 기쁨을 회복한 우리를 공격하고 있다 계 12:9, 17.

공격받는 우리의 기쁨

사탄은 하나님의 질서를 거역하게끔 유혹하고, 자기애를 기반으로 한 기쁨을 누리도록 자극한다. 사탄은 우리가 매우 불행한 상태인 것처럼 속인다. 비교하게 하고, 경쟁하게 하고, 자존감을 파괴하고, 하나님 아닌 자극적인 것들로 재미와 쾌락을 즐기게 한다. 사탄은 기쁨을 단순한 '좋은 느낌' 또는 '좋은 감정' 정도로 속인다. 사탄은 우리가 이미 기쁨 안에 거하고 있는데도 또 다른 기쁨을 찾도록 미혹한다.

"너 하나님 믿어도 기쁘지 않지? 교회 다니면 기쁘다며? 그런데 하나도 안 즐겁잖아. 오히려 더 힘들지? 괴롭지? 상처만 더 받지? 다 똑같아. 네가 기쁘고 즐거운 것을 따라가. 한잔 해! 즐겨!"

우리는 이미 예수님을 통해 에덴에 들어온 자들이다. 우리에게 하나님의 나라는 이미 시작되었다 눅 17:21. 하나님의 나라는 눈물, 애통, 사망, 아픈 것이 없고 생명과 기쁨이 넘치는 에덴이다. 안타깝게도 많은 그리스도인이 에덴 안에 거하면서도 기쁨을 누리지 못한다. 아니, 자신에게 기쁨이 없다고 착각하고 있다는 말이 더 적확하다.

기쁨: 밭에 감추인 보화

우리가 에덴에 들어와 있다 하더라도, 사탄이 끊임없이 우리를 유혹하고 있기 때문에 하나님 안에서 기쁨을 누리는 것은 결코 쉽지 않다.

때로는 재미와 쾌락을 따르려고 하는 자기 자신과 싸워야 하고, 사탄의 미혹을 이겨 내야 하는 영적 전쟁을 해야 할 때도 있다. 그래서 그리스도인의 기쁨은 '밭에 감추인 보화'를 찾은 기쁨이다.

> 천국은 마치 밭에 감추인 보화와 같으니 사람이 이를 발견한 후 숨겨 두고 기뻐하며 돌아가서 자기의 소유를 다 팔아 그 밭을 사느니라 (마 13:44)

우리가 살아가고 있는 이 땅에는 세상과 하나님 나라가 공존한다. 세상은 밭으로 묘사되고, 천국은 '보화'로 묘사된다. 이 땅에서 기쁨을 누리기 원한다면, 밭에 감추인 보화를 찾는 수고를 해야 한다. 사탄이 미혹하는 기쁨은 수고하지 않고 얻어지는 재미 fun 이다. 자신의 감정대로, 자신의 느낌대로, 자기애를 바탕으로 즐기는 쾌락 enjoyment 이다.

영원에서 공급되는 기쁨

그리스도인들은 '우리가 어디서 왔고, 누구이고, 어디로 가는지' 그 답을 아는 자들이다. 이것이 구원받은 자들의 정체성이다. 이전에 우리는 기쁨을 찾아 헤매며 살던 자들이었다. 그러나 이제 더 이상 기쁨을 찾기 위해 헤매지 않는다. 왜냐하면 십자가의 공로로 생명과 기쁨이 넘치는 에덴 안에 거하는 자들이 되었기 때문이다. 누군가가 "당신은 기쁘십니까?"라고 묻는다면, 당당하게 선포하라. "나는 기쁩니다. 왜냐하면 나는 기쁨 안에 거하고 있기 때문입니다."

구원: 기쁨의 근원

누가복음 10장을 보면, 예수님이 칠십 명의 제자들을 세워 둘씩 전도 여행을 보내는 장면이 나온다. 이들은 각 동네와 지역을 돌아다니며 귀신을 쫓아내고 기적을 행하며 엄청난 기쁨을 맛보고 돌아온다. 예수님 앞에 선 제자들은 흥분 그 자체였다. 얼마나 기쁘고 감격스러웠겠는가? 이때 예수님이 성취의 기쁨에 취해 있는 제자들에게 진정으로 기뻐해야 할 것이 무엇인지 알려 주신다.

> 그러나 귀신들이 너희에게 항복하는 것으로 기뻐하지 말고 너희 이름이 하늘에 기록된 것으로 기뻐하라 하시니라 (눅 10:20)

예수님은 제자들에게 성공적인 사역 때문에 기뻐하지 말고 그들의 이름이 하늘에 기록된 것으로 기뻐하라고 말씀하신다. 이 본문에서 예수님은 우리가 찾고 있는 기쁨의 방향을 바꿔 주신다. 그렇다면 하늘에 이름이 기록되었다는 것은 무슨 의미일까?

> 또 내가 보니 죽은 자들이 큰 자나 작은 자나 그 보좌 앞에 서 있는데 책들이 펴 있고 또 다른 책이 펴졌으니 곧 생명책이라 죽은 자들이 자기 행위를 따라 책들에 기록된 대로 심판을 받으니(계 20:12)

하나님 보좌 앞에는 두 종류의 책이 있는데, 하나는 생명책이고 다른 하나는 행위가 기록되어 있는 책들이다. 모든 사람은 자신의 행위를 따라 심판을 받는데 이 심판에서 제외되는 사람들이 있다. 바로 생명책에 이름이 기록된 사람들이다. 행위를 따라 심판하면 제외될 수 있는 사람이 한 명도 없지만 생명책에 기록된 사람은 심판에서 건짐을 받는다. 이것을 "구원" 요 3:17, 12:47 이라고 한다.

> 비록 무화과나무가 무성하지 못하며 포도나무에 열매가 없으며 감람나무에 소출이 없으며 밭에 먹을 것이 없으며 우리에 양이 없으며 외양간에 소가 없을지라도 나는 여호와로 말미암아 즐거워하며 나의 구원의 하나님으로 말미암아 기뻐하리로다(합 3:17-18)

성경 곳곳에 구원이 기쁨의 근원임을 보여 주는 구절들이 나온다 삼상 2:11; 시 13:5, 21:1, 35:9; 사 25:9; 습 3:17. 그중 하박국 선지자의 고백은 하나님의 사람들이 어디에서 기쁨의 근원을 찾아야 하는지를 잘 보여 준다. 우리가 이 땅에서 얻을 수 있는 기쁨은 제한적이고 순간적이다. 반면 하나님의 구원에 근거한 기쁨은 어떠한 상황과 환경에서도 능력을 발휘한다.

단절과 연합

하나님과 우리의 관계를 잘 묘사해 주는 그림 언어는 '나무'와 '가지'다. 가지가 나무에 붙어 있을 때에는 수분과 영양분을 공급받아 생명력 있게 풍성한 열매를 맺으며 살아간다. 나무에서 단절된 가지는 한동안 꽃도 피고 기적적으로 열매도 맺을 수 있지만 시간이 지나면 곧 말라 죽게 된다. 단절된 가지에게 구원이란 나무와 다시 연합되는 것이다. 나무와 다시 연합된 가지는 '생명'을 얻는데, 이것을 '복'이라 칭한다.

나무에 잘 붙어 있는 가지일지라도 폭풍우에 꽃이나 열매가 떨어질 수 있다. 그러나 걱정하지 않는다. 왜냐하면 다음 계절에 열매를 맺을 수 있도록 뿌리에서 영양분과 수분이 지속적으로 공급되기 때문이다. 가지가 해야 할 일은 열매를 맺기 위해 폭풍우를 예방하는 것이 아니라 나무에 잘 붙어 있는 것이다.

나무는 하나님으로, 가지는 인간으로 그려 보자. 인간이 하나님에게 붙어 있으면 풍성한 열매로 기쁨을 누리게 된다 요15:5. 반대로 인간이 하나님에게서 단절되면 열매는 사라지고 시간이 지나 죽고 만다 요15:6. 하나님과 인간의 관계를 단절시키는 것이 바로 '죄'다 롬3:23. 구원은 하나님과 인간 사이의 단절된 관계를 회복하는 것이다. 이 관계 회복의 상태를

'의'라 칭하고, 하나님과 관계가 회복된 자들을 '의인'이라고 부른다.[140]

하나님께 붙어 있는 사람에게도 삶 가운데 폭풍우가 몰려오는 경우가 있다. 아름다운 꽃과 탐스럽게 자란 열매가 떨어지기도 한다. 그러나 두려워하지 않는다. 왜냐하면 하나님이 공급해 주시는 영원히 마르지 않는 생수와 양식 덕분에 때가 되면 열매를 맺을 것이기 때문이다 시1:1-4.

세상 사람들은 자연재해를 겪지 않고 꽃과 열매가 풍성한 상태를 복이라고 말한다. 그들의 종교적 행위와 기도는 폭풍우와 기근, 홍수, 추위를 예방하기 위함이다. 그러나 그리스도인들에게 복은 하나님과의 관계 회복이다. 그리스도인은 폭풍우가 몰려올 때 문제를 보지 않고 더욱 하나님께로 나아간다. 즉, 기쁨은 환경이 아니라 관계다.

> 영생은 곧 유일하신 참 하나님과 그가 보내신 자 예수 그리스도를 아는 것이니이다(요 17:3)

에덴이 끝이 아니다

이제 우리는 에덴의 기쁨을 회복한 자들이다. 우리는 기뻐해야 한다. 기쁨은 명령이다. 그런데 창조 당시 에덴에 사탄이 있었던 것처럼, 지금 우리가 거하고 있는 에덴의 삶 속에서도 사탄이 활동하고 있다. 이 사탄은 우리를 다시 에덴의 기쁨에서 쫓아내려고 하기 때문에 우리는 더욱 주님께 붙어 있는 삶을 살아야 한다 요 15:4; 행 11:23 .

아주 실제적인 질문을 해 보고자 한다. "그리스도인으로서 정말 기쁜 가?" 이 질문에 진심으로 기쁘다고 말할 수 있는 그리스도인들이 몇 명이나 될지 의문이 든다. 이 글을 쓰고 있는 나 역시 쉽게 대답할 수 없는 어려운 질문이다.

신앙생활 중 가장 크게 오해하는 부분은 하나님을 잘 믿으면 이 땅에서 부족함과 불편함이 없는 완전히 기쁨을 누리게 된다고 기대하는 것이다. 안타깝지만 하나님은 우리를 그렇게 창조하지 않으셨다. 이 땅에서 완전한 만족을 누리면 절대 하나님의 영원한 세계를 사모하지 않기 때문이다. 우리는 세상과 영원한 하나님 나라의 교집합 속에서 살아가고 있다. 발은 세상을 딛고 있지만 눈은 하늘을 바라보며 살고 있다. 우리가 아무리 애를 쓰고 노력해도 이 땅에서 누릴 수 있는 기쁨에는 반드시 한계가 있다.

애굽에서 건짐 받은 이스라엘 백성들이 가나안 땅을 향해 가는 광야에서 40년의 세월을 보냈는데, 그곳에서 먹을 것과 물이 없음으로 불평했던 것을 우리는 잘 알고 있다. 하나님은 이스라엘 백성들에게 만나와 메추라기, 그리고 반석에서 물을 공급해 주셨다. 가나안 땅과 애굽의 교집합인 광야에서 기쁨을 제공해 주신 것이다.

그러나 그들은 만족스럽지 않았다. 이스라엘 백성들은 광야생활이 기쁘지 않았다. 모세를 따라가며 하나님의 인도하심을 받으면 기쁘고 행복할 것이라고 확신했는데 기쁘지 않았다. 그들에게 공급되는 만나와 물은 그들을 만족시켜 주지 못했다. 이들에게는 두 가지 반응이 나타났는데, 한 부류는 애굽에서 누리던 기쁨을 그리워하는 자들이었고, 다른 한 부류는 젖과 꿀이 흐르는 가나안 땅을 갈망하는 자들이었다. 애굽 땅을 그리워하던 자들은 광야에서 죽었지만 가나안 땅을 갈망하는 자들은 상황과 환경에 대해 불평하지 않고 다가올 기쁨을 기대하며 끝까지 승리했다. 그리고 가나안 땅을 실제로 맛보았다.

창세전 기쁨

우리 안에 기쁨을 주는 풍성한 삶은 환경이 아니라 바로 관계다. 하나님이 이스라엘 백성들에게 이 진리를 알려 주시는 중요한 도구가 성막^{성전}이었다.

> 이는 너희가 대대로 여호와 앞 회막 문에서 늘 드릴 번제라 내가 거기서 너희와 만나고 네게 말하리라 (출 29:42)

가나안 땅에 들어간 이스라엘 백성들은 율법을 잘 지키는 종교생활을 통해 환경과 기후가 좋아져서 부족함이 없는 삶을 기대했다. 하지만 이스라엘에게 주어진 가나안 땅은 척박함 그 자체였다. 가나안 일곱 족속은 늘 가시와 같은 존재였고, 이방 족속들이 호시탐탐 이스라엘을 노렸다.

이때 하나님은 이스라엘에게 '관계'를 강조하셨다 호6:3. 하나님과의 관계가 잘 연결되어 있으면 그들에게 어떤 시련이 와도 이겨 낼 수 있는 생명력이 공급되고, 어떤 상황에서도 낙망하지 않는 기쁨의 샘이 흘러나온다.[141]

신약시대를 살아가고 있는 그리스도인들도 세상과 천국의 교집합 속에서 살아가고 있다. 분명히 예수를 따르면 기쁘다고 했는데, 실제 내 삶에는 기쁨이 존재하지 않는 것 같은 생각이 들 때가 많다. 오히려 세상에 속한 사람들이 더 즐겁고 행복하게 살아가고 있는 것 같다. 예수를 믿어서 실제적인 불이익과 육체적인 핍박을 받기도 한다. 그러한 상황에서 어떻게 기뻐할 수 있을까?

이 땅에서 그리스도인의 삶은 '만사형통'으로 다 잘되는 것이 절대 아니다. 하나님이 주시는 풍성한 삶과 기쁨이 분명히 존재한다. 그러나 모든 삶이 다 만족스럽지는 않다. 이때 우리의 삶에 놓인 문제나 시험 때문에 낙망해서는 절대 안 된다. 하나님과의 관계 속에서 공급되는 생명력과 기쁨이 모든 상황을 이겨 낼 수 있는 힘이 된다. 그 과정을 겪고 나면 하나님이 창세전부터 계획하신 열매들을 볼 수 있다.

이스라엘 백성들이 애굽을 그리워하다가 광야에서 다 죽은 것을 기억해야 한다. 가나안 땅에 들어간 백성들이 풍요롭고 안전한 삶을 위해 하나님과의 관계를 포기하고 세상의 우상들을 따르다가 멸망한 사실을 기억해야 한다.

> 너희에게 인내가 필요함은 너희가 하나님의 뜻을 행한 후에 약속하신 것을 받기 위함이라 잠시 잠깐 후면 오실 이가 오시리니 지체하지 아니하시리라 나의 의인은 믿음으로 말미암아 살리라 또한 뒤로 물러가면 내 마음이 그를 기뻐하지 아니하리라 하셨느니라 우리는 뒤로 물러가 멸망할 자가 아니요 오직 영혼을 구원함에 이르는 믿음을 가진 자니라(히 10:36-39)

기쁨은 명령이다. 우리가 예수 그리스도의 피값으로 기쁨 에덴 을 선물 받았기 때문이다. 에덴에 들어온 우리는 하나님의 질서 안에서 수고하고 애씀으로 기쁨을 맛보며 살아간다. 그러나 이 땅에서의 기쁨은 제한적이고 순간적이다. 때로는 고난과 아픔이 우리를 힘들게 할 때도 있다. 폭풍우와 기근이 몰려올 때도 있다. 이 과정을 통해 우리는 성숙해지고 하나님이 준비하신 영원의 기쁨을 소망하게 된다. 그리고 이 땅에서 그 기쁨을 선취 preoccupation 하여 살아가는 것이 그리스도인의 삶이다. 이러한 삶을 '영원에 잇대어 사는 삶'이라고 한다. 이 땅에서 주님이 허락하신 충만한 기쁨을 누리자. 그리고 이 땅에서 다 누리지 못한 기쁨은 영원의 세계에서 주님과 함께 원 없이 누리기를 소망하자.

아홉째 날

나를 죽이는 기쁨

"오히려 너희가 그리스도의 고난에 참여하는 것으로 즐거워하라
이는 그의 영광을 나타내실 때에 너희로 즐거워하고 기뻐하게 하려 함이라"
_벧전 4:13

우리는 일반적으로 욕구가 만족될 때 기쁨을 느낀다. 이 욕구는 하나님의 선물이다.[142] 이것이 '금지', '절제', '나눔', '수고', '정직'과 같은 하나님의 질서 안에 있다면 문제가 되지 않는다. 이 욕구가 하나님의 질서를 벗어날 때 이를 '탐심'이라고 한다. 성경은 이 탐심을 '우상 숭배'로 규정한다 골3:5 . 탐심이 우상 숭배인 이유는 스스로 하나님이 되어 모든 것에 만족을 누리려는 마음이기 때문이다. 또한 "하나님으로부터 오는 만족감을 누려야 할 마음이 다른 무언가로부터 만족을 얻기 때문이다."[143]

탐심이 많을수록 불만족이 늘어난다. 불만족이 늘어나면 기쁨은 줄어들 수밖에 없다. 기쁨을 누리지 못하는 중요한 이유가 바로 우리 안에 있는 탐심 때문이다. 이 탐심/욕심이 우리 안에서 자라나면 죄를 짓게 되고, 이 죄가 하나님과의 관계를 단절시킨다. 하나님과의 관계 단절은 우리를 기쁨이 없는 사망의 상태로 이끌어 간다 약1:15. 반대로 탐심이 줄어들면 불만족은 사라지고 기쁨은 늘어난다 빌4:11-12.

고난의 기쁨

부요하고 풍족해질수록 사람들이 느끼는 기쁨과 행복감은 상대적으로 줄어들게 되어 있다. 사회의 발전과 함께 기쁨과 행복감의 기준도 높아지기 때문이다. 따라서 역설적이게도 기쁨을 높이기 위해서는 삶을 불편하게 만드는 것이 가장 좋은 방법이다.

하늘의 기쁨을 찾게 하는 고난

하나님은 이스라엘 백성들을 가나안으로 인도하기 위해 광야로 이끌어 가셨다. 이스라엘은 젖과 꿀이 흐르는 땅을 꿈꾸며 애굽에서 나왔지만 그들을 기다리는 것은 광야였다. 뜨거운 태양과 메마른 땅, 고난 그 자체였다. 하나님은 이스라엘을 가나안으로 곧바로 인도하지 않으시고 광야를 통과하게 하셨다.

광야는 아무것도 기대할 수 없는 고난의 장소다. 이곳에서 바랄 수 있는 것은 하나님이 주시는 만나와 반석에서 나오는 샘물뿐이었다. 오직 하나님의 은혜로만 살 수 있는 곳이었다. 이스라엘에게 광야는 애굽과 가나안의 중간지대다. 그들은 고기, 생선, 오이, 참외 등을 먹을 수 있는 애굽으로 돌아갈 수도 있고 하나님이 주실 장래의 기쁨을 기대하며 가나안 땅으로 갈 수도 있다.

육체의 기쁨을 누리려고 애굽을 그리워하던 자들은 광야에서 죽었다. 반대로 육체의 소욕을 죽이고 하나님을 따르던 자들은 참된 기쁨이 넘치는 가나안 땅에 들어갔다. 하나님은 이스라엘에게 광야를 통해 참된 기쁨을 누릴 자격을 부여하셨다. 이 훈련을 통과한 사람은 가나안 땅에 들어가서도 젖과 꿀이 아닌, 공급자이신 하나님께 집중한다.

하나님은 우리에게도 동일한 방법을 사용하신다. 그 방법이 고난이다. 고난은 그리스도인들에게 필연적이다.[144] 고난은 이 땅의 기쁨을 포기하고 하늘에서 공급되는 기쁨을 갈망하게 만들기 때문이다.[145] 이때 우리도 두 가지로 반응할 수 있다. 다시 세상으로 돌아갈 것인가, 아니면 하나님을 갈망하며 살아갈 것인가?

하나님은 우리를 고난의 광야로 인도해 가신다. 이것을 기쁘게 맞이할 수 있어야 한다. 고난 속에는 하나님의 놀라운 계획이 담겨 있기 때문이다. 하나님은 우리로 하여금 육체의 소욕을 끊게 하고 하늘의 영원한 기쁨을 맛보게 하고 싶으신 것이다.

> 다만 이뿐 아니라 우리가 환난 중에도 즐거워하나니 이는 환난은 인내를, 인내는 연단을, 연단은 소망을 이루는 줄 앎이로다 (롬 5:3-4)

고난에 동참하는 기쁨

그리스도인의 참된 기쁨은 이 땅에서 얻어지는 기쁨이 아니라 하늘에서 공급되는 기쁨이다. 이것은 육체의 소욕이 끊어질수록 더 강하게 경험할 수 있다. 하나님은 자기 백성들을 육체의 소욕이 끊어지는 광야, 곧 고난으로 인도하여 영원의 기쁨을 누리게 하신다. 이 놀라운 진리를 깨달은 자들은 하나님이 고난으로 이끄시기 전에 자발적으로 고난에 동참한다.

> 오히려 너희가 그리스도의 고난에 참여하는 것으로 즐거워하라 이는 그의 영광을 나타내실 때에 너희로 즐거워하고 기뻐하게 하려 함이라 (벧전 4:13)

그리스도의 고난에 동참하는 데에는 다양한 방법이 있다.

그중에서도 금식은 가장 큰 기쁨이다.

금식은 육체를 굶주리게 하고 하늘의 양식으로 배부르게 하는 잔치다.[146] 오늘날의 금식은 음식뿐 아니라 대중매체, 게임, 인터넷, 쇼핑, 스마트폰 등으로 확대할 수 있다. 육체를 즐겁게 하는 것을 중단할 때 하나님의 놀라운 기쁨을 맛보게 될 것이다.

두 번째는 경건 훈련을 들 수 있다 딤전 4:8.

경건은 세상의 방법이 아닌, 하나님의 질서로 이 땅을 살아가는 것을 의미한다. 우리는 죄인이기 때문에 하나님의 방법으로 살아가는 것이 익숙하지 않다. 따라서 경건에는 혹독한 훈련이 따른다. 말씀 묵상, 기도, 예배, 봉사 섬김, 성경 공부, 선교 훈련 등에 동참하는 일은 놀라운 기쁨을 경험하게 해 줄 것이다.

세 번째는 자족이다 빌 4:11-12.

자족은 자신에게 주어진 상황과 환경에 기뻐하고 감사하는 마음이다. 자족은 믿음을 바탕으로 한다. 하나님이 내게 주신 것이 최고의 선물이라는 믿음, 궁핍의 상황을 통해 일하고 계시는 하나님에 대한 믿음, 제한된 상황 속에서 합력하여 선을 행하시는 하나님에 대한 믿음. 이것이 바로 자족이다.

네 번째는 절제다 고전 9:25-26.

승리를 향해 달리는 운동선수에게 절제가 필요하듯, 사명을 향해 달려가는 그리스도인에게도 절제가 반드시 필요하다. 재정의 절제, 시간의 절제, 언어의 절제, 감정의 절제, 욕구의 절제 등은 우리의 기쁨을 충만하게 한다.

다섯 번째로 나눔이다 빌 4:14-15.

나눔은 나에게 남는 것을 주는 것이 아니라 나에게 소중한 것을 주는 것이다. 예수님은 나눔의 모범을 보이셨는데, 자신의 살과 피를 나누어 우리에게 생명을 전해 주셨다. 그리스도인의 나눔은 고난에 동참하는 일이다. 내 소중한 것을 나누는 것은 고통이지만 그 고통 속에 기쁨이 숨어 있다. 진정한 기쁨은 "다른 사람들에게 우리의 것들을 나눔에서 온다."[147]

그리스도와 함께 장사된 우리

만약 욕구 충족을 통해 기쁨을 누리는 삶을 살고자 한다면, 영원히 갈증을 느끼며 살게 될 것이다. 하나의 욕구를 채우면 또 다른 욕구가 솟아오를 테니 말이다. 그렇다면 만족을 모르는 우리의 욕구는 언제 끝나게 될까? 바로 우리가 죽는 그때다. 하나님은 자기 백성들이 여전히 이 땅의 것에 목말라하며 살아가고 있을 때 이끌어 가시는 곳이 있다. 그곳이 바로 죽음의 자리다.

아브라함과 사라를 죽이시는 하나님

아브라함 75세, 사라 65세에 이들은 하나님의 인도하심을 따라 가나안 땅으로 이주하였다. 이들이 받은 하나님의 약속은 큰 민족을 이루고 땅을 소유한다는 내용이었다. 당시 최고의 제국이었던 바벨론에서 이주한 이들에게는 매우 흥미로운 약속이었다.

아브라함은 큰 민족과 땅에 대한 기대감이 생겼다. 그러나 그에게 하나님의 응답은 너무 더뎠다. 이 늦어짐은 점점 불만족이 되어 갔고, 이 불만족은 인간적인 방법을 동원하려는 욕구를 만들어 냈다.

아브라함은 조카 롯을 아들 삼고자 했고 가정총무 다메섹 사람 엘리에셀을 양자 삼고자 했다. 결국에는 사라의 종 하갈을 통해 이스마엘을 낳았다. 아브라함은 이스마엘을 통해 기쁨을 누리는 듯했다. 그러나 하갈과 이스마엘은 가정의 기쁨을 깨는 요소였다. 하나님이 공급하시는 진짜 기쁨이 아니었다.

하나님은 아브라함이 100세, 사라가 90세가 되기 전까지는 아들을 허락하지 않으셨다. 이 안에는 하나님의 계획이 숨겨져 있었다. 하나님은 그들을 육체에 대하여 죽은 자로 만들고자 하셨다. 더 이상 이 땅에 속한 방법에는 소망을 두지 않게 하신 것이다.

그가 백 세나 되어 자기 몸이 죽은 것 같고 사라의 태가 죽은 것 같음을

> 알고도 믿음이 약하여지지 아니하고(롬 4:19)

아브라함과 사라는 육체의 소망이 없는 상황에서 자녀를 낳을 것이라는 약속의 말씀을 비웃었다 창 17:17, 18:12. 이때 하나님이 이 땅에 속한 기쁨이 아닌, 하나님에게서 오는 참된 기쁨 '이삭'을 주셨다. 이삭의 뜻은 '기쁨'이다 창 21:6.

아브라함과 사라는 육신을 통한 기쁨에 대하여는 죽은 자들이었지만 영원으로부터 공급되는 참된 기쁨을 소유하게 되었다. 이것이 하나님이 우리에게 주고자 하시는 참된 기쁨의 방법이다. 하나님은 고난을 통한 기쁨을 뛰어넘어, 자아의 사망으로 얻어지는 하늘의 기쁨을 소망하며 살게 하신다. 말씀묵상선교회 대표인 서형섭 목사는 이를 '장사 복음'이라 칭한다.[148]

홍해에 장사된 이스라엘

이스라엘 백성들은 유월절 '장자의 죽음'을 통해 출애굽 하게 되었다. 하나님의 구름 기둥과 불 기둥은 이스라엘을 애굽의 광야 끝 에담까지 인도하였다 출 13:20. 애굽의 바로는 이스라엘이 애굽 광야에서 길을 잃은 것이라고 판단하고 그들을 되찾기 위해 온 군대를 이끌고 추격하였다 출 14:3-4.

하나님의 인도함을 받은 이스라엘은 앞을 가로막은 홍해 때문에 더 이상 전진할 수 없었다. 애굽의 군병들은 맹렬한 속도로 모래바람을 일으키며 쫓아오고 있었다. 이스라엘이 선택할 수 있는 길은 홍해로 들어가 빠져 죽든지, 아니면 애굽에 항복하여 다시 노예로 살아가는 것이었다.

안타깝게도 이스라엘 백성들은 애굽의 노예로 돌아가는 것이 낫겠다고 생각했다 출 14:11-12. 그들에게 홍해는 죽음의 길로 보였지만 사실 그 길은 생명의 길이었고 애굽 군대를 멸하는 승리의 길이었다.

홍해는 이스라엘의 죽음을 의미한다. 홍해에서 죽은 것은 이스라엘의 옛 모습이었다. 이스라엘은 애굽에서 종살이로 수고하고 기진하였다. 그들은 애굽에서 기쁨과 만족을 원했지만 헛된 꿈이었다. 하나님은 유월절 장자의 죽음을 통해 이스라엘을 구원하셨고, 홍해를 통해 새로운 피조물로 만드셨다.

이제 이스라엘은 애굽의 양식과 음료로 기쁨을 누릴 수 없었다. 그들은 애굽에 대해 이미 죽은 자들이었다. 하나님은 그들을 위해 하늘의 양식인 만나와 반석에서 흘러나오는 음료를 준비해 놓으셨다. 이것이 이스라엘이 누릴 새로운 기쁨이었다.

> 형제들아 나는 너희가 알지 못하기를 원하지 아니하노니 우리 조상들이 다 구름 아래에 있고 바다 가운데로 지나며 모세에게 속하여 다 구름과 바다에서 세례를 받고 다 같은 신령한 음식을 먹으며 다 같은 신령한 음

료를 마셨으니 이는 그들을 따르는 신령한 반석으로부터 마셨으매 그 반석은 곧 그리스도시라(고전 10:1-4)

세례로 장사된 그리스도인

광야로 나온 이스라엘 백성들은 성막을 경험하게 되는데, 이곳은 하나님과의 만남 장소다. 성막에서 그들은 출애굽의 과정을 다시 경험한다. 유월절 장자의 죽음을 상징하는 번제단과 홍해를 상징하는 물두멍이 바로 그것이다. 물두멍에는 제사장이 성소로 들어가기 전 몸을 정결하게 하는 물이 담겨 있다. 이 물로 씻지 않으면 제사장은 죽는다 출30:20. 이 물은 죄인을 죽여 새롭게 하는 물이다.

신약시대를 사는 그리스도인들에게도 똑같은 과정이 필요하다. 우리는 십자가에 달려 죽으신 예수 그리스도를 통해 에덴에 들어왔다. 이 에덴에서 기쁨을 누리도록 결정된 자들이다. 그러나 사탄은 끊임없이 하나님과의 관계를 단절시켜 에덴에서 쫓겨나도록 우리를 미혹한다. 이때 우리가 결정해야 할 것은 사탄에게 미혹되는 육신을 죽이는 일이다.

하나님은 우리에게 세례를 명령하셨는데, 이것은 세상에 대해 죽고 새로운 생명으로 살아났다는 증거다. 세례는 옛 사람이 죽임을 당하고 새로운 생명으로 살아났음을 의미한다. 그리스도와 함께 장사된 우리는 이 땅의 기쁨에 대하여는 죽음을 선포하고, 하늘에서 공급되는 생명으로 살아갈 것을 선포해야 한다.

> 무릇 그리스도 예수와 합하여 세례를 받은 우리는 그의 죽으심과 합하여 세례를 받은 줄을 알지 못하느냐 그러므로 우리가 그의 죽으심과 합하여 세례를 받음으로 그와 함께 장사되었나니 이는 아버지의 영광으로 말미암아 그리스도를 죽은 자 가운데서 살리심과 같이 우리로 또한 새 생명 가운데서 행하게 하려 함이라 (롬 6:3-4)

성령의 기쁨

하나님이 우리를 그리스도와 연합하여 장사하신 이유는 다시 살려 새로운 생명을 주시기 위함이다. 이 새로운 생명은 창세전에 하나님이 예수님에게 주신 영생이고 요5:26, 예수님이 그것을 우리에게 주신 것이다 요일1:1-2. 성령이 우리 안에 거하심으로 이 생명 안에 거하는 역사가 일어난다. 에덴에 들어온 그리스도인은 세상에 대하여는 죽음을 선포하고 성령 안에 거하여 하나님의 생명으로 살아가야 한다 요6:63.

예수님에게는 죽음이 곧 부활의 생명이었듯이, 예수와 함께 죽은 자들 역시 생명의 성령으로 살아난다 히9:14. 그래서 성경은 물 세례와 성령 세례를 함께 이야기한다. 물 세례는 우리 옛 사람의 죽음이고 성령 세례는 새 생명을 얻은 삶을 의미한다 요3:5; 행1:5. 성령은 이 땅이 아닌 하늘에서 오는 생명이다.

성령: 새로운 기쁨

단절된 가지가 나무에 다시 연결되면 영양분과 수분이 공급되어 풍성한 열매의 기쁨을 누린다. 이것이 그리스도인들과 하나님과의 관계다. 죄 때문에 단절된 우리는 영양분과 수분을 공급받지 못하고, 그러므로 수고하고 애를 써도 제한적인 열매만을 맛볼 뿐이다.

중보자 예수님이 우리 죄의 문제를 해결하시고 하나님과의 관계를 회복시키셨다 요일 1:3. 이 관계의 회복은 나무에 가지가 다시 연합되는 것을 의미한다 롬 11:17. 다른 언어로 '양자' 되었다고 표현한다 롬 8:23. 나무에 연합된 가지에 영양분과 수분이 공급되듯이, 그리스도인들에게 생명의 양식인 말씀과 생명의 생수인 성령이 공급된다.

연평균 600mm 안팎의 강수량을 기록하는 가나안 땅에서 물은 곧 생명이다. 비, 이슬, 시내, 샘물 등은 풍성한 열매를 맺을 수 있는 필수적 조건이었다. 그래서 이스라엘 백성은 풍성한 열매 이전에 물을 만나게 되면 기뻐한다. 물이 있으면 자동적으로 열매가 맺히기 때문이다. 그리스도인들도 풍성한 열매 이전에 성령의 생수가 공급되는 사실로 기뻐한다. 성령이 임하시면 열매는 자동적으로 맺히기 때문이다 갈 5:22-23.

> 하나님의 나라는 먹는 것과 마시는 것이 아니요 오직 성령 안에 있는 의
> 와 평강과 희락이라 (롬 14:17)

흙에서 생명을 얻은 자들은 이 땅의 것으로 기쁨을 누리지만 하늘에서 생명을 얻은 자들은 하늘의 것으로 기쁨을 누린다. 그리스도인들은 육의 생명은 그리스도와 함께 장사 지내고 성령 안에서 새로운 생명을 얻은 자들이다 갈 5:24-25. 우리는 먹고 마시는 문제가 아닌 의 하나님과의 관계, 평강 하나님이 주시는 내적 평화, 그리고 희락 하나님 안에 있는 참된 기쁨 을 위해 살아가는 자들이다.

성령: 생명의 능력

성령은 죽은 우리에게 새로운 생명을 주신다. 이 생명은 사망을 이긴 능력이다. 그래서 '성령의 능력'을 표현하는 가장 좋은 말은 '생명력'이다. 나무에서 단절된 가지는 폭풍우와 뜨거운 햇볕에 잎이 떨어지고 말라 비틀어진다. 결국은 사망에 이른다. 나무에 연합된 가지는 뿌리에서부터 공급되는 영양분과 수분으로 어떤 폭풍우와 거친 환경에서도 반드시 꽃을 피우고 열매를 맺는다. 이것이 생명력이다.[149]

하나님은 우리를 에덴으로 초대하시고 세상에서 기쁨을 누리려 하던 옛 사람을 십자가 위에서 죽이셨다. 우리는 성령 안에서 새로운 생명을

얻었고, 여전히 공존하고 있는 사탄의 유혹, 가시덤불과 엉겅퀴의 환경 속에서도 반드시 열매 맺는 삶을 살아간다. 그리고 때가 되면 열매를 맺는다 갈 6:9.

> 또 너희는 많은 환난 가운데서 성령의 기쁨으로 말씀을 받아 우리와 주를 본받은 자가 되었으니 그러므로 너희가 마게도냐와 아가야에 있는 모든 믿는 자의 본이 되었느니라 (살전 1:6-7)

성령은 어떤 상황과 환경도 이겨 낼 수 있는 능력을 공급해 주신다. 성령의 능력이 결국에는 열매를 맺게 하실 것을 믿기에 환난 중에도 기뻐하고, 눈으로 확증한 열매로 다시 한 번 기뻐한다.

성령은 하나님께로부터 오는 기쁨 그 자체다. 성령은 상황을 뛰어넘는 기쁨을 주신다. 하나님이 하실 일을 예언하게 하시고, 하나님이 행하시는 일들을 환상으로 바라보게 하시고, 당대에 이루어지지 않은 일들이 다음 세대 가운데 어떻게 성취될지 꿈꾸게 하신다 행 2:17.

성경은 우리에게 성령의 충만을 받으라고 명한다 엡 5:18. 성령 충만은 어떤 현상이나 은사가 아니라 자신의 옛 자아가 죽고 성령에 의해 완전히 지배된 상태다. 성령이 전 영역에 능력을 발휘하실 때, 하나님의 생명으로 어떤 환경에서도 풍성한 열매가 맺힌다. 이때 우리는 이 땅에서 맛보지 못하는 참된 기쁨을 누린다.

열째 날

소망 중에 즐거워하라

"이를 위하여 우리가 수고하고 힘쓰는 것은 우리 소망을 살아 계신 하나님께 둠이니 곧 모든 사람 특히 믿는 자들의 구주시라"_딤전 4:10

기쁨의 반대말이 무엇일까? 불만족, 불편, 고통, 고난, 아니면 슬픔일까? 나는 '소망 없음'이라고 생각한다. 우리 부모 세대는 삶이 불편하고 가난했어도 웃음과 기쁨이 있었다. 그 이유는 '지금은 고생해도 언젠가 좋은 날 오겠지'라는 희망이 있었기 때문이었다. 오늘날 사람들에게는 기쁨이 없다. 소망이 없기 때문이다. 아무리 열심히 일을 해도 미래가 보장되지 않는다면 의욕과 열정은 사라지게 되어 있다. 우리는 실로 소망이 없는, 기쁨을 잃어버린 시대를 살아가고 있다.

젊은 세대는 아예 무엇을 성취하려고 시도 자체를 하지 않는다. "오르지 못할 나무는 쳐다보지도 말라"는 말을 잘 따르는 것일까? 기성 세대 역시 크게 다르지 않다. 아무리 열심히 일을 해도 나아지는 것은 없고 미래는 오히려 점점 불투명해진다. 헛된 소망은 오히려 더 큰 실망을 줄 것을 알고 있다.

하나님을 기쁘시게 하는 기쁨

이 현실 속에서 지혜 하나를 발견할 수 있다. 어차피 자신의 제한된 능력으로 이 부조리한 세상에서 소망을 이루지 못하고 살아간다면, 차라리 자신이 소망하는 것들을 다 내려놓자는 것이다. 이 세상에서 흔히 소망이라고 말하는 좋은 대학, 좋은 직장, 자랑할 만한 배경, 넓은 집, 좋은 차, 이런 것들을 다 내려놓으면 어떨까? 즉, 이루어지지 않을 소망 목록 때문에 불만족 가운데 살아가지 말라는 것이다. 그렇다면 아무 소망도 없이 살아가야 한단 말인가? 그렇지 않다. 자신의 소망을 내려놓으라는 것은 그 소망을 하나님께 두라는 뜻이다.[150]

> 내 영혼아 네가 어찌하여 낙심하며 어찌하여 내 속에서 불안해 하는가 너는 하나님께 소망을 두라 그가 나타나 도우심으로 말미암아 내 하나님을 여전히 찬송하리로다(시 43:5)
> 이를 위하여 우리가 수고하고 힘쓰는 것은 우리 소망을 살아 계신 하나

님께 둠이니 곧 모든 사람 특히 믿는 자들의 구주시라(딤전 4:10)

소망 없는 연못

요한복음 5장을 보면, 베데스다 연못가에서 낫기를 소망하는 38년 된 병자가 등장한다. 이 병자의 소망은 베데스다 연못의 물이 요동하는 순간 가장 먼저 들어가는 것이었다. 스스로 움직일 수 없었던 이 병자에게는 불가능한 일이었다. 자신에게도 언젠가 기적과 같은 기회가 올 것이라는 막연한 소망을 품었지만 점점 소망과 기쁨은 사라졌다. 그런데도 이 병자는 38년 동안 그 자리를 떠나지 못하고 살아왔다.

소망도, 기쁨도 없는 이 병자에게 예수님이 찾아오셨다. "네가 낫고자 하느냐?" 그는 자신의 삶의 환경을 불평하였다. "나를 못에 넣어 주는 사람이 없어 내가 가는 동안에 다른 사람이 먼저 내려가나이다." 예수님은 그를 향해 "일어나 네 자리를 들고 걸어가라"고 명하셨다 요 5:8. 연못에 소망을 두고 있던 38년 된 병자가 예수님을 만나 기쁨을 되찾은 순간이다.

이 사건은 우리의 모습을 그대로 보여 준다. 우리는 가장 먼저, 가장 빨리 성취하는 소수만이 기쁨을 누리는 세상에 살고 있다. 가장 먼저, 가장 빨리 도착하려고 여러 번 노력하고 시도해 보았지만 매번 우리의 무능력만 입증된다. 반복되는 좌절로 소망마저 사라진 지 오래이고, 환경을 탓하며 애써 자위해 본다. 안 될 것을 알면서도 혹시나 하는 생각에 여전히 그 자리를 지키고 있는 것이 바로 우리의 모습이다. 예수님은 38년 된 병자처럼 소망을 잃은 우리를 찾아오신다. 그리고 고치신다.

여기서 질문이 하나 생긴다. "왜 저입니까? 많고 많은 사람 중에 왜 저입니까?" 왜 예수님은 수많은 병자 중에서 38년 된 병자를 선택하셨을까? 가장 오래된 병자였기 때문일까? 가장 가슴 아픈 사연을 가지고 있어서일까? 아니면 가장 믿음이 좋았기 때문일까?

> 그러므로 예수께서 그들에게 이르시되 내가 진실로 진실로 너희에게 이르노니 아들이 아버지께서 하시는 일을 보지 않고는 아무 것도 스스로 할 수 없나니 아버지께서 행하시는 그것을 아들도 그와 같이 행하느니라
> (요 5:19)

38년 된 병자를 택한 것은 예수님이 아니라 하나님이셨다. 하나님에게 그를 향한 계획이 있었기 때문이었다. 그것을 예수님이 실행하신 것이다. 동일하게 하나님이 우리를 택하신 이유는 우리의 어떤 조건과 믿음 때문이 아닌, 우리를 향한 하나님의 계획을 이루고자 하시는 소망 때문이다. 이 소망을 성취하기 위해 예수님을 우리에게 보내셨다. 예수님은 하나님의 뜻을 따라 38년 된 병자에게 기쁨을 허락하셨다. 예수님도 하나님의 뜻을 성취하는 것을 기뻐하셨다.

하나님을 기쁘시게 하는 기쁨

예수님은 하나님의 보내심으로 이 땅에 오셨고 요8:42, 하나님이 하고자 하시는 일을 행하셨으며 요8:28, 하나님이 말씀하신 것만을 선포하셨다 요7:16-17. 예수님은 자신이 하고자 하시는 일이 아니라 하나님이 하고자 하시는 일에 관심을 두셨다. 즉, 하나님께 소망을 두고 사셨다. 그 결과 예수님의 삶은 늘 기쁨이 넘쳤다.

예수님의 마지막 사역은 십자가였다. 당시 십자가는 실패와 저주의 상징이었다 신21:23. 사실 예수님에게도 십자가는 결코 쉬운 선택이 아니었다 마26:39. 그런데도 십자가를 선택하셨는데, 그것이 하나님이 원하시는 길이었기 때문이었다 요17:1. 십자가는 세상 사람들에게는 흉악한 형벌과 죽음이었지만 하나님과 예수님에게는 가장 큰 기쁨이 되었다 살전2:8.

예수님은 모든 그리스도인이 이 땅에서 어떻게 살아야 하는지 모범을 보이셨다 히12:2. 예수님은 창세전에 아들에게 주신 영생을 소유하시고 광야와 같은 세상에 오셔서 이 땅에서 가장 기쁘고 즐거운 삶을 사셨다. 그 이유는 자신이 소망하는 일이 아니라 하나님이 원하시는 일을 하셨기 때문이다. 예수님은 하나님을 기쁘시게 하는 것으로 자신의 기쁨을 삼았다.

바울은 예수님의 삶을 간절히 본받기를 원했는데, 예수님의 고난뿐 아니라 죽으심까지도 본받기를 원했다 빌3:10. 바울 역시 하나님을 기쁘시게 하는 것이 자신에게 가장 큰 기쁨임을 깨달았기 때문이다 골3:2-3. 그 결과 바울은 어떤 상황과 환경에서도 부족함을 느끼지 않는 일체의 비결을 깨달았다 빌4:11-12. 바울은 이러한 삶이 결코 사람의 능력으로 되지 않고 성령으로 된다고 밝힌다 빌4:13. [151]

> 나는 비천에 처할 줄도 알고 풍부에 처할 줄도 알아 모든 일 곧 배부름과 배고픔과 풍부와 궁핍에도 처할 줄 아는 일체의 비결을 배웠노라 내게 능력 주시는 자 안에서 내가 모든 것을 할 수 있느니라(빌 4:12-13)

자신의 소욕을 채움으로써 기쁨을 누리려는 사람들은 반드시 목마름을 느낀다. 예수님은 이들에게 영원히 목마르지 않는 생명의 기쁨을 주기 원하신다 시16:11. 새로운 생명을 소유한 하나님의 사람들은 자신의 소욕을 죽일 수밖에 없다. 이것이 '나를 죽이는 기쁨'이다.

이 사람들은 하나님의 뜻이 자신의 삶을 통해 성취되기를 소망하고, 그것이 이루어질 때에 기뻐한다. 그 과정에서 어떤 어려움과 시련이 와도 낙망하지 않는다. 그 일은 자신의 열심과 노력으로 되는 것이 아닌, 하나님이 친히 성취해 주심을 알기 때문이다.

예수님이 하나님의 뜻을 자신의 뜻으로 삼았듯이, 바울을 비롯하여 수많은 믿음의 선배들이 하나님의 뜻이 자신의 삶에 이루어지기를 갈망했다. 그리스도인은 하나님의 소망을 우리의 소망으로 삼아야 한다. 그것에는 크고 작음이 없을뿐더러 성공과 실패도 큰 의미가 없다. 중요한 것은 자신의 소망을 위해 수고하는가, 아니면 하나님의 소망을 위해 수고하는가 하는 것이다.

하나님의 소망을 자신의 소망으로 삼은 자는 이 땅에서 기쁨을 찾기 위해 애쓰지 않는다. 하나님이 성취하시는 일을 바라보며 함께 기뻐하면 된다. 심지어 자신의 고난까지도 하나님의 일을 성취하는 도구가 된다면, 기쁨으로 동참할 수 있다.

> 나는 이제 너희를 위하여 받는 괴로움을 기뻐하고 그리스도의 남은 고난을 그의 몸된 교회를 위하여 내 육체에 채우노라 (골 1:24)

결국 사명이다

에리히 프롬 Erich Fromm 의 작품 『자유로부터의 도피』 Escape from Freedom 는 자유로 말미암은 현대인들의 불안 증세를 분석한 책이다. 자유는 현대인들에게서 기쁨을 빼앗고 심각한 불안으로 몰아넣었다. 아무것도 정해져 있지 않은 미래, 자기 스스로 개척해야 한다는 부담감, 그 누구도 자신을 이끌어 줄 수 없다는 외로움 등이 자유로 인한 불안 증세들이다.

자유는 우리에게 무한한 가능성을 열어 주었지만 또한 어디로 가야 할지 모르는 공황 상태로도 빠뜨렸음을 부인할 수 없다. 그래서 어떤 실존주의 철학자는 "자유는 공포다"라고까지 표현하였다. 대학, 직장, 결혼, 집, 자동차, 옷 선택 등 우리는 삶의 거의 모든 부분에서 자유로운 선택이 가능한 시대를 살고 있다. 이 자유가 지나치다 보니 어떤 특정한 것에 구속되어 안정감과 성취감을 느끼려고 한다. 이것에 사람들은 소망을 두고, 그것이 성취될 때 기쁨을 얻는다.

종의 기쁨

종교개혁가 마르틴 루터 Martin Luther 는 이미 500여 년 전에 '그리스도인의 자유'에 대해 답을 제시하였다.

> "그리스도인은 전적으로 자유로운 만물의 주이며 아무에게도 예속되어 있지 않다. 그리스도인은 전적으로 충실한 만물의 종이며 모든 사람에게 예속되어 있다."[152]

그리스도인은 만물의 '주'임과 동시에 만물의 '종'이다. 이 말은 매우 모순적으로 들리겠지만 예수님이 보여 주신 모습이기도 하다.

> 그는 근본 하나님의 본체시나 하나님과 동등됨을 취할 것으로 여기지 아니하시고 오히려 자기를 비워 종의 형체를 가지사 사람들과 같이 되셨고

> 사람의 모양으로 나타나사 자기를 낮추시고 죽기까지 복종하셨으니 곧 십자가에 죽으심이라(빌 2:6-8)

예수님은 육신을 입고 이 땅에 오신 하나님 자신이다. 그분은 만왕의 왕이시고 딤전 6:15; 계 19:16, 만물 위에 계시며 요 3:31, 만물은 그분의 발 아래에 복종한다 엡 1:22. 그분은 어떤 것에도 매이지 않는 자유로운 분이심과 동시에 자유를 주시는 분이시다 요 8:32. 그런데 놀랍게도 예수님은 모든 사람에게 예속되는 종의 모습으로 오셨다. 그분은 섬김을 받기 위함이 아니라 섬기러 오셨다 마 20:28. 이것이 그분의 사명이었다. 이 섬김의 극치는 십자가였고 빌 2:8, 섬김의 목적은 모든 사람을 아버지에게 인도하는 것이었다 요 14:6.

그리스도인들은 왕 같은 제사장으로 부름을 받아 벧전 2:9 그리스도와 더불어 왕 노릇하고 있다 계 20:4. 우리는 이 세상이 요구하는 율법, 전통, 미신, 가치관 등을 조롱하며 하나님의 법을 실현하는 자들이다. 동시에 우리는 이 세상 모든 민족과 족속을 섬겨 하나님께로 인도하는 종들이다. 이것이 그리스도인들의 사명이다.

> 내가 모든 사람에게서 자유로우나 스스로 모든 사람에게 종이 된 것은 더 많은 사람을 얻고자 함이라(고전 9:19)

그리스도인은 진리로 자유롭게 된 자들이다 요 8:32. 진리 아닌 것들로 종살이하지 않고 하나님의 진리로 에덴의 기쁨을 회복한 자들이다. 하나님의 위임자로서의 자격을 회복하여 마음껏 생육하고, 번성하고, 충만하고, 정복하고, 다스리는 자유를 누린다.

이 자유는 방종과 불안으로 이어지기 쉬운데, 이때 그리스도인들은 자유의 근원이 어디인지 살펴보아야 한다. 세상은 자신의 힘으로 자유를 얻을 수 있다고 말하지만 그리스도인의 자유는 하나님에게서 온다 요 8:36. 사람들은 세상의 가치관, 문화, 종교, 죄의식 등에 의해 비상식적인 종살이를 하고 있다. 이것을 끊고 참된 자유를 주신 분이 바로 하나님이시다.

우리의 자유는 하나님에게서 온 것이므로 그분이 자유를 주신 목적을 반드시 기억해야 한다. 자유의 목적은 욕구의 충족이 아니라 하나님이 기뻐하시는 일에 자발적으로 동참하는 것이다.[153] 하나님이 기뻐하시는 일에 동참하는 것을 '소명'이라 하고, 자발적인 참여를 '자유의지'라고 한다. 존 스토트는 소명과 자유의지의 관계를 다음과 같이 설명한다.[154]

"자유의지는 모든 권위와 제한으로부터 자유로워진 의지가 아니다. 자유의지는 신적 의지에 흡수되기 위하여 자신의 존재로부터 자유로워진 것이 아니다. 그것은 하나님을 섬기는 데 자신을 드림으로써 자신에로의 속박으로부터 자유로워진 것이다."

세상의 자유는 자신의 욕구를 충족하여 기쁨을 누리는 것에서 온다. 반면 그리스도인의 자유는 세상에 대해 종살이하지 않고 하나님의 뜻이 자신의 삶을 통해 이루어지는 종의 사명을 담당하는 것이다. 이것이 하나님께 뿌리를 내린 자유로운 종의 기쁨이다 갈 1:10 . 성 아우구스티누스 St. Augustin 가 고백한 것처럼 "하나님의 노예가 되는 것이야말로 완전한 자유다."

사명이 우리를 기쁘게 한다

가출과 출가는 '자유'라는 공통점이 있는 반면에 차이점도 있다. 가출은 목적 없이 집을 나온 것이고, 출가는 목적을 두고 집을 나온 것이다. 목적 없이 집을 나온 사람들은 대부분 다시 집으로 돌아간다. 자유를 택해서 집을 나왔지만 그 자유가 곧 공포임을 깨닫기 때문이다. 반대로 출가한 사람은 자신이 정한 목적을 이루기 전까지는 집에 돌아가지 않는다. 이 사람에게 자유는 공포가 아닌, 목표를 성취하는 것에 더욱 집중하게 하는 원동력이다.[155] 이것이 사명이 주는 기쁨이다. 결국 그리스도인은 사명으로 살아야 한다.

사명이 주는 첫 번째 유익은 기쁨이다.
사명은 일이나 사역이 아니다. 이것은 자신의 소욕을 죽이고 하나님이 기뻐하시는 것으로 기뻐하는 삶이다. 다른 말로 하면 하나님께 붙어 있는 삶이다. 무언가를 하여 성취의 기쁨을 누리는 것보다 하나님과의 관계 속에서 얻어지는 참된 기쁨에 집중하는 것이 우리의 사명이다.

둘째, 사명은 영적 침체를 예방해 준다.

그리스도인의 사명은 일에 있지 않고 관계에 있다. 그리스도인은 하나님이 공급해 주시는 영생으로 아침마다 새로워진다 애 3:20-24. 시냇가에 심겨진 나무와 같이 철을 따라 풍성한 열매를 맺는다. 때로는 힘든 시련과 고통이 다가올지라도 모든 것을 이겨 낼 수 있는 능력이 하나님에게서 공급된다 빌 4:13. 156

셋째, 사명은 사람의 시선에서 자유롭게 한다.

그리스도인은 세상에 대해 자유로운 사람들이다. 사람이 가장 자유롭기 어려운 부분이 '인정'이다. 사람은 인정받기 위해 산다고 해도 과언이 아니다. 사람들의 비난과 평가에 자유롭기가 어렵다는 것이다. 사람들의 인정이나 평가와 비난에 의해 삶의 방향이 달라지도 한다. 결국 기쁨을 잃고 남의 탓을 하게 된다. 사명은 사람의 시선에서 우리를 자유롭게 한다. 사람에게 인정받기 위한 삶이 아니라 하나님을 기쁘시게 하는 삶이기 때문이다 갈 1:10.

넷째, 사명은 충성하게 한다.

사명은 일이 아니고 관계인 것처럼, 충성도 일이 아니라 관계다. 하나님은 '작은 일'에 충성할 것을 요구하신다 눅 16:10. 충성은 그 일을 누가 명령하셨는지에 초점이 맞춰져 있다. 충성은 일을 성공적으로 잘 이루어 내는 것이 아니라 명령하신 분의 뜻대로 이루어 내면서 끝까지 지키는 것이다.[157] 달리기 선수에게 충성이란 열심히 뛰는 것을 넘어 결승선을 향해 끝까지 뛰는 것이다. 사명은 하나님에게 온전히 집중하는 것이다. 하나님께 집중하는 사람은 끝까지 경주할 수 있다 행 20:24.

다섯째, 사명은 장래의 기쁨을 바라보게 한다.

운동선수들이 고된 훈련과 제한된 식단, 절제된 생활을 견뎌 낼 수 있는 이유는 장래에 금메달을 목에 건 자신의 모습을 기대하기 때문이다. 사명은 현재의 고난을 이겨 내고 장래에 얻을 기쁨을 바라보게 한다.[158] 그리스도인들이 당하는 고난은 하나님과의 관계 속에서 일어나는 것이다. 우리의 죄를 깨끗하게 하시는 것일 수도 있고, 의인이 당하는 고난일 수 있고, 우리의 성숙을 위한 것일 수도 있다. 하나님과의 관계 속에서 형성된 사명은 장래에 누리게 될 기쁨을 바라보게 하여 이 땅에서 승리하게 한다 롬 8:17-18.

종말의 기쁨

신앙생활은 우리의 힘과 노력으로 할 수 있는 것이 아니고 성령의 능력으로만 가능하다. 성령 안에서 자신의 소욕을 죽이고 하나님께 소망을 두는 자들이 참된 기쁨을 누리게 된다. 이것이 우리의 사명이다. 그러나 이 삶이 결코 쉽지만은 않다. 이 여정을 중간에 포기하는 자들도 있고, 세상으로 돌아가는 자들도 생긴다 딤전5:15. 그 길이 기쁘지 않기 때문이다.

이 길을 걷다 보면 몇 번이고 포기하고 싶을 때가 있다. 육체의 고난, 계속되는 가난, 오래된 질병, 폭력적인 남편, 해결되지 않는 자녀의 문제 속에서 성령을 의지하고 기쁨을 누리기란 정말 힘들다. 이때 우리가 꿈꾸는 마지막 기쁨이 있다. 그것은 바로 '종말의 기쁨'이다.

개인의 종말

종말은 개인의 종말, 공동체의 종말, 역사의 종말로 구분된다. 그리스도인들에게 죽음은 단순히 인생의 끝이 결코 아니다. 우리는 죽음 이후에 신령한 몸으로 다시 살아날 것을 믿는다 고전15:44. 개인의 종말은 사명을 마치는 때에 이루어진다. 하나님이 우리를 향한 목적과 계획을 완성하는 그때 이루어지는 것이다. 개인의 종말 때 우리는 하나님 품에 안겨 안식을 얻는다. 그곳은 사망도, 애통함도, 눈물도, 아픔도 없는 참된 기쁨이 넘치는 곳이다.

어린 시절 교통사고로 다리 하나를 잃은 친구가 한 명 있다. 체육시간이면 나무로 된 의족을 보이며 어렵게 옷을 갈아입었다. 당연히 운동을 할 수 없었지만 꼭 운동장에 나왔다. 그러고는 벤치에 앉아 친구들이 즐겁게 뛰는 모습을 바라만 보았다. 가끔 공이 그 친구 쪽으로 굴러가면, 성한 다리를 이용해 힘껏 공을 차 주었다. 이 친구에게는 소망이 하나 있다. 이미 짐작을 했겠지만 천국에 들어가 주님과 함께 즐겁게 뛰노는 것이다. 이 친구는 밝은 성격을 가졌고 하나님에 대한 열정이 남달랐다. 하나님 안에서 참된 기쁨을 누리는 멋진 친구였다. 하지만 육체의 장애 때문에 기쁨을 누리는 것에 제한을 받을 수밖에 없었다. 언젠가 주님이 부르시는 그날, 이 친구는 주님이 준비하신 혼인잔치에서 주님과 멋지게 춤을 출 것이다.

우리 교회 성도 두 명이 주님이 부르실 그날을 기다리고 있다. 한 명은 대장암을 앓고 있고 호스피스 병동에서 중환자실로 옮긴 지 얼마 되지 않았다. 또 한 명은 젊은 여자 집사님인데 복부암에 걸려 호스피스 병원에 입원 중이다. 그분에게는 예쁜 딸이 둘이나 있다. 남편은 오랜 간병으로 심신이 다 지쳤고, 무엇보다 아내를 지켜 주지 못한 자신을 용납할 수 없어서 심각한 우울증 증세를 보이고 있다.

이분들에게 무엇이 위로가 될 수 있겠는가? 자신은 물론 소중한 배우자, 부모, 형제를 죽음으로 몰아가시는 하나님이 어떻게 이해가 되겠는가? 하지만 다시 일어난다. 주님이 죽음을 이기시고 부활의 첫 열매가 되셨기에, 그분을 믿는 모든 자가 부활을 경험하게 될 것이다. 부활이 없다면 우리의 믿음은 아무런 의미가 없다 고전 15:12-19. 먼 훗날 저 천국에서 함께 부둥켜 안고 반갑게 다시 만날 날이 있기에 믿음의 사람들은 다시 웃을 수 있는 것이다.

> 만일 우리가 그의 죽으심과 같은 모양으로 연합한 자가 되었으면 또한 그의 부활과 같은 모양으로 연합한 자도 되리라 (롬 6:5)

누구에게나 이루지 못한 소망들이 있다. 이 소망을 주님께 맡기고 기쁨 중에 살아갈지라도 다 이루어지지는 않는다. 스페인으로 가고자 했던 바울의 소망이 이루어지지 않은 것처럼, 제자들이 당대에 주님의 재림을 경험하지 못한 것처럼, 나의 할머니가 생전에 고향 땅 황해도에 돌아가지 못한 것처럼 말이다. 우리는 모두 천국에서만 온전한 기쁨을 누릴 수 있다. 하나님은 정말 중요한 소망들은 이루어 주지 않으시는 것 같다. 아마도 천국을 더욱 소망하게 하기 위함이 아닌가 싶다.

공동체의 종말

이스라엘 백성들은 유월절의 기적으로 애굽에서 나올 수 있었다. 홍해를 건너면서 종노릇하던 옛 사람은 죽고 새로운 피조물이 되었다. 이들은 하늘에서 공급해 주시는 만나와 반석에서 나오는 샘물로 살아가는 하나님의 백성이 되었다. 그러나 이스라엘은 하나님께 범죄하였고 끊임없이 애굽으로 돌아가고 싶어 했다. 하나님은 이 공동체에게서 더 이상의 소망을 찾을 수 없었다. 결국 그들에게 종말 죽음 을 선포하셨다 민14:32-33.

출애굽 1세대들은 광야에서 종말을 맞이했다. 이 죽음으로 이스라엘 공동체가 끝났는가? 그렇지 않다. 출애굽 2세대를 준비시키셨고, 그들이 요단 강을 건너 하나님이 약속하신 가나안 땅에 들어가 젖과 꿀을 맛본다. 하나님은 그분의 목적을 성취하시기 위해 죄로 오염된 공동체에 종말을 선고하셨다. 그리고 그곳에서 새로운 일을 행하셨다. 이것을 깨달으면 기쁨을 누리게 된다.

하나님은 유사한 사건을 이스라엘 가운데 다시 행하셨다. 바로 바벨론으로부터의 멸망이다. 가나안 땅에서 이스라엘 백성은 하나님을 떠나 우상을 숭배했다. 하나님은 여러 선지자를 통해 돌이킬 것을 명하셨지만 소용이 없었다. 결국 하나님은 이스라엘에게 심판 종말 을 선고하셨다. 이 심판은 이스라엘의 끝이 아니라 그들의 죄를 끊어 내고 새로운 일을 하시기 위함이었다. 이 심판은 기쁨의 심판이었다 사66:10.

역사의 종말

심판이 악한 자들에게는 재앙이지만 믿는 자들에게는 보상이다 계20:12-13. 고난 중에 하나님께 소망을 두고 살아가는 그리스도인들의 마지막 소원은 '주님의 재림'이다. 이때 세상은 심판받는다 벧전4:16-18.

대학교 3학년 시절, 나는 심각한 고민에 빠졌다. '내가 믿고 있는 진리가 진짜일까?' 당시에 나는 선교 단체에서 리더를 맡았고 주일학교 교사로도 섬기고 있었다. 주중에는 학업과 전도를 병행하였고 주말에는 교회에서 대부분의 시간을 보냈다. 그런데 어느 날 아무리 전도를 해도 사람들이 믿지 않는 것에 대해 심각한 회의가 들었다.

"내가 진리를 전한다면 사람들이 다 믿어야 하는 것이 아닌가? 왜 사람들은 진리를 거절하지?"
"내가 믿는 것이 진리라면 사람들이 왜 기독교를 싫어하고 교회를 핍박하지?"
"예수님이 말씀하신 것이 진리라면 보편적 이성을 소유한 사람들이 다 믿어야 하지 않을까? 왜 예수님도 사람들에게 거절당하셨지?"

어떻게 보일지 모르겠지만 그때는 매우 심각했다. 내가 믿고 있는 신앙 전체가 흔들렸다. 수개월을 고민했다. 신앙생활을 포기하고 싶기도 했다. '내가 믿는 것이 진리가 아니면 어떻게 하지?' 무척 걱정스러웠다. 내 미래가 걸린 일인데, 시간과 열정이 아까웠다. 그렇게 하나님께 묻고 고민하던 어느 날 꿈을 꾸었다.

하나님께 들림을 받는 장면이었다. 예수님이 구름을 타고 재림하시자 믿는 자들이 들림을 받았다. 점점 예수님의 영광의 빛이 내 집으로 다가오고 있었다. 내심 걱정이 되었다. 그 순간 빛이 나를 감쌌고 내가 하늘로 들림 받았다. 들림을 받으면서 울기 시작했다. 꿈에서도 울고 실제로도 울었다. 울다가 깨서 기도하며 오랜 시간을 울었다. 내 눈물의 의미는 기쁨이었다.

내가 믿고 있는 진리가 틀리지 않았다는 기쁨이었다. 이 꿈은 세상의 모든 사람이 택함을 받은 것이 아님을 깨닫게 해 주는 결정적인 계기가 되었다. 반드시 종말이 올 것이고 하나님의 심판의 때가 올 것이라는 확신을 주는 꿈이었다. 이 꿈은 내 믿음을 견고하게 해 준 하나님의 선물이었다.

"창현아! 네 마음 다 이해한다. 잘 따라오고 있다. 지금까지 믿고 따랐던 그 진리의 말씀대로 전진하면 반드시 성경에 기록된 대로 내가 다시 와서 승리의 기쁨을 너에게 줄게."

"주님! 맞군요. 맞았어요! 틀리지 않았군요."

예수님의 죽으심으로 성전의 휘장이 찢어져 우리가 하나님의 보좌 앞으로 담대히 나아갈 수 있게 되었다 히4:16. 마지막 때에 하늘이 휘장처럼 갈라져 예수님이 다시 오시어 우리를 하나님의 보좌로 인도해 가실 것이다 계21:1-4. 그곳은 눈물이 없고, 사망이 없고, 애통하는 것이 없고, 아픈 것이 없는 하나님의 나라다.

"마라나타! 아멘! 주 예수여 어서 오시옵소서!"

| 글을 맺으며 |

"주께서 내 마음에 두신 기쁨은 그들의 곡식과 새 포도주가 풍성할 때보다 더하니이다 내가 평안히 눕고 자기도 하리니 나를 안전히 살게 하시는 이는 오직 여호와이시니이다" 시 4:7-8

기쁨은 마음의 문제다. 기쁨을 육체적·정서적, 그리고 영적인 부분으로 구분할 수 있지만 결국 기쁨을 느끼는 곳은 마음이다. 이 마음을 다스리기가 참 쉽지 않다. 방금 전까지 엄청나게 기뻤던 마음이 사소한 일 때문에 무너져 내리기도 하고, 예배를 통해 영적인 기쁨으로 충만해졌다가도 주차장에서 기분이 상해 버리는 것이 우리의 마음이다.

그래서일까? 솔로몬은 "모든 지킬 만한 것 중에 더욱 네 마음을 지키라" 잠 4:23 고 권면한다. 결국 마음의 문제다. 우리는 지금까지 어떻게 기쁨을 회복할 것인지 살펴보았다. 마지막으로 나누고 싶은 이야기는 힘써 찾은 기쁨을 어떻게 지킬 것인지에 대한 내용이다.

관용

일상에서 기쁨이 상실되는 가장 큰 요인은 관계다. 사람과의 갈등, 다툼, 아니 짧은 말 한마디와 눈짓 하나에도 우리의 기쁨은 한순간에 사라진다.

선생님의 한마디에 학업에 대한 의욕이 완전히 사라지기도 하고, 배우자의 부정적인 말 한마디에 3년 동안 끊었던 담배를 다시 입에 물기도 한다. 학교에서 말썽을 부리는 자녀, 허구한 날 술 먹고 들어오는 남편, 볼 때마다 잔소리를 하는 상사 등 우리의 마음을 가장 힘들게 하는 요소는 바로 사람이다.

청소년의 가장 큰 고민은 친구 관계다. 직장인이 이직하는 큰 이유 역시 인간관계 때문이다. 대부분의 정신질환의 원인은 사람과의 관계에 있고, 처참한 살해 현장에는 살인을 부른 원한 관계가 존재한다.

심지어 상점이나 백화점에서 난생처음 보는 직원이나 고객 때문에 기쁨이 한순간에 사라져 버리고 며칠씩 상한 마음으로 살기도 한다. 실로 이 세상은 기쁨을 빼앗는 지뢰밭과 같다.

세상에서 이렇게 상한 마음을 가지고 위로받고 싶어 교회에 나왔는데, 교회도 결코 안전지대가 아닌 것을 이미 우리는 알고 있다. 교회에서는 더 상처받기 쉽다. 왜냐하면 상한 마음을 소유한 자들이 모인 곳이 교회이기 때문이다.

그렇다면 인간관계 속에서 우리의 기쁨을 지키려면 무엇이 필요할까? 바로 관용이다.

> 주 안에서 항상 기뻐하라 내가 다시 말하노니 기뻐하라 너희 관용을 모든 사람에게 알게 하라 주께서 가까우시니라(빌 4:4-5)

위胃는 우리 몸 안에 있는 대표적인 소화기관이다. 우리가 1리터의 우유를 마시면, 소에게 있던 알부민이 꽤 짙은 농도로 사람의 혈액 속으로 들어간다. 위를 통해 흡수된 알부민이 혈관 속으로 흘러들어 가 영양분을 공급하는 것이다. 그러나 우유를 주사기에 넣어 사람의 혈관에 바로 투입하면 쇼크로 죽을 수도 있다. 소의 알부민이 위 안에만 들어가면 우리 몸과 조화를 이루어 몸 속에 자연스럽게 흡수된다. 우유뿐만 아니라 온갖 음식물이 위 속으로만 들어가면 우리 몸과 적절하게 조화를 이루어 영양분으로 공급된다.

이물질이 들어와도 함께 공존할 수 있게 하는 생물학적 장치가 위 안에 있다. 이처럼 환경 조건의 변화에 견뎌 낼 수 있는 생물의 성질을 '내성'이라고 한다. 이 '내성'을 영어로 '톨러런스' tolerance 라고 읽는다. 이 '톨러런스'가 '관용'이라는 단어다.

관용은 내 안에 어떤 것이 들어와도 내 몸에 해가 되지 않도록 변화시켜 흡수하는 능력이다. 기쁨을 지키려면 반드시 관용이 필요하다. 관용은 품어 주는 것이고, 긍휼히 여겨 주는 것이며, 상대편의 입장에서 생각해 보는 것이다.

감사함으로 아뢰는 기도

일상에서 쉽게 접하는 기쁨의 장애물 두 번째는 염려와 걱정이다. 가시덤불과 엉겅퀴가 나는 세상에서 염려와 걱정이 없을 수는 없지만, 이것들은 의지와 관계없이 수시로 우리를 괴롭힌다.

『느리게 사는 즐거움』 Don't hurry, be happy! 의 저자 어니 J. 젤린스키 Ernie J. Zelinsk 는 우리의 걱정 중에 40%는 결코 일어나지 않을 일들, 30%는 이미 지나간 일들, 12%는 나와 상관없는 일들, 10%는 아직 걸리지 않은 질병에 대한 것이라고 지적한 바 있다. 즉, 우리가 통상 걱정하는 것 중 92%는 걱정할 필요가 없는 것들이거나 걱정한다고 상황이 달라지지 않을 것들이다. 나머지 8% 중에서도 절반인 4%는 아무리 열심히 걱정해도 해결되지 않는 것들이고, 진정 걱정할 만한 일은 4%밖에 되지 않는다.

> 마음의 즐거움은 양약이라도 심령의 근심은 뼈를 마르게 하느니라 (잠 17:22)

어떤 사람들은 과거에 매여 현재의 기쁨을 빼앗긴다.

"어린 시절 집에 돈만 있었어도 공부를 할 수 있었을 텐데…. 그때 사고만 당하지 않았어도…. 치료만 일찍 받았어도…. 그때 그곳에 가지만 않았어도…."

어떤 사람은 자식이나 남편이 늦게 들어오면 머릿속에서 벌써 장례까지 다 치러 버리기도 한다. 또 나라에 대한 걱정으로 늘 분노와 염려로 살아가는 이도 있다. 건강과 질병의 노예로 살아가기도 한다. 조금만 아파도 '암이 아닐까? 내가 죽으면 누가 날 기억해 줄까? 이렇게 죽으면 자식들 고생할 텐데. 그냥 몰래 여행 가서 죽어 버릴까?' 하며 지나친 걱정과 염려로 오히려 병을 키운다.

이렇듯 염려와 걱정은 우리에게 아무런 도움도 되지 않는다. 하지만 이 사실을 알아도 염려와 근심을 통제할 수 없는 것이 우리의 모습이다. 그래서 성경은 기쁨을 파괴하는 염려와 근심을 통제하는 방법을 알려준다. 바로 '감사함으로 구하는 기도'다.

> 아무 것도 염려하지 말고 다만 모든 일에 기도와 간구로, 너희 구할 것을 감사함으로 하나님께 아뢰라 그리하면 모든 지각에 뛰어난 하나님의 평강이 그리스도 예수 안에서 너희 마음과 생각을 지키시리라(빌 4:6-7)

그리스도인이 지닌 가장 큰 무기는 '기도'다. 기도를 통해 우리는 많은 문제의 해결을 경험한다. 기도의 능력은 응답에 앞서 기도의 과정 속에서 하나님이 우리의 마음과 생각을 지켜 주시는 데 있다. 기도의 과정 속에서 현재 겪는 상황을 견뎌 낼 힘이 제공된다. 통제할 수 없는 염려와 근심이 제거된다. 해결할 수 없는 문제를 하나님께 맡김으로써 자유를 얻게 된다. 기도는 우리의 마음과 생각을 지키는 가장 확실한 방법이다.

죄와 싸우기

기쁨을 빼앗기는 세 번째 요소는 바로 '죄'다. 죄는 하나님과의 관계 단절을 초래한다. 아담의 원죄로 하나님과 단절된 인간은 하나님께로부터 공급되는 기쁨을 잃어버렸다. 그러나 예수님의 보혈의 공로로 하나님과의 관계 회복이 일어났고 기쁨을 되찾았다.

사탄은 지금도 하나님의 백성들을 미혹하여 죄를 짓게 한다. 사탄은 우리로 죄 짓게 하는 것에 목적이 있기보다는, 하나님과의 관계 단절에 그 목적이 있다. 하나님과의 단절은 기쁨의 단절로 이어진다. 따라서 기쁨을 유지하기 위해서는 반드시 죄와 싸워야 한다.

> 끝으로 형제들아 무엇에든지 참되며 무엇에든지 경건하며 무엇에든지 옳으며 무엇에든지 정결하며 무엇에든지 사랑 받을 만하며 무엇에든지 칭찬 받을 만하며 무슨 덕이 있든지 무슨 기림이 있든지 이것들을 생각하라 너희는 내게 배우고 받고 듣고 본 바를 행하라 그리하면 평강의 하나님이 너희와 함께 계시리라(빌 4:8-9)

죄는 단순히 범죄 행위로 끝나지 않고 죄책감, 두려움, 부끄러움 등의 정서적 작용을 일으킨다. 이런 불안한 정서적 상태가 우리의 기쁨을 파괴한다. 죄 때문에 기쁨을 상실한 인간은 기쁨을 되찾는 방법으로 하나님께 나아가기보다는 쾌락으로 빠지는 경우가 훨씬 많다.

우리는 기쁨을 위해 죄와 싸워야 한다. 그러나 우리가 죄인이기에 죄를 지을 수도 있다. 이때 기쁨을 회복하는 방법은 회개하고 하나님께 다시 나아가는 것이다. 회개는 그리스도의 보혈의 은혜를 통해 하나님과의 관계를 회복하는 것이다.

> 내가 확신하노니 사망이나 생명이나 천사들이나 권세자들이나 현재 일이나 장래 일이나 능력이나 높음이나 깊음이나 다른 어떤 피조물이라도 우리를 우리 주 그리스도 예수 안에 있는 하나님의 사랑에서 끊을 수 없으리라 (롬 8:38-39)

기쁨을 훈련해야 하는 몇 가지 중요한 이유가 있다. 첫째, 이 기쁨은 예수님의 피값으로 얻은 것이기 때문이다. 둘째, 사탄이 끊임없이 우리의 기쁨을 빼앗기 위해 공격하기 때문이다. 셋째, 사탄이 거짓 기쁨으로 우리를 미혹하기 때문이다. 넷째, 하나님이 기뻐하라고 명령하셨기 때문이다.

하나님은 우리가 할 수 있는 것만 시키신다. '기뻐하라'는 말은 공허한

뜬구름 잡는 이야기가 결코 아니다. 기쁨은 우리의 육체와 마음의 만족이 이루어질 때 누리는 감정적 상태가 아니다. 우리는 예수님의 보혈로 이미 에덴에 들어와 있다. 사탄에게 속지 말자. 마음껏 기뻐하라. 주님이 기뻐하신 것으로 함께 기뻐하라.

부록

기쁨지수 측정표·미주·참고 문헌

기쁨지수 측정표

- 일시:
- 성명:
- 검사 방법
  ① 자신의 상황을 보여 주는 가장 적절한 답에 표시하세요.
  ② 답을 다 적은 후 점수표를 이용해 총합계를 계산하세요.

번호	문항	①	②	③	④
1	일주일에 몇 번 산이나 공원을 산책하나요?	0회	1회	2~3회	4회 이상
2	주변에 화분이나 식물이 몇 개 있나요?	0개	1개	2~3개	4개 이상
3	애완동물을 좋아하나요?	키우고 있다	좋아하지만 키우고 싶지는 않다	좋아하지 않는다	싫어한다
4	한 달에 홈쇼핑을 얼마나 이용하나요?	이용하지 않는다	종종 이용한다	자주 이용한다	홈쇼핑만 이용한다
5	신용카드와 현금 중 어느 것을 많이 사용하나요?	신용카드만 사용	신용카드 위주로	현금 위주로	현금(체크카드)만 사용
6	약속 시간을 잘 지키는 편인가요?	늦는 편이다	가끔 늦는다	대체로 잘 지킨다	반드시 지킨다
7	십일조 생활을 잘하고 있나요?	온전한 십일조	부분적으로	하지 않음	왜 하는지 모르겠다
8	권위자에 대해 어떤 생각을 가지고 있나요?	우리를 불편하게 한다	저항의 대상	하나님이 세우신 권위로 인정한다	별 생각 없다
9	무거운 짐을 들고 가는 할머니를 만났을 때 어떻게 반응하나요?	도와주고 싶은 마음은 있는데 선뜻 나서지 못한다	도와드린다	신경 쓰지 않고 그냥 간다	상황에 따라 다르다
10	찬양을 좋아하나요?	전혀 듣지 않는다	싫어하지는 않는다	즐겨 듣는다	듣기도 하고 부르기도 한다
11	일주일에 성경을 몇 번 보나요?	4회 이상	2~3회	1회	0회
12	시험을 앞에 두고 어떻게 공부하나요?	전혀 준비하지 않는다	바로 전날 한다	시험 공부 때문에 다른 것을 전혀 못한다	계획을 잡고 진행한다
13	일주일에 얼만큼 운동(하루에 30분 이상)을 하나요?	4회 이상	2~3회	1회	0회
14	성령님과 동행하고 있음을 믿나요?	성령을 믿지 않는다	잘 모르겠다	믿을 때도 있다	확실히 믿는다
15	일기 쓰기나 말씀 묵상을 규칙적으로 하나요?	전혀 하지 않는다	생각날 때만 한다	일주일에 1회 정도 한다	일주일에 2회 이상 한다
16	기독교인들에 대해 어떻게 생각하나요?	하나님 안에서 형제자매로 느껴진다	착해 보인다	이중적으로 보인다	이기적으로 보인다
17	자신의 외모에 만족하나요?	난 내가 싫다	못생겼다	잘생겼다	나는 하나님의 작품이다
18	예배에 대해 어떤 생각을 하나요?	빨리 끝났으면 좋겠다	예배를 왜 드리는지 모르겠다	예배를 드리는 것이 기쁨이다	예배를 안 드리면 불안하다
19	고난이 찾아왔을 때 어떤 생각을 하나요?	내가 무엇을 잘못했는지 생각한다	고난이 유익이 될 것을 믿는다	나는 잘못한 게 없는데 억울하다	왜 나만 힘든지 화가 난다
20	사람이 죽으면 어떻게 된다고 생각하나요?	잘 모르겠다	천국과 지옥은 존재하지 않는다	착하게 살면 천국에 간다	예수를 주로 고백하는 사람만 천국에 간다

1번	1	2	3	4	6번	1	2	3	4	11번	4	3	2	1	16번	4	3	2	1
2번	1	2	3	4	7번	4	3	2	1	12번	1	2	3	4	17번	1	2	3	4
3번	4	3	2	1	8번	2	1	4	3	13번	4	3	2	1	18번	2	1	4	3
4번	4	3	2	1	9번	3	4	1	2	14번	1	2	3	4	19번	3	4	1	2
5번	1	2	3	4	10번	1	2	3	4	15번	1	2	3	4	20번	2	1	3	4

- 20-35: A단계
- 36-50: B단계
- 1-65: C단계
- 66-80: D단계

• **A단계 :** '고통의 단계'입니다. 삶 속에 해결되지 않는 문제들로 심각한 고민을 하고 있고, 미래를 알 수 없어 두려워하고 있습니다. 하나님이 살아 계신지에 대한 근본적인 의문도 들고, 신앙생활에 회의를 느끼고 있습니다. 삶에 대한 의욕이나 목적도 없이 빨리 죽고 싶다는 생각을 하고 있습니다. 하나님이 당신과 함께하십니다. 하나님은 당신에게 기쁨을 주기 원하십니다. 하나님의 기쁨으로 기뻐하는 훈련이 필요합니다. 본 책의 프로그램을 7일 동안 꾸준히 진행해 보시기 바랍니다. 3개월 동안 하다 보면 고비가 옵니다. 잘 극복하시고, 1년쯤 지나서 다시 고비가 오지만 조금만 더 연습하면 삶의 상당 부분 기쁨을 회복하게 될 것입니다.

• **B단계 :** '고민의 단계'입니다. 환경과 상황에 영향을 많이 받습니다. 특별히 관계 때문에 어려움을 많이 경험하는 상황입니다. 무엇인가 열심히 진행하고 있지만 아직 성과가 없어서 지쳐 있는 상태이기도 합니다. 스스로 감정 조절을 하기 어려워서 사람 만나는 것을 두려워하기도 합니다. 마음이 편한 사람과는 유쾌하게 지내지만 어려운 사람을 멀리하는 자신의 모습에 실망감을 느끼기도 합니다. 우유부단한 모습으로 목표를 정하지 못하는 경우나, 의지력이 부족하여 중간에 멈추는 경우가 많습니다. 고민의 단계에 있는 분들은 특별히 이 책에서 마음을 다스리는 부분과 건강한 자존감의 내용을 집중적으로 살펴보세요.

• C단계: '노력의 단계'입니다. 남들보다 잘하고 싶은데, 부족한 실력 때문에 좌절하는 경우가 종종 있습니다. 기도도 해 보고 말씀도 읽어 보면서 하나님의 능력으로 문제를 해결해 나가고 싶은데 쉽지 않습니다. 때로는 이 길이 나에게 맞는 길인지 의문이 들 때도 있습니다. 신앙 안에서 결정한 사항들에 대해 몇 개월도 채 지키지 못하고 다시 원점으로 돌아올 때도 있습니다. 신앙생활에 열정이 있을 때도 있지만 오래 유지하기가 어렵습니다. 하나님 앞에 죄송스러운 마음에 무엇을 해 달라고 다시 기도하기도 쉽지 않습니다. 노력의 단계에 있는 분들은 기쁨의 한계를 경험한 분들입니다. 절대 포기하지 마세요. 지금은 시간과 땀이 필요한 시기입니다. 여러 가지를 하지 마시고 7일간의 내용 중 한 가지에 집중하여 한 달간 꾸준히 진행해 보십시오. 습관이 되어 무의식적으로 반응할 때까지 반복하세요.

• D단계: '기쁨의 단계'입니다. 상황과 환경에 관계없이 주님 안에서 기쁨을 누리고 있습니다. 균형 있는 삶으로 사람들에게 인정을 받고 스스로도 문제가 없는 삶을 살아가고 있습니다. 그러나 기쁨의 단계에는 사탄의 미혹이 강력하게 일어납니다. 또 다른 기쁨이나 쾌락을 찾으려 하지 말고 기쁨 ^{에덴} 안에 거하고 있음을 기억하고 자족하고 감사하며 살면 됩니다. 다스림의 기쁨으로 확보된 시간과 여유를 하나님을 알아 가는 일에 더욱 집중하여 사용하세요.

| 미주 |

1 R. T. 켄달, 김성원 역, 『기쁨을 묻다』(*Pure Joy*, 예수전도단, 2006), 8.

2 케이 워렌, 조윤주 역, 『행복보다 기쁨을 선택하라』(*Choose Joy: Because Happiness Isn't Enough*, 너의오월, 2013), 31.

3 "기뻐하라는 것은 명령이다. 기쁨이 없는 것은 심각한 죄인데, 특히 종교적인 사람들이 빠지기 쉬운 죄이다." – 존 오토버그, 김주성·윤관희 역, 『평범 이상의 삶』(*the Life You're Always Wanted*, 사랑플러스, 2005), 98.

4 "기뻐하는 것은 배워야 하는 기술이다. 당신의 기쁨은 당신의 책임이다." – 위의 책, 101.

5 창세기에는 "보시기에 좋았더라"는 표현이 총 6회 등장한다(창 1:4, 10, 12, 18, 21, 31). 하나님이 매일 창조 사역을 마무리하며 외치신 기쁨의 탄성이었다. 이 기쁨의 탄성이 둘째 날에는 없고 셋째 날에 두 번 등장한다. 어떤 사람들(중조론자들)은 하나님이 둘째 날에 궁창을 만드셨는데, 사탄이 공중 권세를 잡고 있는 곳이기 때문에 그 말을 하지 않으신 것으로 설명하기도 한다. 하지만 이것은 옳은 해석이 아니다. 둘째 날과 셋째 날의 창조 사역은 하늘과 바다, 땅이 연결되어 있는 사역이었다. 때문에 바다와 땅에 대한 사역을 마무리하시고 "보시기에 좋았더라"는 말을 셋째 날에 두 번 표현하신 것이다.

6 H. C. 류폴드, 최종태 역, 『창세기(상)』(*Exposition of Genesis*, 크리스챤서적, 1993), 63.

7 "아! 화초는 한낱 식물이니 지각도 없고 운동도 하지 않는다. 그러나 배양하는 이치와 거두어 들이는 법을 모르면 안 된다. 건습과 한난을 알맞게 맞추지 못하고 그 천성을 어기면 반드시 시들어 죽을 것이니 어찌 성성하게 피어난 참모습을 드러낼 수 있으랴? 하찮은 식물도 이러하거늘 하물며 만물의 영장인 사람이랴! 어찌 그 마음을 애타게 하고 그 몸을 괴롭혀 천성을 어기고 해칠 수 있겠는가? 내 이제야 양생하는 법을 알았다. 이로 미루어 이치를 넓혀 간다면 무엇을 하든지 못할 일이 없을 것이다." – 강희안, 이병훈 역, 『양화소록』(서울: 을유문화사, 2008), 29.

8 먹는 것과 관계없이 개들에 대해서는 시끄러운 존재(시 59:7-14), 무지하고 탐욕이 심한 존재(사 56:10-11), 미련한 존재(잠 26:11), 창기들의 행위를 닮은 존재(왕상 22:38), 부정하게 돈을 버는 존재(신 23:18), 더 나아가 삼가야 할 존재(빌 3:2)로 묘사하고 있다.

9 마가복음 7장에 수로보니게 여인과 예수님의 대화 장면이 나온다. 이때 '개'(퀴나리온, κυνάριον)에 대해 언급하는데 여기서는 '작은 개'를 가리키며 이로써 고대 사회에서부터 애완용 개가 식탁 가까이에 있었음을 알 수 있다.

10 존 네이시, 강미경 역, 『이너프: 불만족의 심리학』(*ENOUGH: breaking free from the world of more*, 예담, 2009), 246-249.

11 루이스 벌코프, 권수경·이상원 역, 『조직신학 상』(*Systematic Theology*, 크리스챤다이제스트, 2000), 141.

12 A. W. Tozer, *The Pursuit of God*(Camp Hill: Christian Publications, 1982), 58. 『하나님을 추구함』(생명의말씀사, 1997).

13 C. S. Lewis, *THE FOUR LOVES*(New York: Harcourt Brace & Company, 1991), 21. 『네 가지 사랑』(홍성사, 2006).

14 존 스토트, 김명희 역, 『제자도』(*The Radical Disciple*, IVP, 2010), 67-68.

15 "인간은 하나님의 아들이기 때문에 동시에 그는 땅의 왕이다. 하나님의 자녀 됨과 만물의 후사 됨은 창조에서 이미 분리됨이 없이 서로 연결되어 있었다." – 헤르만 바빙크, 김영규 역, 『하나님의 큰 일』(*Magnalia Dei*, CLC, 1999), 175.

16 루이스 벌코프, 『조직신학 상』, 416.

17 "바쁜 사람치고 자기 인생의 주도권을 가지고 위대한 변화를 만들어 내는 사람은 없다." – 헨리 클라우드 & 존 타운센드, 김애정 역, 『책임의 자유』(*It's not my fault*, 토기장이, 2008), 180.

18 "시간에 대한 자주성을 갖는 것이 중요하다. 그것은 우리가 주어진 조건 안에서 시간의 주인이 되고, 우리의 시간과 삶을 우리의 생각과 소망대로 만들어 가는 것을 의미한다. 우리는 직장과 개인생활에서 정말로 중요한 것들에 집중해야 한다. 우리의 직업과 생활 사이에 균형을 잡고 즐거운 삶을 살아야 한다." – 로타르 J. 자이베르트 외, 윤진희 역, 『즐겁게 살아라』(*Lifetime Management*, 한스미디어, 2004), 29.

19 고든 맥도날드, 홍화옥 역, 『내면세계의 질서와 영적 성장』(*Ordering your private world*, IVP,

2010), 142.

20 Robert H. Welch, *Church Administration: Creating Efficiency for Effective Ministry*(Nashville: Broadman & Holman Publishers, 2005), 22-36.

21 피터 드러커, 이재규 역, 『피터 드러커의 자기경영노트』(*The Effective Executive*, 한국경제신문사, 2003), 24.

22 로타르 J. 자이베르트 외, 『즐겁게 살아라』, 26.

23 "자신의 시간 활용 방법은 꾸준한 연습을 통해 개선될 수 있다. 오직 시간을 관리하기 위한 지속적인 노력만이 시간의 낭비를 막을 수 있다." - 피터 드러커, 이재규 역, 『프로페셔널의 조건: 어떻게 자기 실현을 할 것인가』(*The Essential Drucker Vols. 1*, 청림출판, 2001), 200.

24 "당신의 주의를 빼앗는 것에 '노'라고 말함으로써 시간에 대한 주도권을 쥐어라." - 헨리 클라우드 & 존 타운센드, 『책임의 자유』, 184.

25 스티븐 코비, 김경섭 역, 『성공하는 사람들의 7가지 습관』(*The 7 Habits of Highly Effective People*, 김영사, 2002), 204.

26 위의 책, 206.

27 찰스 험멜, 정영만 역, 『늘 급한 일로 쫓기는 삶』(*Freedom form Tyranny of the Urgent*, IVP, 1999), 11.

28 "돈에는 인간을 타락시키는 영향력이 잠재해 있다고 성경은 거듭 경고한다. 돈도 불처럼 순식간에 통제력을 앗아 갈 수 있다. 경험이 부족하고 미성숙하며 계획적인 삶을 살지 않을 때 특히 그렇다. 그럴 때 돈은 재앙을 불러오기 십상이다." - 고든 맥도날드, 윤종석 역, 『베푸는 삶의 비밀』(*Secrets of the Generous Life*, IVP, 2003), 20.

29 데이빗 왓슨, 문동학 역, 『제자도』(*Discipleship*, 두란노, 1999), 277.

30 "당신의 기도 노트보다는 가계부를 보았을 때 당신의 신앙에 대해서 더 잘 알 수 있다." - 폴 마샬, 김재영 역, 『천국만이 내 집은 아닙니다』(*Heaven is not my home*, IVP, 2000), 212.

31 고든 맥도날드, 『베푸는 삶의 비밀』, 35.

32 크래그 힐 & 얼 피츠, 허령 역, 『그리스도인의 재정원칙』(*Wealth, Riches & Money*, 예수전도

단, 2004), 215.

33 위의 책, 191-209.

34 "베푸는 삶을 사는 이들에게는 경제력의 정도를 떠나 공통되는 한 가지 확실한 믿음이 있다. 다른 사람들의 유익과 복음의 진보를 위해 자기 소유의 일부를 전략적으로 후히 나누어야 한다는 것이다." - 고든 맥도날드, 『베푸는 삶의 비밀』, 11.

35 Ken Hemphill, *Making Change: A Transformational Guide to Christian Money Management* (Nashville: Broadman & Holman Publishers, 2006), 86-87.

36 스티븐 코비, 『성공하는 사람들의 7번째 습관』, 228.

37 James M. Kouzes & Barry Z. Posner, *The leadership challenge* (San Francisco: Jossey-Bass, 2002), 25.

38 "관계가 큰 기쁨을 주는가 하면 치명적인 상처를 내기도 한다. 그래서 '혼자 살면 얼마나 좋을까' 하는 공상에 젖기도 하지만 '혼자가 아니어서 참 다행이야'라고 안도할 때도 있다. 그러데 분명한 것은 이렇게 기쁨과 슬픔이 공존하는 관계를 통해 우리는 다듬어져 간다는 사실이다." - 폴 트립 & 티모시 레인, 이명숙 역, 『관계가 주는 기쁨』(*Relationships*, 미션월드라이브러리, 2009), 22.

39 서로 교제하고 떡을 떼라(행 2:42), 믿는 사람이 다 함께 있어 모든 물건을 서로 통용하라(행 4:32), 서로 우애하고 존경하기를 서로 먼저 하라(롬 12:10), 서로 노엽게 하거나 서로 투기하지 말지니라(갈 5:26), 너희가 짐을 서로 지라(갈 6:2), 서로 친절하게 하며 불쌍히 여기며 서로 용서하라(엡 4:32), 서로 위로하라(살전 4:18), 서로 돌아보아 사랑과 선행을 격려하라(히 10:24), 청지기같이 서로 봉사하라(벧 4:10).

40 "우리 삶 속에서 일어나는 책임감과 소유권의 혼동은 대부분 '경계'(boundaries)와 관련된 문제이다." - 헨리 클라우드 & 존 타운센드, 차성구 역, 『No라고 말할 수 있는 그리스도인』(*Boundaries*, 좋은씨앗, 2000), 32.

41 인간을 영, 혼, 육으로 구분하는 것을 '삼분설'이라 하고, 영혼과 육으로 구분하는 것을 '이분설'이라고 한다. 성경에서는 '영'과 '혼'을 구분해서 쓰기도 하고 '영혼'을 합해서 쓰기도 한다. 이것을 '제한적 이분설'이라고 부른다. 쉽게 표현하여 하나님과 관계된 생명은 '영혼'이고, 단순히 육체적 생명은 '혼'으로 이해하면 좋을 것이다.

42 "우리는 자신의 몸을 하나님의 선한 창조의 일부로 인정하며, 그 몸의 선한 청지기로서

감사하며, 몸을 즐거워해야 한다. 그렇게 즐거워한다는 것은 영적이지 못한 것이 아니라 몸을 만드신 분을 공경하는 태도이다." - 제임스 패커, 김진웅 역, 『주기도문』(*Growing in Christ*, 아바서원, 2012), 77.

43 그레고리 번스, 권준수 역, 『만족』(*Satisfaction*, 북섬, 2007), 228.

44 이영직, 『세상을 움직이는 100가지 법칙』(서울: 스마트비즈니스, 2009), 71.

45 앤 가드, 이보연 역, 『심리학, 습관에게 말을 걸다』(*What Our Habits Reveal About Us*, 시아, 2009), 55.

46 곽금주, 『습관의 심리학』(서울: 갤리온, 2007), 220.

47 "주 안에서 기뻐하는 것은 향락주의와 정반대이다. 향락주의는 개인적 만족을 위해 더욱 더 큰 쾌락을 추구한다. 그 결과는 수익 감소의 법칙에 따른 것으로써, 과거에 우리에게 기쁨을 주었던 행위가 오늘에는 아무 기쁨도 주지 못하는 것이다. 즉 기뻐할 수 있는 능력이 감소된다. 그러나 주 안에서 기뻐하고 즐거워하는 것은 다르다." - 존 오토버그, 『평범 이상의 삶』, 102.

48 "쾌락은 삶의 질을 구성하는 중요한 요소이나 그 자체로는 행복을 가져오지 못한다." - 미하이 칙센트미하이, 최인숙 역, 『몰입, FLOW: 미치도록 행복한 나를 만난다』(*Flow: the psychology of optimal experience*, 한울림, 2004), 99.

49 "수천 개의 핵폭탄으로 지구가 날아가 버리거나 오존층이 파괴되거나 또는 에이즈가 만연되는 것보다 죄로 인한 위험성이 훨씬 크다. 그러한 모든 재난들은 단지 사람의 몸만 죽일 뿐이다. 그러나 우리가 정욕에 대항해 싸우지 않는다면 우리는 영혼마저 멸망에 이르게 될 것이다." - 존 파이퍼, 차성구 역, 『장래의 은혜』(*Future grace*, 좋은씨앗, 2007), 505.

50 "정욕의 즐거움이라는 불은 하나님께서 주시는 참된 기쁨의 불로써 대항해서 싸워야 한다. 예수님의 호된 경고를 포함해, 억제하고 위협하는 것만으로 정욕의 불에 대항하려 한다면, 우리는 실패하고 말 것이다. 우리는 더욱 우월한 행복을 약속하는 강력한 약속으로 그것을 다스려야 한다. 우리는 거룩한 만족의 큰 불로써 정욕의 즐거움이라는 깜박거리는 불꽃을 삼켜버려야 한다." -존 파이퍼, 차성구 역, 『믿음으로 사는 즐거움』(*Battling unbelief*, 좋은씨앗, 2008), 171.

51 도날드 헤그너, 채천석 역, 『마태복음 상』(*Mattew 1-13: Word Biblical Commentary vol. 33A*, 솔로몬, 2000), 299.

52 "금식은 본래 죄를 굶기는 것이다." - 존 파이퍼, 윤종석 역,『하나님께 굶주린 삶』(*A Hunger For God*, 복있는사람, 2013), 185.

53 "감정은 하나님이 주신 선물이다. 그러나 감정은 때로는 우리를 행복의 절정에 이르게 하고, 때로는 절망의 늪으로 끌어내린다. 우리가 감정에 대해 더 이상 부인하지 않는 대신에 인정하고, 검토하고, 분석하고, 공개적으로 정직하게 표현할 때 감정은 영성 회복의 촉매제가 될 수 있다." - 스티븐 아터번 & 데이빗 스툽, 안석원 역,『영성 회복을 위한 일곱 가지 열쇠』(*Seven Keys to Spiritual Renewal*, 프리셉트, 2006), 96.

54 "인생이 전쟁과 같다는 것을 알기 전까지는 아마 기도가 필요한 이유를 알지 못할 것이다." - 존 파이퍼, 김대영 역,『열방을 향해 가라』(*Let the nations be glad*, 좋은씨앗, 2003), 67.

55 폴 스티븐스, 박영민 역,『현대인을 위한 생활 영성』(*Disciplines of the hungry heart*, IVP, 1996), 159.

56 "하나님을 기뻐하려는 싸움에서 음악을 무기로 사용하라." - 존 파이퍼, 전의우 역,『하나님을 기뻐할 수 없을 때』(*When I don`t desire God: how to fight for joy*, IVP, 2005), 273.

57 "성경 암송은 우리 마음을 변화시키는 가장 강력한 수단 중의 하나이다." - 존 오토버그,『평범 이상의 삶』, 291.

58 "우리가 하나님에게 가까이 가고 싶다거나 하나님과 우리의 관계가 발전하고 성숙하는 것을 보고 싶다면, 영적 삶의 주도권을 우리가 쥐어야만 한다." - 케이 워렌,『행복보다 기쁨을 선택하라』, 252.

59 "건강한 신앙은 판단하려는 조건과 욕구를 버린다. 건강한 신자들은 관계를 형성하기 위해서 유사한 경험을 찾는다. 그들은 각 사람을 서로 다른 단계에서 애쓰고 있는 동료로 이해한다. 건강한 신자들은 하나님과 개인적인 관계를 발전시키는 데 너무 바쁘기 때문에 다른 사람들이 어디에서 그들의 관계를 향상시키고 있는지 판단할 시간이 없다." - 스티븐 아터번 & 잭 펠톤, 문희경 역,『해로운 믿음』(*Toxic faith*, 죠이선교회출판부, 2003), 352.

60 "나는 사역자가 소진되는 이유는 일이 너무 힘들기 때문이 아니라는 사실을 오래전에 깨달았다. 도랑을 파는 인부들은 도랑을 파다가 탈진(소진)했다고 불평하지 않는다. 사람들을 소진시키는 것은 실망이며, 실망은 비현실적 기대와 관계가 있다. 그러나 우리가 아무 자격도 없다는 사실을 깨닫는다면, 우리가 아무 자격도 없으며 삶 가운데 좋은 것은 모두 하나님이 베푸신 긍휼의 산물임을 깨닫는다면, 우리가 번성하기 위해 무엇이 필요

한지 알 것이다." - 존 파이퍼 & 존 맥아더, 전의우 역,『믿음으로 굳게 서라』(Stand, 생명의 말씀사, 2009), 113.

61 "오늘날의 서구 교회에서 기쁨이 그렇게도 메말라 버린 이유 가운데 하나는, 기쁨을 위한 끈질긴 싸움을 통해서만 영생을 얻을 수 있다는 진리를 거의 알지 못하기 때문이다. … 오늘날의 사람들은 개인적으로 그리스도 안에서 지속적인 기쁨을 누리는 데 대체적으로 무관심하고 오만하며 피상적인 태도를 취한다. 자신의 영생이 여기에 달려 있다고 믿지 않기 때문이다." - 존 파이퍼,『하나님을 기뻐할 수 없을 때』, 49.

62 "영생은 하나님과 함께 거하는 것이다." - Henri M. Nouwen, *Here and now: living in the Spirit*(New York: Crossroad, 1994), 68.『여기 지금 우리와 함께 하시는 하나님』(은성, 2014).

63 "우리는 중심 되신 그리스도께 시선을 고정시킨 채 즐겁고 관대한 마음으로 살아야 한다. 그것이 단순성이다." - 리처드 포스터, 윤종석 역,『심플라이프』(*Freedom of simplicity*, 규장, 2003), 57.

64 "단순성은 자유다. … 단순성은 자유와 균형을 가져온다." - Richard J. Foster, *Celebration of discipline: the path to spiritual growth*(San Francisco: Harper San Francisco, 1998), 79.『영적 성장과 훈련』(생명의말씀사, 1995).

65 "불만스러운 것에 대해 발언하고 결국 불만을 해결하면, 우리는 스스로 당당하고 적극적이며 수완이 뛰어난 사람이라는 느낌을 받는다. 더불어 자존감이 높아지고, 자신의 쓸모에 대하여 긍정적인 생각을 하게 된다." - 가이 윈치, 윤미나 역,『불평하라: 모든 변화를 이끌어내는 불평의 기술』(*The Squeaky Wheel*, 문학동네, 2012), 11.

66 "우리가 하나님 안에서 가장 크게 만족할 때 하나님은 가장 큰 영광을 받으신다." - 존 파이퍼,『하나님을 기뻐할 수 없을 때』, 13.

67 "우리가 하나님으로 가장 행복하고 기쁘고 만족스러울 때 그분은 우리에게 가장 큰 영광을 받으신다." - 샘 스톰즈, 윤종석 역,『나의 행복 하나님의 기쁨』(*Pleasure Evermore*, 가이드포스트, 2005), 32.

68 브라이언 트레이시, 정범진 역,『목표: 그 성취의 기술』(*Goals*, 김영사, 2006), 20.

69 "목표는 우리의 마음을 견고히 하고 우리가 누구인지 구체화한다." - James M. Kouzes & Barry Z. Posner, *Encouraging the Heart: a leader's guide to rewarding and recognizing others*(San Francisco: Jossey-Bass, 1999), 52.『격려의 힘』(에코비즈, 2004).

70 "당신의 목표를 달성하는 데 도움을 주고 협조해 줄 수 있는 사람이나 단체, 조직 등을 파악하고 있어야 한다." - 로타르 J. 자이베르트 외, 『즐겁게 살아라』, 59.

71 Henri J. M. Nouwen, *Life of the beloved: spiritual living in a secular world*(New York: Crossroad, 1992), 87. 『이는 내 사랑하는 자요』(IVP, 2002).

72 "우리는 인생의 목적을 버릴 수 없기 때문에 행복해지는 걸 포기할 수 없다. 행복은 좀처럼 얻기 어렵고, 설사 얻었다 해도 지속하기에 매우 힘들다. 그뿐인가. 행복한 사람도, 행복하지 않은 사람도 모두 행복해야 한다고 외쳐댄다. '행복에 대한 강박'에 빠져 있는 이런 상황을 '행복 스트레스'가 아니면 달리 뭐라고 표현할 것인가." - 탁석산, 『행복 스트레스』(파주: 창비, 2013), 6.

73 "삼위일체에 대한 성경의 가르침은 관계를 맺는 우리에게 실제적인 도움을 준다. 성경에서 우리는 하나님 자신이 서로 다른 인격체들과의 관계 속에서 사랑과 협력 그리고 일치된 공동체의 본이 되시는 모습을 볼 수 있다. 하나님을 닮아 가는 삶을 살고자 노력한다면, 하나님은 은혜를 베푸시어 우리의 공동체 역시 삼위일체를 닮아 가도록 도와주실 것이다." - 폴 트립 & 티모시 레인, 『관계가 주는 기쁨』, 48.

74 "개인주의는 '자아실현'이라는 이상을 전파했다. 하지만 자아실현이라는 복음은 사람들을 구원하는 데 실패했다. 그들은 성취에 동반되는 불안감 때문에 더 행복해지지 못했다." - 리처드 레이어드, 정은아 역, 『행복의 함정』(*Happiness: Lessons from a new science*, 북하이브, 2011), 30.

75 "자기중주의, 관계를 단절시키는 죄의 본질" - 폴 트립 & 티모시 레인, 『관계가 주는 기쁨』, 49.

76 프랜시스 후쿠야마, 한국경제신문 국제부 역, 『대붕괴 신질서』(*The great disruption: human nature and the reconstitution of social order*, 한국경제신문사, 2001), 87.

77 "공동체로 존재하는 사람만이 하나님의 형상을 온전히 나타낼 수 있다." - 폴 트립 & 티모시 레인, 『관계가 주는 기쁨』, 54.

78 장 바니에, 윤성희 역, 『다름, 또 하나의 선물』(*Encountering 'the Other'*, 바오로딸, 2014), 54.

79 스티븐 아터번 & 잭 펠톤, 『해로운 믿음』, 344.

80 "우리 모두는 용서받기를 원하지만 종종 자존심 때문에 용서를 구하지 못한다. … 용서는 자신의 결점을 인정할 때 비로소 시작될 수 있다. 솔직하게 자신의 결점을 인정하지 않

으면 용서를 베풀 수도, 받을 수도 없다." - 스티븐 아터번 & 데이빗 스톱, 『영성 회복을 위한 일곱 가지 열쇠』, 121.

81 제임스 패커, 『주기도문』, 88.

82 토마스 아 켐피스, 박명곤 역, 『그리스도를 본받아』(*Imitation of Christ*, 크리스챤다이제스트, 2006), 77.

83 김남준, 『기쁨』(서울: 생명의말씀사, 2009), 153.

84 "영적 공동체를 세우는 일은 성령의 사역이지, 결코 우리 일이 아니다. 우리의 역할은 한계가 있다. 우리가 하는 일은 주로 지배하려는 마음을 포기하고 물러나서 성령께 맡기는 것이다. 다른 무엇보다 중요한 것은 기도다." - 래리 크랩, 김명희 역, 『영혼을 세우는 관계의 공동체』(*Becoming a true spiritual community*, IVP, 2013), 193.

85 "인생의 경험이 아니라 십자가의 경험이 우리로 형제의 고백을 들어줄 수 있는 사람으로 만듭니다. 인간을 이해하는 데 아주 많은 경험을 쌓은 사람이라고 해도 예수의 십자가 아래서 아주 소박한 그리스도인만큼 사람의 마음을 알 수는 도저히 없습니다." - 디트리히 본회퍼, 문익환 역, 『신도의 공동생활』(*Gemeinsames Leben*, 대한기독교서회, 2000), 153.

86 "날마다 진지하게 그리스도의 십자가와 함께 살아간다면, 남을 가차 없이 심판하는 마음이나, 무엇에나 눈을 감아 주는 인간의 약한 마음이 그리스도인에게서 떠나갈 것입니다." - 디트리히 본회퍼, 위의 책, 154.

87 John W. Santrock, *Life-Span Development, 10th ed.* (New York: McGraw-Hill, 2006), 329.

88 크리스토프 앙드레, 이세진 역, 『나라서 참 다행이다』(*Imparfaits, libres et heureux: pratiques de l'estime de soi*, 북폴리오, 2011), 7.

89 "자존감이 높은 사람이 리더가 된다. 리더는 사람을 좋아할 뿐만 아니라 그 사람이 잠재 능력을 발휘하는 것을 돕는다. 갈등을 풀고 생산적인 결과를 도출해 낸다. 자존감이 높은 사람은 인정이 많고 자신감이 있으며 미래에 대해서 희망적이기 때문에 따르는 사람도 많다." - 이무석, 『자존감』(서울: 비전과리더십, 2009), 23.

90 선안남, 『자존감의 힘』(서울: 원앤원북스 2011), 30-33.

91 "자녀의 자존감을 염려한다면 지금 눈앞에 보이는 아이의 모습보다 부모 자신의 말과 행동에 먼저 시선을 돌려야 한다." - 조세핀 김, 『우리 아이 자존감의 비밀』(서울: 비비북스, 2011), 119.

92 "현대 사회에 살아남으려면 자존감이 꼭 필요하다. 어쩌면 자존감은 세상을 변화시키기 위해 갖추어야 할 필수 요소인지도 모른다." - 크리스토프 앙드레, 『나라서 참 다행이다』, 17.

93 위의 책, 28.

94 조세핀 김, 『우리 아이 자존감의 비밀』, 119.

95 스테이시 엘드리지, 김진석 역, 『나로 사는 즐거움』(Becoming myself, 아드폰테스, 2014), 91.

96 조세핀 김, 『우리 아이 자존감의 비밀』, 122-126.

97 "누군가 심각하게 아이 내면에 상처를 주지 않아도, 반복적으로 실패를 겪지 않아도, 공부가 일상인 학생들에게는 공부 그 자체가 가장 큰 스트레스였고 눈에 띄는 자존감 상실의 이유였다." - 정지은·김민태, 『아이의 자존감』(서울: 지식채널, 2011), 29.

98 이무석, 『자존감』, 22.

99 위의 책, 144.

100 "반추사고란 우리가 겪고 있는 문제, 우리의 현 상황, 지금의 상태를 만들어 낸 원인, 의미, 결과에 대해 반복적이고 순환적이며 비생산적으로 집중하는 것을 말한다." - 크리스토프 앙드레, 배영란 역, 『화내도 괜찮아 울어도 괜찮아 모두 다 괜찮아』(Les états d'âme : un apprentissage de la sérénité, 다른세상, 2011), 75.

101 "자존감은 공감 능력에 영향을 미치고 의사소통 방식에도 차이를 낳게 된다." - 정지은·김민태, 『아이의 자존감』, 138.

102 크리스토프 앙드레, 『나라서 참 다행이다』, 287.

103 알리스터 맥그래스 & 조애나 맥그래스, 윤종석 역, 『자존감』(Self-Esteem: The Cross and Christian Confidence, IVP, 2003), 76.

104 크리스토프 앙드레, 『나라서 참 다행이다』, 23.

105 "진정한 행복의 원천에 초점을 맞추는 것이 긍정 심리학의 중심 사상이다. 긍정 심리학은 우리가 정말로 발전시킬 수 있는 부분, 즉 장점에 집중해야 한다고 주장한다. 우리가 더 발전하기 위해서는 약점과 씨름하는 대신, 장점을 개발하는 것이 더 중요하다는 뜻이다." - 리처드 레이어드, 『행복의 함정』, 257.

106 장 바니에, 제병영 역, 『인간되기』(Becoming human, 다른우리, 2010), 59.

107 "자존감은 그저 높고 낮음에 따라 달라지는 양적인 문제가 아니라 질적인 문제이기도 한 것이다. 항상 자신이나 남들에게 자존감을 한껏 세우려고 애쓸 필요도 없다." - 크리스토프 앙드레, 『나라서 참 다행이다』, 23.

108 윌 보웬, 김민아 역, 『불평 없이 살아보기』(A Complaint Free World, 세종서적, 2010).

109 황규명, 『성경적 상담의 원리와 방법』(서울: 바이블리더스, 2008), 63-64.

110 위의 책, 63.

111 크리스토프 앙드레, 『나라서 참 다행이다』, 383.

112 "자존감에 대한 모든 논의에서 자기 부인에 상당한 무게를 두어야 할 정도로 그것은 중요하다." - 알리스터 맥그래스 & 조애나 맥그래스, 『자존감』, 98

113 "하나님께 정말로 쉼이 필요할까? 물론 그렇지 않다! 그러면 하나님이 스스로 쉬시기로 정하신 것일까? 그렇다. 왜 그랬을까? 하나님이 쉼과 일의 리듬을 창조 세계에 심어 두셨기 때문에 그것을 계시하기 위해 그분 자신이 그 리듬을 지키심으로써 다른 모든 이에게 선례를 보여 주신 것이다. 그분은 내면세계의 질서를 유지하는 열쇠가 무엇인지 친히 보여 주셨다." - 고든 맥도날드, 『내면세계의 질서와 영적 성장』, 299.

114 "안식일이야말로 천지창조의 목적이다." - 아브라함 요수아 헤셀, 김순현 역, 『안식』(Sabbath, 복있는사람, 2007), 59.

115 위의 책, 59.

116 2014년 경제협력개발기구(OECD) 34개 회원국 중 한국은 2,163시간으로 멕시코(2237시간)에 이어 두 번째로 일을 많이 한 나라로 조사되었다. 가장 짧은 네덜란드(1380시간)에 비해 약 1.6배 길었고, OECD 평균인 1,770시간보다 1.2배 길었다. 한국은 2000년부터 2007년까지는 최장 노동 시간을 기록했었다. - 서울경제신문, 2014. 8. 28.

117 유진 피터슨, 이종태 역, 『다윗: 현실에 뿌리박은 영성』(Leap Over A Wall, IVP, 1999), 44.

118 토니 험프리스, 김광수 역, 『나를 위한 일의 심리학』(Work and worth, 다산라이프, 2008), 70.

119 위의 책, 67.

120 "쉼은 신앙의 중심에 가까운 것이다." - 폴 마샬, 『천국만이 내 집은 아닙니다』, 107.

121 존 파이퍼, 『하나님을 기뻐할 수 없을 때』, 287.

122 "세계 은행(World Bank)에 따르면, 2001년에 27억 4천만 명의 사람들이 하루 2달러 이하로 살고 있다." - 테리 이글턴, 황정아 역, 『왜 마르크스가 옳았는가』(*Why Marx was right*, 길, 2012), 19.

123 고든 맥도날드, 『내면세계의 질서와 영적 성장』, 299.

124 샘 스톰즈, 『나의 행복 하나님의 기쁨』, 252.

125 "우리는 예배를 통해 우리 존재의 중심이시며 우리 소망의 근원이신 하나님과 사귐을 갖는다. 우리는 진정한 예배를 드림으로써, 세상을 창조하시고 구속하신 그분을 만난다." - 폴 마샬, 『천국만이 내 집은 아닙니다』, 211.

126 "바느질, 쟁기질, 수확하는 일, 곡식 단을 묶는 일, 타작, 키질, 곡식을 청결하게 하는 일, 곡식 등을 가는 일, 체질, 반죽, 빵을 굽는 일, 양털 깎는 일, 그것을 빠는 일, 그것을 치는 일, 그것에 물들이는 일, 실을 잣는 일, (실 따위를) 엮는 일, 두 개의 고리를 만드는 일, 두 개의 실을 엮는 일, 두 개의 실을 푸는 일, 두 개의 실을 묶는 일, 두 조각을 꿰매는 일, 두 조각을 꿰매기 위해 찢는 일, 사슴을 덫으로 잡는 일, 그것을 도살하는 일, 사슴의 가죽을 벗기는 일, 그것에 소금을 치는 일, 그 가죽을 가공하는 일, 그것을 반반하게 만드는 일, 그것을 자르는 일, 두 글자를 쓰는 일, 두 글자를 쓰기 위해 두 글자를 지우는 일, (건물을) 짓는 일, 그것을 부수는 일, 불을 끄는 일, 불을 켜는 일, 망치질, 물건을 한곳에서 다른 곳으로 옮기는 일." - Herbert Danby, *THE MISHNAH* (Oxford: Oxford University Press, 1987), 106.

127 린 바압, 윤인숙 역, 『즐겁게 안식할 날』(*Sabbath keeping*, IVP, 2006), 23.

128 위의 책, 86.

129 "나는 좋은 삶을 위해서는 노동이 필요하다고 확신한다. 우리에게 필요한 것은 좋은 노동이다. 우리를 풍요롭게 해 주고 우리에게 성취감을 주는 노동 말이다." - 토마스 바셰크, 이재영 역, 『노동에 대한 새로운 철학』(*Work-Life-Bullshit*, 열림원, 2014), 17.

130 김창현, 『아무것도 하지 않는 영성』(고양: 예수전도단, 2013), 13.

131 스테반 아터번, 김성웅 역, 『사명 돈 의미』(*Winning at work without losing at love*, 낮은울타리, 2001), 84.

132 "인간에게 가장 필요한 것 가운데 하나가 안전이며, 우리는 성공적으로 안전을 확보하기 위해 온갖 어리석은 짓을 다 한다." – 마르바 던, 전의우 역, 『안식』(*Keeping the Sabbath wholly*, IVP, 2001), 48.

133 김창현, 『아무것도 하지 않는 영성』, 161.

134 박덕흠, 『폴 고갱』(서울: 재원, 2001), 29-31.

135 위의 책, 33-36.

136 위의 책, 45-62.

137 위의 책, 114-120.

138 "하나님은 우리 각 사람 안에 궁극적인 것들에 대한 질문을 심어 두셨다. 그것이 바로 '영원'이 의미하는 바다. 하나님은 우리 마음속에 참으로 영원한 것, 또는 다른 말로 하면 진정 중요한 것을 깨닫고자 하는 갈망을 주셨다. 이 갈망이 우리로 하여금 자신이 진정으로 누구이며 이 세상에서 어떤 역할을 하는지 알려고 애쓰게 만든다. 우리 마음의 가장 깊은 갈망들을 만족시키는 답을 발견할 때까지 찾고 또 찾게 만드는 것이 하나님이 주신 내적 기제이다. 우리를 창조하신 분과의 깊은 관계에서 오는 기쁨을 갈망하는 것이다." – 데이비드 스완슨, 유정희 역, 『하나님의 눈으로 나를 찾다』(*Learning to be You*, 생명의말씀사, 2014), 28.

139 "혹시 인간이 생명나무를 먹고 영원히 살게 될까 봐 내보내야 한다는 것이었다. … 생명나무가 요한계시록에서 다시 등장하는 것으로 보아 하나님께서 인간의 죄를 사해 주시는 시대가 언젠가는 도래할 것이라는 막연한 기대를 소망으로 주시는 것인지도 모른다." – 송병현, 『엑스포지멘터리 창세기』(서울: 국제제자훈련원, 2010), 138.

140 "의인이란 무엇입니까? 하나님과 올바른 관계를 갖는 사람입니다." – 김세윤, 『구원이란 무엇인가』(서울: 두란노, 2004), 72.

141 "자기의 제한된 자원 속에 갇혀 죽은 인생이 아니라, 하나님께 의존하고 순종하는 올바른 관계 속에서 하나님의 무한한 자원에 동참하여 하나님의 무한한 자원을 끌어다 씀으로써 신적인 삶에 참예하는 삶이 곧 구원이라는 것입니다." – 위의 책, 81.

142 "사람은 세상에 죄가 들어오기 전에 이미 갖가지 욕구들을 지닌 채 창조되었다. 아담과

이브가 선하게 지음 받았던 것처럼, 그들의 욕구 역시 선했다." - 스티븐 아터번, 김태곤 역, 『하나님이 허락하신 욕구』(*Feeding Your Appetites*, 생명의말씀사, 2008), 29.

143 존 파이퍼, 『믿음으로 사는 즐거움』, 107.

144 "고난은 또한 우리를 하나님에게로 나아가게 해 준다. 사람이 잘될 때는 마음이 쉽게 나뉜다. 그래서 하나님은 이스라엘 백성에게 약속의 땅에 들어가게 되면 하나님을 잊지 말라고 경고했던 것이다. 고난은 우리가 세상에 눈길을 돌리지 않도록 해 준다." - 존 맥아더, 서진희 역, 『하나님을 알아 가는 기쁨』(*Our awesome God*, 넥서스CROSS), 211.

145 "고난은 하나님을 기뻐할 수 없는 이유가 아니라, 세상을 향한 관심을 끊고 하나님 안에서 참된 기쁨을 찾을 기회입니다." - 김남준, 『기쁨』, 105.

146 "금식이란 세상 최고의 진미를 먹기보다 하나님의 천국 잔치를 즐기겠다는 주기적인 선포다." - 존 파이퍼, 『하나님께 굶주린 삶』, 90.

147 Henri Nouwen, *Life of the beloved: spiritual living in a secular world*, 87.

148 "누구든지 그리스도와 함께 죽고 그와 함께 장사된 자는 그의 부활에 참여하여 새로운 생명을 얻습니다. 오직 그리스도와 함께 무덤에 장사될 때 영생에 이르게 됩니다." - 서형섭, 『복음에서 생명으로』(고양: 이레서원, 2013), 201.

149 "하나님은 여러분이 성령으로 충만해지기를 열망하고 계신다. 그분은 성령의 능력으로 여러분의 전체 성향과 생명을 주관하고 계신다." - 앤드류 머레이, 임종원 역, 『나를 죽이고 성령을 품어라』(*Forsake me, Hold take spirit*, 브니엘, 2012), 205.

150 "내려놓는다는 것은 나의 욕구를 버리고 주님의 뜻을 구하는 것으로 이해하면 그 차이는 분명히 드러난다. 즉, 하기 싫은 일이라도 주님께서 원하시면 하겠다고 순종하는 것이 주님께 내려놓는 행위이다. 여기서 가장 중요한 것은 주님께서 원하시는 것이 무엇인지 주님의 뜻이 어디에 있는지 분별하는 것이다." - 이용규, 『더 내려놓음』(서울: 규장, 2007), 228.

151 "성령의 기쁨은 하나님을 위하여 일하는 기쁨이다." - 앤드류 머레이, 『나를 죽이고 성령을 품어라』, 235.

152 존 딜렌버거 편집, 이형기 역, 『루터 저작선』(*Selections from His Writings*, 크리스챤다이제스트, 1994), 113.

153 "성경은 태초에 하나님께서 사람들을 '당신의 형상'대로 만드셨다고 말한다. 여기에는

많은 의미가 있지만, 무엇보다 우리가 지금 다루려는 주제인 '원하는 것을 선택하는 능력'과 연관이 있다. 선택하는 능력은 이른바 '의지'이다. 문자적으로 '의지'라는 말은 '욕구'를 의미한다. 그러나 하나님의 형상으로 창조된 인간에게 있어 '의지'는 그보다 훨씬 더 많은 의미를 지닌다." - 헨리 클라우드 & 존 타운센드, 『책임의 자유』, 24.

154 존 스토트, 한국기독학생회 편집부 역, 『온전한 그리스도인이 되려면』(Whole Christian, IVP, 2003), 25.

155 "사명감이 있다는 것은 나침반이 있다는 말과 다름없다. 당신이 어떤 사람이 되기를 원하는지, 무엇을 성취하기 원하는지, 그리고 당신을 이끄는 삶의 원리가 무엇인지를 명명백백하게 알려 준다. 사명감은 닻도 되고 방향타도 된다. 당신의 사명을 혼잡하게 하려는 잡다한 유혹이 올 때 당신을 견고하게 붙잡아 주니 닻이 아닌가." - 스테반 아터번, 『사명 돈 의미』, 95.

156 "능력을 달라고 기도로 간청하면서 번민하지 마십시오. 그가 하라고 말씀하시는 바를 행하십시오. 그리스도인의 삶을 사십시오. 기도하십시오. 그를 묵상하십시오. 그와 더불어 시간을 보내시고 자신을 당신에게 나타내시기를 간구해 보십시오. 당신이 그렇게 하시는 동안 당신은 나머지를 그분께 맡길 수 있습니다. 그가 당신께 힘을 주실 것입니다. 세월은 흘러가도 당신은 힘이 있게 될 것입니다." - D. M. 로이드 존스, 이용태 역, 『영적 침체와 치유』(Spiritual Depression: Its causes and Its cure, 기독교문서선교회, 2001), 389.

157 "하나님의 음성을 듣고 그것에 순종하는 것이 충성이다. 자기의 뜻과 생각대로 하는 것이 아니라 모세나 예수님처럼 하나님이 말씀하시는 것에 순종하고 행하는 것이 '충성'인 것이다." - 문희곤, 『충성은 무조건 복종하는 것이 아닙니다』(고양: 예수전도단, 2011), 58.

158 "고난은 언제나 장래의 은혜에 대한 믿음을 파괴하려고 위협한다. 그러나 우리가 하나님의 말씀을 제대로 배우고 하나님의 진리가 우리의 영혼 깊숙이 자리 잡고 있다면, 우리는 결코 두려움에 떨지 않을 것이다. 오히려 우리는 그러한 고난을 장래의 은혜에 대한 믿음으로 살아가는 삶의 결과가 아니라, 장래의 은혜로 인해 받게 되는 다른 선물로 여길 수 있게 된다." - 존 파이퍼, 『장래의 은혜』, 520.

| 참고 문헌 |

강희안. 『양화소록』. 이병훈 역. 서울: 을유문화사, 2008.

곽금주. 『습관의 심리학』. 서울: 갤리온, 2007.

김남준. 『기쁨』. 서울: 생명의말씀사, 2009.

김세윤. 『구원이란 무엇인가』. 서울: 두란노, 2004.

김 조세핀. 『우리 아이 자존감의 비밀』. 서울: 비비북스, 2011.

김창현. 『아무것도 하지 않는 영성』. 고양: 예수전도단, 2013.

문희곤. 『충성은 무조건 복종하는 것이 아닙니다』. 고양: 예수전도단, 2011.

박덕흠. 『폴 고갱』. 서울: 재원, 2001.

서형섭. 『복음에서 생명으로』. 고양: 이레서원, 2013.

선안남. 『자존감의 힘』. 서울: 원앤원북스, 2011.

송병현. 『엑스포지멘터리 창세기』. 서울: 국제제자훈련원, 2010.

이무석. 『자존감』. 서울: 비전과리더십, 2009.

이영직. 『세상을 움직이는 100가지 법칙』. 서울: 스마트비즈니스, 2009.

이용규. 『더 내려놓음』. 서울: 규장, 2007.

정지은·김민태. 『아이의 자존감』. 서울: 지식채널, 2011.

탁석산. 『행복 스트레스』. 파주: 창비, 2013.

황규명. 『성경적 상담의 원리와 방법』. 서울: 바이블리더스, 2008.

가드, 앤.『심리학, 습관에게 말을 걸다』(*What Our Habits Reveal About Us*). 이보연 역. 서울: 시아, 2009.

네이시, 존.『이너프: 불만족의 심리학』(*ENOUGH: breaking free from the world of more*). 강미경 역. 고양: 예담, 2009.

던, 마르바.『안식』(*Keeping the Sabbath wholly*). 전의우 역. 서울: IVP, 2001.

드러커, 피터.『피터 드러커의 자기경영노트』(*The Effective Executive*). 이재규 역. 서울: 한국경제신문사, 2003.

_____.『프로페셔널의 조건: 어떻게 자기 실현을 할 것인가』(*The Essential Drucker Vols. 1*). 이재규 역. 서울: 청림출판, 2001.

딜렌버거, 존 편집.『루터 저작선』(*Selections from His Writings*). 이형기 역. 서울: 크리스챤다이제스트, 1994.

레이아드, 리처드.『행복의 함정』(*Happiness: Lessons from a new science*). 정은아 역. 서울: 북하이브, 2011.

로이드 존스, D. M.『영적 침체와 치유』(*Spiritual Depression: Its causes and Its cure*). 이용태 역. 서울: 기독교문서선교회, 2001.

류폴드, H. C.『창세기 상』(*Exposition of Genesis*). 최종태 역. 서울: 크리스챤서적, 1993.

마샬, 폴.『천국만이 내 집은 아닙니다』(*Heaven is not my home*). 김재영 역. 서울: IVP, 2000.

맥그래스, 알리스터 & 맥그래스, 조애나.『자존감』(*Self-esteem : the cross and Christian confidence*). 윤종석 역. 서울: IVP, 2003.

머레이, 앤드류.『나를 죽이고 성령을 품어라』(*Forsake me, Hold take spirit*). 임종원 역. 서울: 브니엘, 2012.

바니에, 장.『다름, 또 하나의 선물』(*Encountering 'the Other'*). 윤성희 역. 서울: 바오로딸, 2014.

_____.『인간되기』(*Becoming human*). 제병영 역. 서울: 다른우리, 2010.

바빙크, 헤르만.『하나님의 큰 일』(*Magnalia Dei*). 김영규 역. 서울: CLC, 1999.

바셰크, 토마스.『노동에 대한 새로운 철학』(*Work-Life-Bullshit*). 이재영 역. 서울: 열림원, 2014.

바압, 린. 『즐겁게 안식할 날』(Sabbath keeping). 윤인숙 역. 서울: IVP, 2006.

벌코프, 루이스. 『조직신학 상』(Systematic Theology). 권수경·이상원 역. 서울: 크리스챤다이제스트, 2000.

보웬, 윌. 『불평 없이 살아보기』(A Complaint Free World). 김민아 역. 서울: 세종서적, 2010.

본회퍼, 디트리히. 『신도의 공동생활』(Gemeinsames Leben). 문익환 역. 서울: 대한기독교서회, 2000.

스완슨, 데이비드. 『하나님의 눈으로 나를 찾다』(Learning to be You). 유정희 역. 서울: 생명의말씀사, 2014.

스토트, 존. 『온전한 그리스도인이 되려면』(Whole Christian). 한국기독학생회 편집부 역. 서울: IVP, 2003.

_____. 『제자도』(The Radical Disciple). 김명희 역. 서울: IVP, 2010.

스톰즈, 샘. 『나의 행복 하나님의 기쁨』(Pleasure Evermore). 윤종석 역. 서울: 가이드포스트, 2005.

스티븐스, 폴. 『현대인을 위한 생활 영성』(Disciplines of the hungry heart). 박영민 역. 서울: IVP, 1996.

아터번, 스테반. 『사명 돈 의미』(Winning at work without losing at love). 김성웅 역. 서울: 낮은울타리, 2001.

아터번, 스티븐 & 스툽, 데이빗. 『영성 회복을 위한 일곱 가지 열쇠』(Seven keys to spiritual renewal). 안석원 역. 서울: 프리셉트, 2006.

아터번, 스티븐 & 펠톤, 잭. 『해로운 믿음』(Toxic faith). 문희경 역. 서울: 죠이선교회출판부, 2003.

아터번, 스티븐. 『하나님이 허락하신 욕구』(Feeding Your Appetites). 김태곤 역. 서울: 생명의말씀사, 2008.

알렌더, 댄. 『안식』(Sabbath). 안정임 역. 서울: IVP, 2010.

앙드레, 크리스토프. 『나라서 참 다행이다』(Imparfaits, libres et heureux: pratiques de l'estime de soi). 이세진 역. 서울: 북폴리오, 2011.

_____. 『화내도 괜찮아 울어도 괜찮아 모두 다 괜찮아』(*Les états d'âme : un apprentissage de la sérénit*). 배영란 역. 서울: 다른세상, 2011.

엘드리지, 스테이시. 『나로 사는 즐거움』(*Becoming myself*). 김진선 역. 서울: 아드폰테스, 2014.

오트버그, 존. 『평범 이상의 삶』(*the Life You're Always Wanted*). 김주성·윤관희 역. 서울: 사랑플러스, 2005.

왓슨, 데이빗. 『제자도』(*Discipleship*). 문동학 역. 서울: 두란노, 1999.

워렌, 케이. 『행복보다 기쁨을 선택하라』(*Choose Joy: Because Happiness Isn't Enough*). 조윤주 역. 서울: 너의오월, 2013.

윈치, 가이. 『불평하라: 모든 변화를 이끌어내는 불평의 기술』(*The Squeaky Wheel*). 윤미나 역. 파주: 문학동네, 2012.

이글턴, 테리. 『왜 마르크스가 옳았는가』(*Why Marx was right*). 황정아 역. 서울: 길, 2012.

자이베르트, 로타르 J. 외. 『즐겁게 살아라』(*Lifetime Management*). 윤진희 역. 서울: 한스미디어, 2004.

칙센트미하이, 미하이. 『몰입, Flow: 미치도록 행복한 나를 만난다』(*Flow: the psychology of optimal experience*). 최인수 역. 서울: 한울림, 2004.

켄달, R. T. 『기쁨을 묻다』(*Pure Joy*). 김성원 역. 고양: 예수전도단, 2006.

켐피스, 토마스 아. 『그리스도를 본받아』(*Imitation of Christ*). 박명곤 역. 서울: 크리스챤다이제스트, 2006.

코비, 스티븐. 『성공하는 사람들의 7가지 습관』(*The 7 Habits of Highly Effective People*). 김경섭·김원석 역. 서울: 김영사, 2002.

콥, 란다. 『나라를 제자 삼는 하나님의 8가지 영역』(*The Old Testament Template*). 김명화 역. 고양: 예수전도단, 2010.

크랩, 래리. 『영혼을 세우는 관계의 공동체』(*Becoming a true spiritual community*). 김명희 역. 서울: IVP, 2013.

클라우드, 헨리 & 타운센드, 존. 『책임의 자유』(*It's not my fault*). 김애정 역. 서울: 토기장이, 2008.

_____. 『No라고 말할 수 있는 그리스도인』(*Boundaries*). 차성구 역. 서울: 좋은씨앗, 2000.

트레이시, 브라이언. 『목표: 그 성취의 기술』(*Goals*). 정범진 역. 파주: 김영사, 2006.

트립, 폴 & 레인, 티모시. 『관계가 주는 기쁨』(*Relationships*). 이명숙 역. 서울: 미션월드라이브러리, 2009.

파이퍼, 존 & 맥아더, 존. 『믿음으로 굳게 서라』(*Stand*). 전의우 역. 서울: 생명의말씀사, 2009.

파이퍼, 존. 『믿음으로 사는 즐거움』(*Battling unbelief*). 차성구 역. 서울: 좋은씨앗, 2008.

_____. 『열방을 향해 가라』(*Let the nations be glad*). 김대영 역. 서울: 좋은씨앗, 2003.

_____. 『장래의 은혜』(*Future grace*). 차성구 역. 서울: 좋은씨앗, 2007.

_____. 『하나님께 굶주린 삶』(*A Hunger For God*). 윤종석 역. 서울: 복있는사람, 2013.

_____. 『하나님을 기뻐할 수 없을 때』(*When I don`t desire God: how to fight for joy*). 전의우 역. 서울: IVP, 2005.

패커, 제임스. 『주기도문』(*Growing in Christ*). 김진웅 역. 서울: 아바서원, 2012.

포스터, 리처드. 『심플라이프』(*Freedom of simplicity*). 윤종석 역. 서울: 규장, 2003.

피터슨, 유진. 『다윗: 현실에 뿌리박은 영성』(*Leap Over A Wall*). 이종태 역. 서울: IVP, 1999.

험멜, 찰스. 『늘 급한 일로 쫓기는 삶』(*Freedom form Tyranny of the Urgent*). 정영만 역. 서울: IVP, 1999.

험프리스, 토니. 『나를 위한 일의 심리학』(*Work and worth*). 김광수 역. 서울: 다산라이프, 2008.

헤그너, 도날드. 『마태복음 상』(*Mattew 14-28: Word Biblical Commentary vol. 33A*), 채천석 역. 서울: 솔로몬, 2000.

헤셀, 아브라함 요수아. 『안식』(*Sabbath*). 김순현 역. 서울: 복있는사람, 2007.

후쿠야마, 프랜시스. 『대붕괴 신질서』(*The great disruption: human nature and the reconstitution of social order*). 한국경제신문 국제부 역. 서울: 한국경제신문사, 2001.

힐, 크래그 & 피츠, 얼. 『그리스도인의 재정원칙』(*Wealth, Riches & Money*). 허령 역. 고양: 예수전도단, 2004.

Danby, Herbert. *THE MISHNAH*. Oxford: Oxford University Press, 1987.

Foster, Richard J. *Celebration of discipline: the path to spiritual growth*. San Francisco: Harper San Francisco, 1998.

Hemphill, Ken. *Making Change: A Transformational Guide to Christian Money Management*. Nashville: Broadman & Holman Publishers, 2006.

Kouzes, James M. & Posner, Barry Z. *Encouraging the Heart: a leader's guide to rewarding and recognizing others*. San Francisco: Jossey-Bass, 1999.

_____. *The leadership challenge*. San Francisco: Jossey-Bass, 2002.

Lewis, C. S. *THE FOUR LOVES*. New York: Harcourt Brace & Company, 1991.

Nouwen, Henri J. M. *Here and now: living in the Spirit*. New York: Crossroad, 1994.

_____. *Life of the beloved: spiritual living in a secular world*. New York: Crossroad, 1992.

Santrock, John W. *Life-Span Development. 10th ed.* New York: McGraw-Hill, 2006.

Tozer, A. W. *The Pursuit of God*. Camp Hill: Christian Publications, 1982.

Welch, Robert H. *Church Administration: Creating Efficiency for Effective Ministry*. Nashville: Broadman & Holman Publishers, 2005.